내 아이가 살아갈
행복한 사회

내 아이가 살아갈 행복한 사회

초판 1쇄 발행 2012년 9월 5일
초판 2쇄 발행 2012년 9월 13일

지은이 이상이·김윤태
펴낸이 김남중
책임편집 이수희
마케팅 이재원

펴낸곳 한권의책
출판등록 2011년 11월 2일 제25100-2011-317호
주소 121-883 서울 마포구 합정동 411-12 3층
전화 (02)3144-0761(편집) (02)3144-0762(마케팅)
팩스 (02)3144-0763
종이 월드페이퍼 **인쇄·제본** 현문인쇄

값 16,000원 ISBN 978-89-968777-3-8 03330

국립중앙도서관 출판시도서목록(CIP)

내 아이가 살아갈 행복한 사회 : 복지국가를 생각한다 / 이상이,
김윤태 지음. - 서울 : 한권의책, 2012
p. ; cm

ISBN 978-89-968777-3-8 03330 : ₩16000

복지 사회[福祉社會]

338-KDC5
361-DDC21   CIP2012003895

내 아이가 살아갈
행복한 사회

| 이상이 · 김윤태 지음 |

한권의책

깨어 있는 시민들의 건강한 세상

왜 남들처럼 임상의학을 선택하지 않았냐는 질문을 더러 받곤 한다. 사실, 의과대학 졸업자의 대부분은 임상의학을 선택한다. 그게 대세다. 나도 환자를 직접 치료하는 임상의학을 선호했다. 그럼에도 나는 임상의학 전문의의 길이 아닌 보건의료정책 전문가의 길을 선택했다. 여기에는 다음의 두 가지 경험이 어느 정도 영향을 미쳤다.

하나는 의과대학 시절 의료봉사 활동에서 만났던 한 가난한 할머니의 사례다. 만성질환인 고혈압과 당뇨병을 앓고 있던 이 할머니는 의료봉사단의 간헐적인 투약에만 의존할 뿐, 물질적·심리적으로 제도권 의료에 접근하지 못했다. 1980년대 중후반까지만 해도 많은 국민들이 이 할머니와 마찬가지로 국가의료제도로부터 구조적으로 소외되어 있었다.

다른 하나는 1986년의 일인데, 가까운 지인이 종합병원에서 맹장염 수술을 받은 후 터무니없이 높은 진료비로 쩔쩔매는 것을 목격한 적이 있었다. 맹장염 수술로 입원해 있던 같은 병실의 경찰관 부인은 '공무원 의료보험제도' 덕분에 8만 원의 본인부담금만 내고 퇴원수속을 밟았는데, 나의 지인은 진료비를 깎아줄 수 없느냐고 통사정을 하고도 100만 원을 내고서야 겨우 퇴원할 수 있었다. 당시 우리나라에는 피용자 의료보험제도만 있었으므로, 우리 국민의 단지 43퍼센트만이 의료보험 혜택을 받고 있었다. 안정적인 직장을 가지고 있지 못했던 나의 지인은 공적 의료보험제도로부터 구조적으로 배제되어 있었다. 이 두 가지 경우 모두 정의롭지 못한 일이었다. 나는 이 일을 그냥 지나치고 싶지 않았다.

1980년대 중후반, 대한민국의 의료기술은 이미 선진국의 문턱까지 도달해 있었다. 그런데도 우리 사회의 한쪽에서는 고혈압과 당뇨병을 가진 사람들이 병을 키우고 있었고, 다른 한쪽에선 감당하기 어려운 병원비 부담으로 고통받고 있었다. 임상의료 기술이 아무리 우수하더라도 환자가 의료서비스에 접근할 수 없다면 무슨 소용이겠는가? 의료의 접근성을 가로막는 요인들을 제거하는 게 우선적인 과제였다. 경제적·사회적·지리적 요인들을 효과적으로 통제하여 모든 국민이 필요한 만큼 양질의 의료서비스를 이용할 수 있도록 해야 했다. 또 질병을 예방하고, 건강증진을 위해 노력하는 것도 치료 못지않게 중요한 일이었다. 누군가는 이 일을 해야 했다. 나는 이 일을 하기로 했고, 결국 임상의사의 길을 포기했다.

요즘 들어서는, 왜 의과대학 교수가 보건의료를 넘어 '복지국가운동'을 그렇게 열심히 하느냐는 질문을 더러 받는다. 1989년도는 대한민국의 복지 역사에서 획기적인 해였다. 보편주의 방식의 의료보험제도가 전 국민을 대상으로 실시된 해이기 때문이다. 우리나라 최초의 보편주의 복지인 당시의 의료보험은 수백 개의 독립조합들로 분리·운영되던 독일식 조합주의 의료보험제도였다. 하지만 이것은 형평성과 효율성, 보장성에서 구조적인 문제를 드러냈다. 그래서 나는 이것을 하나의 의료보장제도로 통합하는 시민사회운동에 나섰다. 마침내 우리는 2000년 7월부로 통합의료보험제도인 현재의 국민건강보험제도를 창설하는 데 성공했다. 이후 수년간 나는 국민건강보험의 내실화를 위해 집중적인 노력을 더 기울였다.

　우리 사회가 보다 정의롭고, 국민 모두가 건강하고 행복하기 위해서는 의료제도의 발전을 넘어 아동복지, 교육복지, 일자리복지, 노인복지, 기초보장 등 복지의 다양한 분야가 보편적 방식으로 제도화되어야 했다. 그리고 이러한 사회정책은 경제정책과 조응하며 함께 발전해야 했다. 결국 제대로 된 국가발전 전략이 필요했던 것이다. 그래서 참여정부 후반기였던 2006년 겨울, 나는 경제학자, 사회정책학자, 노동전문가 등 관련 전문가들을 만나 우리 사회의 문제들을 토론했고, 참여정부의 온정적 신자유주의를 넘어설 대안을 연구했다. 이 과정에서 만들어진 연구 및 운동 조직이 2007년 7월 출범한 '복지국가소사이어티'이고, 우리가 합의했던 국가발전 담론이 '역동적 복지국가론'이다.

　　　　　　　　　　내 아이가 살아갈 행복한 사회

나는 우리 사회의 구성원 모두가 보다 건강하고 행복하게 살았으면 좋겠다. 그것이 내가 애초에 희망하던 임상의사의 길을 접고 보건의료정책 전문가이자 시민사회의 보건의료 운동가로 15년을 살아온 이유이며, 2007년부터 쉼 없이 복지국가 운동에 매진해왔던 이유다. 나는 지난 수년 동안 전국 곳곳을 다니면서 '건강보험 하나로' 모든 병원비를 해결하기 위한, 건강보험료 더 내기 운동을 전개했다. 또 역동적 복지국가를 건설하기 위해 '깨어 있는 시민'들 즉, 우리네 보통 사람들이 부담능력에 따라 세금을 더 내자고 역설했다. 정치인들을 만나 복지국가 건설의 당위성과 전략을 설명했고, 건강보험료 인상과 보편적 증세 방안을 설득했다. 이를 위해 글을 쓰고, 강연하는 데 많은 시간과 열정을 투자했다.

2012년 7월 10일 보건사회연구원이 발간하는 학술지 〈보건사회연구〉에 실린 'OECD 국가 삶의 질 구조에 관한 연구'에 따르면, OECD 34개 국가를 대상으로 삶의 질과 연관된 19개 지표의 가중 합계로 '행복지수'를 구하여 비교해본 결과, 한국은 10점 만점에 4.20으로 뒤에서 세 번째인 32위로 나타났다. 우리나라의 행복지수 점수는 OECD 국가의 평균 점수인 6.23을 크게 밑돌았고, 우리나라보다 점수가 낮은 나라는 터키(2.90)와 멕시코(2.66) 뿐이었다. 여기서 주목해야 할 것은 덴마크, 노르웨이, 스웨덴 같은 북유럽 복지국가들의 행복지수가 두드러지게 높다는 사실이다. 덴마크는 행복지수 점수 8.09로 OECD 34개 국가 중에서 1위를 차지하였으며, 노르웨이는 3위, 스웨덴은 6위를 차지했다.

행복하게 살고 싶은 마음은 우리도 다르지 않다. 엄마와 아이,

청년과 어르신, 노동자와 서민과 중산층들에게는 행복하게 살아갈 수 있는 나라가 필요하다. 그래서 우리 국민은 판을 바꾸고 싶어 한다.

지난 10여 년 동안 지속된 신자유주의 양극화와 민생불안을 해소하기 위해 사회 운영원리를 바꾸자는 데 많은 국민이 동의하기 시작했다. 이제 어떤 나라를 어떻게 만들지를 결정해야 할 때다. 이 책은 여기에 답하기 위한 것이다. 우리 사회의 불안과 구체적인 문제가 무엇인지, 그 해법이 왜 보편주의 복지국가인지, 그리고 어떤 방법과 경로로 복지국가를 만들 수 있는지. 이러한 논점들에 대해 정치사회학자 김윤태 교수와 나는 열성을 다해 대담했다. 이 책이 우리의 행복한 삶을 위한 투쟁의 여정에서 유익한 길잡이가 되고, 연대의 매개체가 되길 기대한다.

복지국가 운동을 한답시고 여차하면 제주의 집을 떠나 육지에 나가 있는 나를 너그럽게 봐주면서 정신적인 지지를 보내준 사랑하는 나의 아내 김수영 교수에게 감사하며, 복지국가 운동을 함께 해주시고 도와주신 모든 분들과 복지국가소사이어티의 선후배 동료들에게 깊은 감사의 말씀을 드린다.

이상이

내 아이가 살아갈 행복한 사회

시대정신, 복지국가를 말하다

'돈을 벌어야 해요. 아버지가 사업에 실패해서 집안이 기울고 난 후 온 집안에 가난이 덮쳤어요. 방학이라도 아르바이트하고, 과외하고, 돈을 벌기 위해선 무슨 일이든 닥치는 대로 해야 돼요. 취미활동, 봉사활동, 독서 등 다른 일을 할 시간이 없어요. 졸업하고 나서도 돈을 잘 벌 수 있는 일자리를 구해야 하는데요…'

내가 읽은 우리 학교 20대 대학생의 글이다. 15~29세 청년 고용률 41.1퍼센트, 비정규직 비율 50퍼센트, 아르바이트 시급 4,580원. 이것이 21세기 한국 젊은이들의 현실이다. 지금도 그 학생의 얼굴을 떠올리면 안타까움에 가슴이 먹먹하다.

1980년대 초반, 나는 고향을 떠나 멀리 서울로 유학을 왔다. 당시 나는 서울에 부자들이 많다고 들었는데, 고려대학교 근처 종암동, 삼양동 산동네를 찾았을 때의 충격은 말로 표현하기 어려울 정도였다. 연탄으로 난방을 하던 시절이었지만, 화장실조차 없는 주거 상황은 그야말로 눈 뜨고 보기 힘들었다. 나는 강북의 회기동에서 나이 어린 여공들을 위한 야학 교사로 참여하면서 가난이 얼마나 건강을 해치고 자신감을 잃게 하는지를 뼈저리게 느꼈다. 서울 구로동 등 전국의 공단에는 수많은 노동자들이 비인간적인 공장 생활을 견뎌내고 있었다. 그 당시 세계 최장 노동시간과 세계 최고 산업재해율이 바로 한국 노동자의 현실이었다.

그래도 가난은 조상을 잘못 만난 탓이 아니라는 생각으로 열심히 살아가려고 애쓰는 사람들이 급속한 산업화를 일구어냈다. 1950~1960년대 시골에서 초등학교만 마치고 청계천 봉제공장에서 일했거나, 공고를 나와 재벌 기업의 작업장에서 부대끼며 살아갔던 수많은 노동자들이 없었다면 한국의 경제기적은 불가능했을 것이다. 그러나 지난 수십 년 동안 화려한 경제성장의 이면에는 가난한 사람들의 어두운 그늘이 아직도 사라지지 않고 있다. 정부는 절대빈곤이 사라졌다고 말하지만, 아직도 경제적 궁핍에 벗어나지 못한 이들이 너무나 많다.

1997년 외환위기 이후 한국사회는 자유시장의 논리가 철저하게 지배하는 사회로 변화했다. 효율성, 개인의 능력, 경쟁력이 모든 것에 우선했다. 남보다 더 앞서기 위한 경쟁은 스펙 쌓기, 자기계발, 재테크의 경주에 모든 사람들이 뛰어들기를 강요했다. 언제부터인가 고등학교와 대학교의 성적은 모두 상대평가제로 바뀌었다. 대기업과 공기업의 채용은 10퍼센트에도 못 미치는데, 학생들은

"중소기업에 다녀서는 결혼하기도 힘들다"고 호소한다. 정리해고와 명예퇴직으로 수많은 직장인들이 술집, 음식점, 잡화점 등 영세 자영업으로 내몰린다. 이들은 사업이 망한 다음에도 실업수당조차 받지 못한다. 지난 수십 년 동안 대한민국의 1인당 국민소득은 2만 달러가 넘었는데, 왜 우리의 삶은 이처럼 고통스러운 것일까?

지난 10년간 노무현 대통령은 '2만 달러 시대'를 내걸고, 박근혜 의원과 이명박 대통령은 '747'을 내걸었다. 그런데 1인당 국민소득과 재벌 대기업의 매출은 올라도 보통사람의 삶은 전혀 나아지지 않고 있다. 질병, 노령, 실업과 같이 개인의 힘으로는 어쩔 수 없는 사회적 위험에 처해도 제대로 도움 받지 못하는 많은 사람들이 있다. 고도성장 당시 급증했던 거대한 중산층은 한때 80퍼센트에 육박했지만, 이제는 쪼그라들어 절반 수준에 불과하다. 말로만 중산층이지 사회적 위험에 속수무책이고 극빈층으로 전락할 위기가 삶 곳곳에 도사리고 있다. 이제 빈곤은 중산층의 삶에도 어느 날 갑자기 도둑처럼 찾아올 수 있다.

외환위기 이전에 대형 은행에 근무하던 한 선배는 해외지사에 근무하며 능력을 인정받았지만, 명예퇴직으로 실직한 지 오래다. 얼마 전 그 선배를 만났을 때 안부를 물으니 "내가 사는 동네에서 작은 학원을 개업했어"라고 말했다. 그러더니 "부부가 함께 일한다"고 덧붙였다. 부부가 밤늦게 학생들을 가르치지만, 생활비를 벌고 자녀들의 대학등록금을 내기도 수월치 않다고 했다. 곧 60살이 되는데, 달랑 한 채 가진 아파트는 가격이 떨어지고, 노후 준비도 불안하기만 하다. 슬프게도 이는 한국사회를 살아가는 평균 중산층의 자화상이 되고 있다.

　누구나 사람답게 살아가고, 힘든 일을 겪을 때 서로 돕는 사회를 만드는 것은 불가능한 것일까? 우리는 자동차보험에 가입하고 꼬박꼬박 보험료를 납부하지만, 사고가 나지 않았다고 해서 보험료를 돌려받지는 않는다. 사고를 겪은 누군가를 위해 돈을 사용하기 때문이다. 의료보험, 고용보험, 국민연금도 마찬가지의 원리다. 사회보험은 불의의 어려움을 겪는 불행한 사람을 돕기 위한 사회적 보호 장치이자, 더불어 살아가려는 공존의 지혜다. 나아가 온 국민이 함께 살아가기 위한 복지제도는 모든 국민이 하나의 운명공동체라는 연대의식에서 출발한다.

　복지 확대가 가난한 사람들을 게으르게 만들고 경제성장을 저해한다는 보수파의 논리가 집요하게 복지제도를 공격하고 있다. 그러나 그들은 어째서 복지가 많은 스웨덴에서 경제가 더 발전하고, 복지가 적은 미국에서 위기가 발생했는지에 대해서는 입을 꽉 다문다. 왜 사회보호 장치가 많은 유럽에서 노동자의 파업이 적고 산업경쟁력이 더욱 우수한지 그 이유를 알아야 한다. 복지국가는 단순하게 가난한 사람들을 돕는 것이 아니라 경제성장의 밑거름이 되고 원동력이 될 수 있다. 효과적인 복지제도를 통한 노사협력과 사회적 타협은 경제성장과 사회평화에도 큰 도움이 된다. 당연히 복지가 발전한 나라에 살고 있는 사람들의 행복감이 높다.

　이제 복지국가를 둘러싼 논쟁은 학문적 논쟁을 넘어 뜨거운 정치적 논쟁이 되었다. 이에 학술 저서와 논문 이외에 많은 사람들에게 직접 대화를 건네는 노력이 절실하게 필요하다. 나는 '복지국가

소사이어티' 공동대표를 맡아 시민운동을 이끄는 이상이 교수에게 복지국가의 담론을 널리 알리는 책을 만들자고 제안했다. 이 책이 바로 그 결실이다. 이상이 교수는 정치권, 언론, 시민사회에 복지국가 담론을 널리 확산한 대표적 지식인이자 활동가다. 고려대학교에서 복지국가에 관한 강의를 해온 나는 '복지국가 만들기'가 본격적인 정치운동이 되어 한국사회의 미래 대안이 되기를 바라는 마음에서 참여했다. 누가 뭐래도 이제 '복지국가'는 새로운 '시대정신'이 되었다. 부디 이 책이 복지국가에 관한 뿌리 깊은 편견을 깨뜨리고 새로운 국가 전략을 수립하는 이들에게 유익한 도움이 되기를 바란다.

끝으로 고려대학교에서 내 수업을 수강하고 진지한 토론에 참여해준 학생들과 다양한 학술토론회와 강연회에서 대화를 나눈 모든 분들에게 감사드린다. 이 책과 관련된 자료를 찾고 도움을 준 고려대학교 사회복지학과 대학원의 정희원 서재욱에게 감사의 마음을 전한다. 복지국가를 만드는 시민운동을 위해 애쓰는 모든 분들에게도 경의의 인사를 드린다.

첫 번째 대담

왜 우리는 행복하지 않은가

대담을 여는 이번 장에서는 1인당 국내총생산은 증가하는데 왜 행복감은 커지지 않는지, 왜 우리의 삶이 점점 팍팍해지는지, 복지에 대한 사람들의 관심이 왜 점점 커지는지를 논의한다. 그리고 복지국가가 좌파의 논리이고 사회주의 성향을 가지고 있다는 일부 언론의 비난을 검토한다. 영국과 스웨덴의 복지국가가 발전한 역사를 살펴보면서 자본주의 경제의 합리적 개혁을 위해 등장한 복지국가가 어떻게 새로운 사회경제 모델로 변화했는지를 설명한다.

성공한 복지국가는 단순하게 복지예산을 많이 지출한 나라가 아니라 경제정책과 사회정책을 효과적으로 결합하여 경제적 효율성과 사회적 형평성을 동시에 이룩한 나라들이다. 따라서 지은이들은 지금 한국에서 필요한 것은 '복지예산 논쟁' 수준을 넘어서는 본격적인 '복지국가 논쟁'이라고 주장한다.

신자유주의가 우리에게 가져다준 것들

김윤태 지금 한국사회가 당면한 가장 큰 쟁점은 '복지'입니다. 먼저 우리가 왜 복지국가를 논의해야 하는지를 생각해보아야 합니다. 저는 지금 복지에 대한 국민의 관심과 열망이 신자유주의 경제개혁과 관련이 크다고 보는데요. 1997년 외환위기 때 '워싱턴 합의●'에 따라 신자유주의 경제개혁을 추진했는데, 이를 지지하는 사람들은 글로벌 스탠더드가 확산되면 우리 경제의 경쟁력이 생길 거라고들 말했거든요. 경제의 파이를 키우면 다 같이 나눠 가질 수 있다는 논리였죠.

그런데 10년이 지나 보니 어땠습니까? 오히려 사회의 질은 떨어지고 수많은 중산층이 몰락하면서 빈부격차가 심해지고 사회갈등만 깊어졌습니다. 박정희 정권 때 경제성장률이 평균 8~10퍼센트 수준이었는데, 외환위기 이후 3~4퍼센트, 지금은 2~3퍼센트 수준으로 내려갔어요. 파이를 나눠먹기는커녕 키우지도 못했어요. 국민 모두가 점점 더 불행하다고 생각하고 있습니다.

이상이 과거 박정희 시대에도 복지는 거

> **워싱턴 합의** 1991년 냉전 붕괴 이후 미국 행정부와 국제통화기금(IMF), 세계은행 등 워싱턴의 정책 결정자들 사이에서는 '위기에 처한 국가' 또는 '체제 이행중인 국가'에 대해 미국식 시장경제를 이식시키자는 합의가 이뤄졌다. 그 내용은 사유재산권 보호, 정부 규제 축소, 국가 기간산업 민영화, 외국자본에 대한 제한 철폐, 무역 자유화와 시장 개방, 경쟁력 있는 환율제도의 채용, 자본시장 자유화, 관세 인하와 과세 영역 확대, 정부예산 삭감 등을 포함한다.

의 없었다고 봐야죠. 그러나 1980년도부터 1990년대 중반까지는 고도성장이 보장해준 사실상의 완전고용 상태와 유교적 전통의 가족복지만으로도 사회안전망의 효과를 거둘 수 있었어요. 국가가 개입하지 않아도 최소한 20~30년 동안은 예전보다 생활이 좋아지고 있다는 의식이 있었죠.

그러다가 외환위기 이후 우리나라가 신자유주의 경제구조로 바뀌면서 이제 최소국가의 저열한 복지 수준으로는 '더 이상 살 수 없다'는 의식이 생겨났습니다.

김윤태 옛날부터 '가난은 나라님도 어쩔 수 없다'면서 가난을 팔자소관으로 여기고 국가가 해결해주기를 기대하지 않았습니다. 군사정부 시절에도 복지에 대한 국민의 인식이 매우 낮았죠. 당시에는 사회보장과 사회보험 모두 시기상조라고 했어요. 그리고 노동조합을 운운하는 건 '좌익 빨갱이'라는 식으로 억압했고요.

이상이 사회적으로 없던 의식이 생기는 데에는 두 가지 경로가 있다고 보는데요. 하나는 개방된 민주사회에서 인권의식 즉, 사회권적 요구가 정치적으로 수용되어 제도화된 경우이고, 다른 하나는 물질적 삶의 조건이 너무 어려워서 필요에 의해 만들어지는 경우입니다. 우리나라는 후자에 가깝습니다.

박정희 시절에 사회권에 대한 저변의 요구가 왜 없었겠습니까? 있었겠죠. 하지만 그런 의식들이 공식적으로 형성되질 않았어요. 사회권에 대한 요구가 직접적으로 터져 나온 적이 한 번도 없었거든요. 민주주의와 관련된 정치적인 요구는 많이 터져 나왔지만 말입니다. 그러다가 1990년대 들어 의료보험, 연금, 최소한의 삶에 대한 사회권적 요구가 나타났는데, 여전히 가족복지와 최소국가의 복지 수준에서 벗어나지 못했죠.

그러다 외환위기 이후 신자유주의 양극화 체제가 구조화되면서 민생불안을 키우자 국민들의 복지 욕구가 본격적으로 터져 나옵니다. 그것도 과거에는 하위계층에 국한되는 욕구였다면 지금은 중산층을 포함한 사회의 다양한 계층이 복지를 원하고 있어요.

김윤태 우리나라는 유난히 혈통을 강조하는 가족주의 전통이 강합니다. 기독교에는 기부문화라는 게 있지만, 우리는 자식에게만 상속하려고 하죠. 재산을 사회에 환원하거나 세금을 더 내 복지를 확대하려는 인식이 매우 낮아요.

아직도 많은 사람들이 복지라고 하면, 국가가 가난한 사람들이나 극빈층에 시혜나 인정을 베푸는 걸로만 알고 있죠. 그러다 보니 복지와 경제의 영역을 별개의 것으로 생각하는 경향이 강해요. 그래서 복지를 '퍼주기'나 '포퓰리즘populism'이라고 비난하는 언론도 있고요. 이는 모두 무지에서 나온 편견입니다. 복지는 가난한 사람에게만 좋은 것이 아니라 사회 전체적으로 유익한 것입니다.

이상이 또 한 가지 중요한 것은, 현재 우리 사회에는 복지 확충에 대한 요구뿐 아니라 복지국가에 대한 요구가 존재한다는 점입니다. 복지국가란 복지와 경제 전체를 아우르는 발전모델 아니겠습니까? 결국 신자유주의 시장국가에 대한 전면적인 문제 제기라고 할 수 있죠.

나에게도 복지를

김윤태 1987년 민주화 운동이 성공한 뒤에도 진보세력은 NL National Liberation, 민족해방과 PD Peolpe's Democrcy, 민중민주로 나뉘어 계속 혁명을 주장했고, 보수세력은 파이를 더 키워야 나눠 먹을 수 있다는 입장이었죠. 그 이후에도 외환위기 전까지는 진보의 대안 담론이 무척 미미했습니다.

그러다 1997년 외환위기로 인해 대량실업이 생기고, 노동시장의 유연화로 일자리들이 점점 사라지면서 고용 없는 성장의 시대로 접어듭니다. 외환위기 전에는 우리나라에서 스스로 중산층이라고 생각했던 사람들이 80퍼센트쯤 됐어요. 세계에서 한국과 일본이 주관적 계층의식 조사에서 중산층이라고 답변하는 비율이 가장 높게 나오는 나라였습니다. 그러나 고용불안이나 노후불안 같은 여러 사회불안이 커지면서 외환위기 10년 후 조사에서는 중산층 비율이 50퍼센트 대로 뚝 떨어졌어요.

그런데 놀라운 사실은 우리나라에서 서민이라고 자처하는 사람들이 지지하는 정당이 새누리당이라는 거예요.

이상이 진보당은 오히려 우리나라에서 소득수준이 가장 높은

30~40대의 중상층 국민들이 지지하고 있어요. 386세대이면서 연봉 6,000만 원 이상 되는 화이트칼라 고소득층이죠.

김윤태 한국 정치에서는 세대변수나 지역변수가 크게 작동하기 때문에 영남에서 농촌 노인들이 보수정당을 지지하는 비율이 높은 것이 착시현상을 일으킬 수 있어요. 어쨌든 서민 계층이 진보당과 민주당이 아니라 새누리당을 지지하는 것만 보아도 우리나라 진보 세력들이 대안담론에서 얼마나 무력하고 실패했는가를 보여주는 것 아니겠습니까?

외환위기 때 국민들은 깨달은 거죠. '개인이 노력해서 좋은 학교 가고, 좋은 직장에 다니는 것만으로는 안전이나 행복을 보장받을 수 있는 게 아니구나'라고. 결정적으로 가족이 해체됐잖아요. 이혼하고 고령화되고 노인들의 빈곤문제까지….

이상이 최근 여론조사를 보면 복지를 확대해야 한다는 응답자가 60~70퍼센트 수준을 넘었어요. 과거에 비해 1.5에서 두 배 정도 늘었습니다. 놀라운 변화죠.

김윤태 여기 주목할 만한 조사가 있어요. 서울대학교 사회발전연구소에서 우리나라 사회발전에 심각한 장애 요소가 무엇인지 물어봤을 때 1997년까지는 '지역갈등'이었어요. 그래서 2002년 당선된 노무현 대통령은 지역갈등을 최우선적으로 해결하겠다고 공약했지요. 그런데 외환위기 이후의 조사 결과를 보면 '빈부갈등'과

'계층갈등'이 압도적으로 높게 나와요.

1960년대 산업화 이후 많은 사람들이 농촌에서 도시로 이주하면서 '상향이동'을 경험했는데요, 비록 공장에 다니고 생산직에 근무할지언정 농촌에서 사는 것보다 도시로 가는 게 낫다고들 생각했어요. 지금 60~70대 노인 세대가 대부분 세대 간 상향이동을 경험했습니다.

그런데 외환위기 때 많은 사람들이 한 세대 내에서 하향이동을 경험했거든요. 계층갈등을 피부로 느끼고 개인의 노력만으로는 한계가 있다는 걸 알게 되면서 '나에게도 복지를 달라'는 요구를 하게 됩니다.

이상이 그럼에도 불구하고 정치권에서는 2007년도 대선에서도 그렇고, 그 이후에도 사람들의 복지 욕구를 정치과정에 제대로 반영하지 못했어요.

김윤태 저는 그 욕구를 가장 정확하게 포착한 인물이 2009년 경기도 교육감 선거에 나선 김상곤 교육감이라고 생각해요. 과연 김상곤 교육감이 실제로 사람들의 욕구를 제대로 인식하고 있었는지는 잘 모르겠어요. (웃음)

김대중·노무현 정부도 생산적 복지, 참여복지, 사회투자 국가를 말했지만 대중의 마음에 확 불을 지르지는 못했거든요. 김상곤 교육감도 처음에는 공교육 정상화라든지, 사교육비 절감, 혁신학교 이런 것을 주요 공약으로 내세웠고, 저는 그런 공약들이 유권자들의 지지를 얻었다고 생각했어요.

내 아이가 살아갈 행복한 사회

그런데 선거가 끝나고 여론조사에서 "왜 김상곤 교육감을 찍었습니까?"라고 물어보니 가장 많이 나온 답변이 친환경·유기농·무상급식이었어요. 정작 공교육 혁신은 2, 3등 밑으로 내려가 있었고요. 사람들은 후보자들이 미처 생각지 못했던 문제를 더 중요하게 인식하고 있었던 셈이죠.

이상이 김상곤 교육감의 무상급식 방안이 정치적으로 쟁점이 되지 않았더라면 공교육 개혁이니 인권 등의 문제들이 훨씬 더 중요하게 다뤄졌을 겁니다. 그런데 경기도의회에서 김문수 지사가 무상급식을 두고 사회주의 정책이라며 비판했고, 여당 정치인들이 '사회주의적이다', '북한 같다'고까지 비판하면서 본격적으로 정치 쟁점화되었죠.

만약 무상급식 안이 순조롭게 통과되었더라면, 정치 의제로 부상하지도 않았을 것이고 사람들은 모르고 지나갔을 겁니다. 여기서 제가 주목하는 게 정치의 우선성인데요, 복지국가의 논리에서는 정치가 절대적인 역할을 한다는 것을 보여준 좋은 사례라고 생각합니다.

김윤태 30~40대 일하는 엄마들이 증가하면서 아이들의 도시락이라든지 간식 문제에 관심이 커졌어요. 특히 2008년 촛불시위 이후 광우병에 대한 사회적 불안 때문에 친환경 유기농을 찾게 되면서 복지에 대한 욕구가 분출됐죠. 어떤 면에서는 탈물질적 가치의 표현이라고 볼 수 있습니다.

여기에서 두 가지를 짚어볼까요? 하나는 신자유주의 경제개혁 이후 10년 동안 보편적 복지에 대한 요구가 민생불안이라는 형태로 계속 있어왔지만, 정작 우리는 눈치 채지 못하고 살아왔다는 겁니다. 시장에서는 각자의 방식대로 불안을 해결하기 위해 발버둥 쳐왔어요. 학생들은 스펙을 쌓고, 직장인들은 한 푼이라도 더 벌자고 동료를 짓밟고…. 하지만 여전히 쫓기고 불안하던 차에 보편적 복지의 맥락이 무상급식의 형태로 정치 의제가 되니까 '아, 이거구나!' 한 거예요.

아무리 복지국가에 대한 열망이 근저에 있다 해도 어떤 계기를 통해 정치적 이슈가 되지 않으면 패러다임의 변화가 이루어질 수 없거든요. 복지 담론의 발전에서 정치, 특히 시민정치가 그만큼 중요하다는 겁니다.

두 번째로는 더 이상 '복지의 단순 확대만으로 안 된다'는 거예요. 경제정책과 사회정책을 분리하는 정책은 한계에 부딪히고 맙니다. 이건 성장과 복지를 분리하는 패러다임이거든요. 그게 박근혜 의원의 복지론 아닙니까? 경제 구조는 거의 손대지 않고 복지만, 그것도 주로 선별적으로 확대하겠다고 말하고 있는데요. 그런데 이게 지금 지지를 받고 있어요. 그만큼 복지의 확대는 시민사회에 존재하는 강력한 매력이자 국민의 의사표현입니다. 박근혜 의원이 국민의 욕구를 받아서 안아준 거예요.

그러나 저는 복지 확대론 자체는 성립할 수 없다고 봅니다. 경제와 분리된 복지의 확대는 불가능해요. 이제 두 가지를 떼어놓고 보는 게 아니라 경제와 복지를 하나의 유기적 통합체로 보아야 합니다. 신자유주의 경제정책이 아닌 다른 길을 찾아야 해요. 대안적 경제정책. 저는 그게 복지국가의 경제정책이라고 봅니다. 신자유주의 경제정책이 과연 우리가 넘어서지 못할 벽인가, 반드시 이 길 밖에 없는가를 생각해봐야 합니다.

잘나가는 경제학자들은 '신자유주의 외에 다른 길이 없다', '시장에 개입하는 것은 바람직하지 않다'고들 하는데요, 저는 그렇게 생각하지 않습니다. 사람들이 각자 도생의 방식으로 살기 위해 애를 쓰고 발버둥 치는데도 불안해서 못 살겠다는 지경에 이르렀다면, 현재의 경제 시스템을 전면적으로 진단해보고 대안을 찾아야 하지 않겠습니까?

김윤태 단지 조세를 통한 재분배 구조를 복지국가로 보는 것이 아니라 경제적 효율성과 사회적 형평성을 동시에 추구하는 새로운 경제 패러다임으로 전환해야 합니다.

이상이 그게 핵심이죠. 경제가 바뀌지 않으면 복지는 들어올 자리가 없어져요. 들어갈 자리가 없는데 억지로 복지를 넣으면 결국 소비적, 소모적 복지가 돼버려요. 지속 가능성이 없어지고 경제에 짐이 됩니다. 또 경제가 위축되면 복지가 축소되고… 악순환이죠.

이러한 불안을 해결하기 위해 근본적으로 신자유주의 이념을 뛰어넘을 모든 수단을 강구해보자는 겁니다. 지금까지 나온 수단은 크게 두 가지, 규제 정책과 조세재정 정책인데요, 조세를 통해 확보한 세금으로 새로운 산업정책을 펼 수 있다면 그건 재정정책이면서 동시에 새로운 경제산업 정책이고, 적극적 노동시장 정책

active labor market policy이기도 합니다.

김윤태 단순히 복지예산을 늘리는 포퓰리즘이 아니라 경제적 효율성을 끌어올리는 대안으로 복지국가를 보아야 합니다.

불평등한 사회에 행복은 없다

이상이 최근 교육방송에서 하버드대학교 교수 마이클 샌델의 강연을 보니 '목적론적 정의관'에 대해 이야기하더군요. '모든 사물, 모든 사람, 모든 형상에는 각각의 고유한 목적이 있고 그 목적에 가장 충실한 것이 곧 정의다'라고요. 바이올린의 목적은 가장 좋은 소리를 내는 것이기 때문에 그 악기의 소리를 가장 잘 낼 수 있는 사람이 가져야 해요. 그렇다면 우리 인생의 목적은 무엇일까요? 무엇을 위해 이 세상에 태어난 걸까요? 목적론적으로 말하자면 행복하기 위해서 사는 것이라고 아리스토텔레스가 말했어요. 인간이 살아가는 목적은 행복이라고.

김윤태 행복의 기준은 나라마다 다르겠지만, 일반적으로 인간다운 삶이 보장된 사회에서 사람들의 행복감이 크죠.

이상이 현대의 산업화된 국가들 가운데 행복지수가 높은 나라들은 대체로 소득격차가 작습니다. 대한민국은 행복지수가 100위권

밑이에요. 반면 부탄은 행복지수가 높은데, 소득수준은 낮아도 아주 평등합니다. 아마도 종교적 요인이나 사회공동체 등의 통합적 가치를 추구하는 성향 때문이겠지요.

김윤태 우리나라가 구매력 기준으로 1인당 국내총생산(GDP)이 현재 약 3만 달러 수준입니다. 유럽의 웬만한 국가들이 4만 달러 수준이니 이제 한국도 선진국 문턱에 올라섰다고 봐야죠. 그런데도 국민들은 행복하지 않아요.

이상이 저는 이것이 양극화 때문이라고 봅니다. 경제체제가 양극화되어 있고, 복지체제가 선별적으로 되어 있으면 체감하는 양극화가 더 커집니다. 처음에는 아주 가난한 사람들, 절대 빈곤층이나 상대 빈곤층만 불안하고 불행하지만, 점차 중산층들도 '언제 내가 빈곤층으로 떨어질지 모른다'는 위기감을 느끼게 되고, 이게 장기화되면서 불안의 만성화 현상이 되죠.

김윤태 캐나다의 사회학자 찰스 테일러는 '불안사회'라는 말을 쓰기도 했는데 현 시대를 정의할 때 '불안'이라는 용어를 사용하는 것은 상당히 의미심장하다고 봐요.

> **복지국가소사이어티** 사회경제 민주화를 통한 복지국가 대한민국 만들기를 표방하며 2007년 7월에 창립된 시민단체

이상이 그래서 복지국가소사이어티가 '5대 불안'을 찾아 정리하게 된 겁니다. 5

> **5대 불안** 노후불안, 의료불안, 일자리불안, 보육·교육불안, 주거불안

대 불안에서 자유로운 국민들은 상위 10~20퍼센트 정도에 불과하고, 절대 다수가 5대 불안 전부, 혹은 일부에 노출되어 있어요. 특히 일자리불안에는 우리 국민의 90퍼센트가 노출되어 있어요. 일자리의 90퍼센트가 비정규직이거나 저임금, 아니면 고용 자체가 불안한 상태입니다. 보육이나 교육불안도 마찬가지예요. 주거불안은 어떨까요? 우리 국민의 절반 정도가 주거불안에 떨고 있는데요, 특히 20~30대는 대부분 주거불안이죠. 부모님이 부자여서 집을 사줄 형편이 되는 20~30대는 5퍼센트나 겨우 될까요?

그 다음이 노후불안인데요, 공무원이나 대기업에 근무하는 사람들을 제외하고는 모두 해당될 겁니다. 우리 노인의 45퍼센트가 빈곤 상태에 있어요. 노인 자살률이 세계 1등이죠. 경제협력개발기구(이하 OECD) 평균의 세 배가 넘어요. 그만큼 노후의 소득보장이 부실한 거고, 어르신들의 생활이 가난하고 외롭다는 얘기입니다.

그리고 의료불안이 있습니다. 의료불안을 안 느끼는 국민은 상위 3~4퍼센트 정도 될까요? 국민 10명 중 7명이 민간의료보험에 가입되어 있어요. 국민건강보험만으로는 의료비가 해결되지 않으니 불안해서 민간의료보험을 찾는 거죠. 나머지 30퍼센트는 민간의료보험에 가입할 형편조차 안 되는 사람들입니다. 이건 국민건강보험의 보장성이 낮아서 나타난 극단적인 양상이에요. 결국 의료불안도 지속적으로 확산되고 있다고 봐야죠.

김윤태 OECD에서 조사한 주관적인 '삶의 만족 life satisfaction' 지수를 보면 우리나라가 하위권입니다. 1960년대에 1인당 GDP가 89

달러였다가 지금 2만 달러로 수백 배 증가했는데, 행복하다고 느끼지를 않는 거예요. 경제는 성장했지만 정신적으로는 불행해지는 역설적 상황. 저는 이를 '한국의 역설Korean paradox'이라고 봅니다.

이와 유사한 연구가 있어요. 1970년대에 미국 경제학자 리처드 이스털린이 연구한 결과 미국 사람들이 느끼는 행복감은 1940년대부터 20년간 꾸준히 늘다가 1970년대 중반에 이르러 1인당 GDP가 1만5,000달러가 넘으면서부터는 정체되기 시작합니다. 미국 미시간대학교에서도 5년마다 '세계 가치 조사World Value Survey'를 하는데요. 전 세계 어느 나라에서든 1인당 GDP가 1만5,000달러가 넘으면서부터는 경제성장과 행복감이 정함수의 관계가 아니라고 나옵니다. 다른 변수들에 영향을 받는 거예요. 학자들 사이에 많은 논쟁이 있지만, 공통적으로는 삶의 질이 더 중요한 변수라는 데 공감하고 있어요. 경제력만으로는 행복하지 않다는 거죠. 이걸 '이스털린의 역설Easterlin's paradox'이라고 표현합니다. 결국 돈으로 행복을 살 수 없는 거죠.

이상이 건강, 기대수명, 유아사망률, 병원 수, 학교 수, 교육수준 등 다양한 삶의 질이 중요한 요소로 부각되고 있습니다.

김윤태 삶의 질quality of life이라는 건 굉장히 복잡해요. 행복에 영향을 주는 요소가 워낙 다양하니까요. 이 가운데 불평등도 큰 변수입니다. 사람들은 절대적 소득보다 상대적 소득에 더 영향을 받거든요. 미국 심리학자들이 이런 연구를 한 적이 있습니다. 평균소득이 3,000만 원일 때 4,000만 원 받는 게 좋은가, 평균소득이 7,000만 원일 때 6,000만 원 받는 게 좋은가? 조사 결과 80~90퍼센트의 응답자가 3,000만 원일 때 4,000만 원 받는 쪽을 선택했습니다. 남보다 더 받기를 원하는 거죠.

한국 사람들은 모였다 하면 '평등'을 말한다고 하죠. 아파트 '평'수하고 아이들 '등'수를 가리키는 말입니다. 끊임없이 서열을 매기면서 느끼는 우월감과 열등감에 주관적인 행복감이 좌우된다는 거예요.

이상이 북유럽처럼 사회 불평등 지수가 작고, 상대적 빈곤율이 낮은 나라들은 행복감이 높습니다. 미국처럼 불평등이 심한 나라일수록 행복감이 낮고요. 과거 일본은 행복감이 높은 편이었는데, 최근 20년 사이에 경제가 악화되고 빈부차가 커지면서 행복감이 낮은 나라로 빠졌죠. 우리나라는 한 번도 올라가본 적이 없습니다.

김윤태 행복감에 영향을 미치는 또 다른 요소는 가족관계, 인간관계, 친구관계입니다. 가족과 친구들을 얼마나 자주 만나고 신뢰하느냐, 또는 직장 동료들과 어떤 관계를 유지하느냐가 중요한데, 유대관계가 끈끈한 사회일수록 행복감이 크죠. 그런데 우리나라 사람들은 월급을 조금이라도 더 받기 위해 야근을 서슴지 않거든요. 가족과의 시간은 항상 그 다음 순위예요. 심지어 애들 교육 시키겠다고 기러기 아빠로 떨어져서 지내기도 하고요. 그러나 공부를 잘하기 위해서, 돈을 더 많이 벌기 위해서 가족과 친구들로부터 떨어져 있으면 행복감은 줄어들 수밖에 없어요.

그렇게 돈을 좋아하는 미국에서도 소득이 영향을 주는 범위는 연봉 1억 원 정도이지, 그 이상으로 올라가면 돈을 더 번다고 해서 행복해지지 않는다고 해요. 오히려 가족과 친구들을 자주 만나고 거기서 만족감을 느끼는 사람들이 행복합니다.

OECD에서 행복감이 가장 높은 나라는 덴마크입니다. 불평등 정도가 낮고 사회복지가 잘되어 있죠. 특히 실업자에 대한 복지가 관대하고, 교육과 의료는 사회보험이나 세금으로 해결합니다. 직장에서 잘리고 사업에 실패해도 사회보호 장치가 있어요. 그 밖에도 스위스같이 직접 민주주의를 하는 나라, 테러리즘이나 전쟁 공포가 없는 나라가 행복감이 높습니다.

이상이 우리나라에서 행복감이 낮은 주요 이유가 바로 고용불안입니다. 일자리가 불안한데 행복할 수가 없겠죠.

김윤태 외환위기 이후 우리나라의 고용불안은 정말 심각한 수준입니다. 직장을 잃으면 당장 내 아이의 교육비와 의료비를 감당할 수 없어요. 실업 상태에서 받는 고용보험 지급액은 첫 달부터 최대 120만 원을 안 넘고, 기간도 8개월 이하입니다. 그러니 노조가 해고를 받아들이지 못하고 쇠파이프 들고 나올 수밖에 없는 겁니다. 온 식구가 굶어죽게 생겼는데, 어떻게 참으라고만 할 수 있어요?

최근 로이터통신과 입소스의 국제 여론조사 결과, 돈이 행복을 위해 가장 중요하다고 생각하는 나라가 한국과 중국으로 나왔습니다. 자본주의의 선두 국가인 미국조차도 돈을 최고라고 답하는 비율이 33퍼센트 수준인데 우리나라는 응답자의 69퍼센트가 행복에 돈이 절대적으로 필요하다고 답했다는 겁니다.

이상이 배금주의, 물질만능주의라고 할 수 있죠. 지금 우리나라에서는 돈을 벌기 위해 가족이나 친구들이 희생당하고 여가도 희생합니다.

김윤태 2009년에 스웨덴을 간 일이 있는데요. 스웨덴 사람들은 영어를 참 잘합니다. 젊었을 때는 일자리 많은 미국에 가서 일을 하다가, 아이를 낳으면 스웨덴으로 돌아온다고 해요. 미국 회사가 월급은 많이 주지만, 가정을 이뤄서까지 그 나라에 정착하고 싶지는 않은 거예요. 왜냐고요? 미국은 공립학교도 형편없고 대학교 등록금이 어마어마하니까요. 게다가 의료비는 얼마나 비싸요? 중병에 걸렸을 때 부담이 너무 크죠. 또 미국에서는 언제라도 회사에서 잘릴 수 있는데, 적극적 노동시장 정책이나 관대한 실업급여 같은 것도 없거든요.

스웨덴의 기업가들이 모인 사용자단체^{SN}에 가보니, 대기업 임원들도 복지국가에 찬성한다고 하더군요. 자기들도 언젠가 회사를 떠날 수 있으니까요. 사실 스웨덴이라고 해서 근로자를 해고할 수 있는 요건이 특별히 엄격하지는 않아요. 해고는 하되 이들이 노동시장에 다시 진입할 수 있도록 국가가 적극적으로 도와주죠. 법률적으로 따지면 오히려 우리나라에서 해고하기가 더 어렵지만, 실상은 마음대로 자르고 있지 않습니까?

스웨덴에서는 대기업 임원들도 교육이나 의료 등의 복지제도를 적극 지지합니다. 물론 현재 50~60퍼센트 수준인 소득세율을 40~50퍼센트로 낮춰달라고 불평도 하지만, 기본적으로는 보편적 복지국가가 필요하다는 데 공감을 하고 있어요.

또 스웨덴이나 덴마크 사람들은 부자라고 해서 큰 집을 사거나 비싼 옷 입고 사치하는 풍조도 별로 없어요. 스웨덴은 유럽의 봉건제 전통이 강하지 않았기 때문에 계급사회가 아니었죠. 소규모 자작농 위주의 농업사회에서 산업화되어서 계층적 위화감이 덜합니다. 구성원들 사이에 끈끈한 사회적 연대감이 있어요. 상대적으로 빈부격차도 적지만 과시적 소비도 적기 때문에 사회갈등도 적은 겁니다.

반면 우리나라는 돈으로 행복을 사려는 사람들의 가치관도 문제이지만, 사회적 약자와 실패자를 위한 사회적 보호 장치가 없다는 것도 행복지수가 낮은 근본적인 원인입니다. 국가가 사회적 위험과 불안 요인을 해결해주지 않는다면, 아무리 1인당 GDP가 3만, 4만 달러가 되어도 답이 없어요. 노무현 정부 때 1인당 국내총생산 '2만 달러 시대'의 이야기를 했잖아요. 노 대통령 임기 말에 2만 달러를 달성했는데, 사람들이 행복해졌습니까? 아니거든요.

이상이 중요한 지적입니다. 영어로 결속cohesion, 우리말로 '유대'라고 하죠. 유대감이 높은 사회cohesive society가 되면 행복한 공동체가 되죠. 그런데 지나친 경쟁사회는 늘 결속을 파괴한단 말이에요. 사회통합을 위해선 개인들이 다양한 공동체에 참여해야 합니다. 그런데 온종일 직장에서 시달리고, 집에 와서도 일하는데 언제 공동체에 참여하겠어요?

사회적 결속이 약화되는 근본적인 이유는 소득 불평등입니다. 소득이 불평등하니까 격차사회가 되는데, 이게 실은 신분사회나 다름없어요. 옛날의 양반과 상민처럼, 지금은 고소득자와 저소득자가 신분이 나뉘어 있습니다. 돈 있는 사람과 돈 없는 사람이 어울리는 거 봤습니까? 사회적 결속이 끊어진 거예요.

김윤태 최근 영국에서 신경제재단New Economics Foundation이 전 세계적으로 주관적 행복감 조사를 했는데 1위가 중남미의 코스타리카입니다. 중남미 국가들이 항상 행복감의 순위가 높아요. 그 나라들은 국민소득이 1인당 6,000~7,000달러 정도밖에 안 되는데 유럽 국가들보다 행복지수가 높습니다.

물론 중남미 사람들 특유의 낙천적인 기질들도 작용하겠지만, 코스타리카는 전통적으로 가톨릭 문화를 바탕으로 대가족이나 가족들의 끈끈한 모임이 많다고 해요. 또 정치적으로 민주주의가 오래전부터 안정됐고, 군대가 없습니다. 숲과 녹지가 많고, 일찍부터 재생에너지 정책을 채택해서 탄소 배출량이 가장 적은 나라이기도 하죠.

이상이 우리는 가족들이 모이면 대개 싸움이 나잖아요. 재산 분쟁도 나고요. 그런데 생각해보면 옛날 우리가 농촌사회일 때는 가족끼리 결속력이 참 좋았습니다. 도시화되고 개인화되면서 사이가 점점 멀어졌죠. 특히 부모가 혼자가 되어 형제 중 하나가 모셔야 하는 상황이 되면 갈등이 커집니다. 공적 노인요양 서비스가 아직

내 아이가 살아갈 행복한 사회

은 부실하니까요.

김윤태 좀 다른 차원의 이야기인데, 프랑스는 복지가 많으면서도 행복감이 낮아요. 프랑스 사람들은 개인이 행복해져야 한다는 생각 자체가 '쿨하지 않다'고 생각해요. '인생 자체가 괴롭고 힘든데, 어떻게 속 편하게 행복만 찾냐'는 인식이 있어요. 하지만 그런 프랑스조차도 주관적인 행복감이 미국보다 높고, 중국이나 한국보다는 월등히 높죠.

서양에서는 행복이 개인의 책임이나 의무라고 생각하고, 스스로 행복해지려고 노력해요. 사회를 개조해서라도 삶의 질을 높여야 한다고 생각합니다. 반면 한국이나 중국, 일본 사람들은 바깥에서 오는 행운이나 운명을 행복이라고 생각하는 경향이 있습니다. 복지가 사회 차원에서 와야 한다는 의식이 적고 가족끼리 해결하려고 하는 거예요. 그러다 보니 사회적 보호 장치도 약하고 행복을 추구하려는 집단적인 노력도 부족합니다.

빈곤 없는 사회 건설의 시작

김윤태 복지는 진보나 좌파들의 논리라거나 우파가 복지에 부정적이라고 하는 건 유럽 역사나 세계사에 무지해서 나온 말이에요. 유럽에서 복지는 오히려 보수진영에서 나서서 추진하는 경우가 많았거든요.

1880년대 독일에서 복지국가가 처음 생겨난 배경을 보면요, 노동계 세력이 커지면서 보수주의자들이 사회주의 탄압법이라는 '채찍'을 쓰는 한편, 산재보험이나 질병보험 같은 '당근'을 동원했습니다. 국가 차원에서 노동자들의 역량을 안정적으로 확보하고, 안보 차원에서는 군사력을 키우기 위해서였죠. 결국 보수주의자들이 자본주의를 합리적으로 개혁하고 계급갈등을 줄여 국가 경쟁력을 키우려는 의도가 작용한 거예요.

이상이 그런데도 한국의 보수세력은 복지국가라고 하면 좌파나 포퓰리즘, 나눠먹기라고들 비난하지 않습니까?

김윤태 1930년대 스웨덴 사회민주당SAP도 철저히 노동자들의 생산성을 올리기 위해 복지를 도입했습니다. 1930년대 스웨덴은 파업으로 근로손실일수가 세계에서 가장 많은 나라였어요. 1938년 스웨덴의 재벌이었던 발렌베리 가문과 노조, 사민당이 한자리에 모여 소위 3자주의 노사정 협상•을 합니다. 노사 간의 단체협상을 전국 단위에서 산별노조 토대로 진행하자 파업이 사라졌어요.

> 노사정 협상 20세기 초반 노사 갈등이 매우 심했던 스웨덴은 1938년 '살트세바텐 협약'을 통해 노사정 3자가 모여 임금 억제와 복지 확대를 동시에 추구하기로 합의했다. 1930년대 노사정 타협을 통해 노동조합은 국유화 강령을 포기하고 파업을 자제하는 대신 기업은 소득세 인상을 받아들였다. 이는 스웨덴 사민당이 정권을 잡은 후 노사 대립을 중재하여 만든 역사적 계급타협이다.

1950년대 이후에는 연대임금이나 적극적 노동시장 체제를 도입합니다. 동일노동에 대하여 동일임금을 준다든지, 대기업과 중소기업 간 임금격차를 줄이고 실직자들이 재취업할 때까지 정부가 교육과 훈련을 시켜주는 거죠. 이게 바로 사회정책과 경제정

내 아이가 살아갈 행복한 사회

책의 결합입니다. 당시 사민당의 이론가인 군나르 뮈르달● 같은 사람들이 애초에 마르크스주의자는 아니거든요. 어떻게 하면 경제를 발전시키고 복지가 긍정적인 기여를 하게 할지 끊임없이 고민한 결과예요.

2차 세계대전 때와 1940~50년대에 프랑스에서는 드골이 집권하고, 독일에서는 아데나워 총리와 보수정당이 집권했어요. '질서 자유주의'니 '사회적 시장경제'를 제시하면서 복지를 내세운 세력이 바로 기독교민주당이거든요. 독일에서는 '사회국가'라는 말을 쓰죠. 스웨덴에서도 '인민의 집'이라는 말은 원래 우파들이 쓰던 용어예요. 그런데 사민당이 이를 받아들여 좌우 합작으로 복지국가를 만든 겁니다. 사민당은 1930년대부터 40년간 장기집권하면서 복지와 경제를 유기적으로 엮어내 가난뱅이 나라 스웨덴을 지금의 선진국가로 만들었습니다.

한편 '복지국가'라는 말을 최초로 사용한 나라는 영국입니다. 1930년대에 영국의 윌리엄 템플 주교가 당시 나치 독일과 영국을 비교하면서 각각 '전쟁국가Warfare State'와 '복지국가Welfare State'라고 말했지요.

그 후 2차 세계대전 말에는 처칠이 이끄는 전시 거국내각이 베버리지 보고서Beveridge Report●를 발표하고 '요람에서 무덤까지' 복지를 제공하겠다고 약속합니다. 처칠이 보수당 총리였기 때문에 흔히 영국이 보수당일 때 베버리지 보고서가 나왔다고들 오해하는데, 당시에는 전시 내각으로 거국내각이었습니다. 노동당, 자유당, 보수당이 다 들어 갔었죠.

이상이 제2차 세계대전 당시 영국의 수많은 노동자들이 전장에서 죽어갔고, 나라 경제가 매우 어려웠습니다. 이러한 어려움을 딛고 전쟁에서 이기기 위해서는 새로운 동력과 국민적·계급적 단합이 절실했습니다. 물론 국가에서 빵을 나눠주는 방법도 있지만, 전쟁이 끝난 뒤의 행복한 미래를 약속해주는 것이야말로 가장 효과적이었을 겁니다. 그래서 베버리지에게 사회보험과 관련된 정책을 요구했고, 1년여의 작업을 거쳐 1942년 연말에 보고서가 나옵니다.

이 보고서의 목적은 '빈곤 없는 사회'의 건설이었고, 핵심 내용은 아시다시피 사회보험social insurance입니다. 우리가 알고 있는 사회보험과는 상당히 거리가 있죠. 베버리지가 주장한 사회보험은 '국가 최저national minimum'입니다. 모든 국민에게 어떤 상황에서든 국가 최저를 보장해주는 사회안전망을 구축하자는 것입니다. 사회보험으로 해결하지 못하는 아동빈곤을 위해서는 아동수당제도를 제안했죠. 아이들은 직장에 다니는 것도 아니니 보험을 들라고 할 수 없잖아요. 또 아이가 아프면 무상치료를 해줘야 하니 국가보건서비스(이하 NHS)가 생겨났죠.

베버리지의 사회보험은 완전고용을 전제하는 것이므로 국가가 일자리 창출을 위해

> **국가보건서비스(National Health Service)** 모든 국민에게 무상으로 의료를 제공하는 영국 복지국가의 핵심 제도. 의사들의 참여를 보장하되, 모든 병원을 완전 국유화하고, 유상 의료 행위를 전면 폐지했다. 국가보건서비스는 1980년대 보수당 정부도 해체하지 못할 정도로 영국 국민들의 높은 강력한 지지를 받아 계속 유지되고 있다.

내 아이가 살아갈 행복한 사회

노력해야 한다는 조건도 제시했습니다. 나머지는 사회보험으로 해결하겠다는 것이죠. 이를 보면 베버리지 보고서는 노동당의 사회주의 노선이 아니라 자유당 노선에 들어맞는 겁니다. 사실 윌리엄 베버리지는 진보적 자유주의자였죠.

김윤태 실제로 그는 자유당 소속이었습니다. 국회의원 선거에도 출마했고요. 그런데 베버리지는 사실 '복지국가'라는 말을 좋아하지 않았어요. 사회주의자들이 말하던 계급 철폐와 산업 국유화 대신 국민보험national insurance으로 가난한 사람들을 도와야 한다고 보았죠. 그는 자유주의적인 성향이 강했던 사람이지, 사회주의자는 아니었습니다.

이상이 처음에 처칠은 베버리지 보고서의 내용을 수용하기를 꺼렸어요. 반면 자유당이나 노동당은 적극적이었죠. 결국 1945년 총선에서 노동당에 표가 몰리면서 클레멘트 애틀리가 이끄는 노동당이 압도적으로 승리합니다. 자유당은 사회보험으로 모든 문제를 해결하려고 하고, '국민 최저'만 이야기했거든요. 이에 비해 노동당은 자유당이 주장하는 사회보험을 수용하는 한편, 경제분야에서 급진적 국유화 정책을 채택했습니다.

김윤태 당시에는 국유화가 대세였죠. 보수당의 처칠도 철강을 제외하고는 기간산업의 국유화에 반대하지 않았으니까요. 그러나 국유화에 문제가 없었던 건 아니었어요. 1970년대 영국에서 브리티

시 텔레콤이라는 국영회사에 전화를 신청하면 전화기가 나오는 데 만 몇 달이 걸렸다고 합니다. 그것도 다이얼을 돌리는 검은색 모델 하나뿐이었고요.

우습게도 공산권 국가인 동독에 비슷한 농담이 있었어요. '주문 한 자동차가 나오려면 15년 걸리는데, 문제는 15년 만에 나온 자동 차가 15년 전 그 모델이다'라는 겁니다. 어쨌든 영국의 국영기업이 소련식이라는 비판은 피할 수 없었습니다. 1940년대 영국의 사회주 의자들은 그러한 관료주의적 폐해를 예상하지 못했겠죠.

[이상이] 스웨덴은 국민 최저를 말하는 대신 '인민의 집'을 이야기 했죠. 인민의 집은 '국민 최적national optimum'의 개념입니다. 스웨 덴은 자본주의 소유관계를 인정하면서도 경제 전반을 통제했어요. 더불어 보편적 복지제도를 강화하는 방향으로 사회경제 모델을 개 혁한 덕분에 복지정책과 경제정책이 긴밀하게 밀착된 경제사회체 제가 확립되었습니다.

유럽에서 가장 가난한 나라였던 스웨덴이 복지국가로 탈바꿈하 면서 급속한 경제성장과 사회발전을 이룩했던 겁니다.

[김윤태] 결론적으로 복지를 확대하면 경제를 망치고, 세금을 많 이 걷으면 기업에 부담이 된다는 논리는 1970~80년대 미국이나 영 국 신우파New Right의 주장이지, 복지국가의 출발점은 아니었습니 다. 비스마르크와 같은 보수 성향이 강한 정치인도 복지가 경제에 도움이 된다고 생각했으니까요.

내 아이가 살아갈 행복한 사회

스웨덴 사민당의 복지 모델은 사실 독일과 영국의 정책을 수입하여 적절하게 조합한 것입니다. 그러다가 독일과 영국이 다시 스웨덴 모델을 역수입하여 연금, 실업수당 중심의 현금 복지를 줄이고 여성과 아동에 대한 사회서비스를 늘려갔죠. 이 점이 바로 스웨덴 모델의 독창성입니다.

군나르 뮈르달이 1930년대에 부인 알바 뮈르달과 인구문제를 다룬《인구문제의 위기Kris i befolkningsfrågan》라는 책이 있어요. 이 책에서 그는 장기적으로는 전 세계의 인구가 줄어들 거라고 내다봤습니다. 인구 급증과 함께 식량부족 사태를 예측했던 영국 경제학자 토머스 맬서스의 주장과는 정반대인 셈이죠. 뮈르달은 인구가 줄어드는 만큼 노동생산성을 올려서 이를 해결해야 한다고 주장했습니다. '인적자본human capital'이라는 말도 뮈르달이 처음 사용했는데요, 결국 교육이나 훈련을 통해 인간의 생산성을 높이자는 이야기입니다. 교육에 더 많이 투자해서 보편적인 교육을 하고, 아동복지도 보편적으로 제공하고, 노동시장 정책에 있어서도 국가가 실업자들을 책임지고 훈련이나 취업을 시켜주자는 거예요. 그는 이런 것들이 복지정책의 가장 중요한 과제라고 보았어요.

복지국가를 처음 설계할 때부터 부자들한테서 세금을 많이 걷어다가 가난한 사람들에게 나눠주자는 차원이 아니라, 교육과 훈련에 투자해 경제생산성을 높이자는 생각에서 출발한 겁니다.

이상이 스웨덴에서는 경제성장을 전제하지 않은 복지가 하나도 없습니다. 모든 복지정책이 경제성장을 촉진하고, 경제가 성장하는 만큼 복지가 확충되면서 완전히 유기적 일체를 이루고 있죠. 바로 거기에서 우리나라가 배워야 해요.

이명박 정부를 탄생시킨 보수담론, 특히 서울대학교 박세일 교수의 '선진화' 담론의 핵심은 사실상 경제와 복지의 분리에 가깝습니다. 정부는 손을 떼고 경제는 신자유주의 성장을 하는 거죠. 신자유주의 논리대로 감세하고, 민영화하고, 국제적으로는 개방하고…. 보수주의 담론은 일찍이 김영삼 정부 때부터 이런 정책을 요구해왔어요. 그런데 민주정부 10년 동안 여기에 효과적으로 대응하지 못했죠. 그래서 보수주의자들이 민주정부 10년을 비난하면서 이를 복지·분배주의자들의 실패로 규정하는 것 아닙니까?

김윤태 분배주의자들에게는 '좌파'라든지 '경제를 망치는 사람들'이라는 낙인이 찍혔고, 국가적으로 성장주의 프레임이 설정되었죠. 그 결과 2007년 대선에서 성장론자인 이명박 대통령이 압도적으로 지지를 받아 당선되었습니다.

이상이 분배론과 복지주의를 자인했던 참여정부가 복지를 속 시원하게 잘하지 못했어요. 그에 대해 국민들이 분노한 겁니다. 분배주의자이고 복지주의자인 줄 알았는데 말로만 분배한다고 했지, 민생에 와닿는 정책은 못 만들고 시혜적 복지를 확대하는 데만 예산을 썼잖아요. 물론 불가피한 부분이 있었습니다만, 어쨌든 성장주의자들이 우세한 구조가 만들어질 수밖에 없었죠.

이 시점에 우리는 보다 냉정해질 필요가 있습니다. 지금의 경제와 복지의 관계를 그대로 유지할 것인가? 저는 이 모델은 더 이상 지속 가능하지 않다고 봅니다. 첫 번째로는 성장이 가능하지 않고, 다음으로는 복지에 대한 국민의 욕구도 충족시키지도 못할 거라고 봐요. 둘 다 실패합니다. 하나는 성공하는데 다른 하나는 실패한다는 것은 역사적으로 사례가 없어요. 경제는 성장했는데, 복지는 못했다는 국가 있습니까? 복지는 잘했는데, 경제는 못했다는 나라가 있었습니까? 스웨덴은 경제도 잘하고, 복지도 잘했습니다. 미국은 복지도 못하고 경제도 못했죠. 보수진영에서는 남미가 복지만 잘해서 경제는 낙제라고 하는데, 그건 거짓말입니다. 둘 다 못했던 겁니다.

복지를 공격하는 거짓말들

김윤태 남미 국가들은 1929년 대공황 이전부터 침체되고 있었어요. 아르헨티나에서 복지 확대를 주장했던 페론주의^{Peronism}가 들어선 게 1950~60년대입니다. 그런데 남미학자들은 1930~40년대부터 이미 성장동력이 고갈되어 내리막길로 접어든 상태였다고 보고 있어요. 아르헨티나가 세계 11위를 했던 것도 1910년~20년대의 옛날 얘기죠. 아르헨티나가 페론주의나 포퓰리즘 때문에 망했다는 건 잘못된 얘기입니다.

세계적으로 1940~50년대부터 70년대 사이에 복지국가의 재원이 늘어났는데요, 유럽이나 미국을 보면 정부 예산 가운데 복지예산이 전체 국내총생산에서 10퍼센트 미만이었던 것이 20~30퍼센트로 올라갑니다. 경제성장률도 그때가 가장 높았어요. 결국 복지 때문에 경제가 안 좋아졌다면, 복지가 늘어났을 때 경제가 악화되었어야 맞겠죠.

이상이 그런데 1970년대 중후반 들어 유가파동이나 스태그플레이션stagflation으로 인해 경제위기가 닥치면서 보수정당과 보수 정치인들이 복지를 줄이자고 목소리를 높였죠.

김윤태 그런데 말과 행동은 달랐어요. 미국의 레이건 대통령이나 영국의 대처 총리도 복지예산을 적극적으로 감축하지는 못했습니다. 복지를 감축했을 때 닥칠 정치적 부담을 내다봤던 것이죠. 레이건 대통령은 이념적으로는 정부 역할을 축소시키고 세금을 줄이자고 했지만, 다수당이었던 민주당과 타협해서 복지예산을 이전 수준으로 유지했습니다. 실업자들이나 극빈층을 위한 공공재 부족 문제는 부분적으로 예산을 축소하거나 수급조건을 까다롭게 만들어 못 받게 하기도 했지만요.

제가 강조하려는 것은 오히려 복지를 많이 한 나라들이 20세기 후반에도 꾸준히 경제성장을 해왔다는 겁니다. 스웨덴도 1990년대에 금융 자유화를 추진하면서 IMF의 간섭과 경제위기를 겪었는데요, 수십 년간 복지를 통해 내수 기반을 구축하고, 우수한 노사 간 타협문화를 장려한 적극적인 노동시장 정책이 성과를 거두었죠. 숙련노동자들에게 복지혜택을 많이 주면서 높은 경제생산성을 유지하도록 장려했기 때문에 경제가 빨리 회복될 수 있었어요.

이상이 오히려 복지를 조금 주는 영국, 미국과 복지가 제도적으로 덜 발달된 이탈리아, 그리스 같은 남부 유럽 국가들의 성장률이 낮게 나타나죠.

김윤태 복지를 줄이고 부자들을 상대로 감세하면 낙수효과 trickle-down effect가 나타난다고 말하는데요, 경제학적으로 전혀 설득력이 없는 이론입니다. 미국에서 레이건 대통령이 복지를 유지하면서 대폭 감세를 하자 엄청난 재정적자가 생겼어요. 군사비 지출을 늘려 적자는 눈덩이처럼 커졌죠. 게다가 기대와는 달리 투자가 늘어나지도 않았죠. 오히려 여윳돈이 해외로 빠져나갔어요.

당시 미국의 공급중심 경제학, 즉 신자유주의가 주장하는 것처럼 감세가 부유층이나 기업의 투자로 연결된다는 논리는 궤변이나 핑계에 불과합니다. 부자들의 주머니를 두둑하게 만들어주는 효과밖에 없는데, 어떻게 국민경제에 도움이 되겠어요?

이상이 복지국가는 일반적으로 시장의 영역보다 사회적 영역이 커지는 사회 아닙니까? 그래서 건강문제를 시장에서 각자 해결할 경우 민간보험이 등장하는 시장 만능주의가 지배하게 되죠. 다시 말해 구매력이 없는 사람은 아파도 치료를 받을 수 없게 됩니다. 의료비는 폭등하고 의료서비스의 질은 양극화되겠죠. 부자들은 양질의 의료서비스를 누리고, 가난한 사람들은 저질 서비스를 구입하게 되는 거예요. 이게 지금 미국에서 실제로 나타나고 있는 현상입니다.

그 대신 온 국민을 대상으로 양질의 서비스를 제공해주는 유럽 복지국가의 의료보장제도를 채택한다면 어떻게 될까요? 더 이상 시장이 아니게 되겠죠. 시장의 원리를 일부 활용하기는 하지만, 전체적으로는 대부분의 재정이 세금이나 사회보장기금에서 나오기 때문에 재정의 공공성이 압도적으로 높은 사회적 영역이 됩니다.

교육도 예외는 아닙니다. 보편적으로 사회적 인간을 만드는 제도를 확립해야 해요. 보육도 마찬가지고요. 태어나서 죽을 때까지 삶의 다양한 영역, 특히 공적 영역에서 안전장치가 탄탄하게 받쳐주면, 금융자본이나 자유시장의 논리는 최소한의 수단으로만 이용될 겁니다. 그 자체가 목적이 될 수 없는 거예요.

김윤태 덴마크의 사회학자 에스핑 앤더슨이 말하는 세 가지 복지자본주의 모델을 보면, 스웨덴과 북유럽에서 볼 수 있는 사회민주주의 모델, 독일이나 프랑스에서 말하는 보수주의 모델, 미국의 자유주의 모델로 분류할 수 있습니다. 보편적 복지를 제공하는 사회민주주의 모델에서 국가는 복지를 제공하는 동시에 교육·직업훈련·연구개발·산업·사회서비스의 분야에서 적극적 역할을 수행합니다. 예컨대 독일에서는 직업별 사회보험을 제공하는 보수주의 모델을 유지하지만 교육과 직업훈련 제도가 잘 갖춰져 있기 때문에 경제와 복지의 선순환이 이루어집니다.

그런데 최소한의 공공부조만 제공하는 자유주의 모델에서는 국가의 역할이 매우 제한적이에요.

이상이 제대로 된 해법은 복지국가로 패러다임을 전환하는 것, 신자유주의 시장만능국가를 보편적 복지국가로 바꾸는 겁니다.

김윤태 국가가 복지에 있어 주도적인 역할을 맡아서 한다면 국민들 스스로가 하나의 운명공동체라고 생각하게 될 겁니다. 실업이나 질병, 은퇴 이후의 노후 등 사회적 위험에 대해서 개인이 아니라 국가 내 성원들이 상호 의존을 하면서 서로 돕는 시스템이 만들어지겠지요.

이상이 '자본주의의 황금기'였던 2차 세계대전 이후 유럽의 많은 국가에서 복지국가가 발전했어요. 그러다 1970년대 이후 복지국가의 위기 징후가 조금씩 나타났습니다. 영국과 미국을 중심으로 본격적인 신자유주의가 시작되었을 때죠. 당시 스웨덴처럼 복지와 경제가 긴밀하게 연결된 나라일수록 세계화에 대응하는 방식과 체질, 능력 면에서 현저히 뛰어났습니다. 영국의 복지국가는 많은 손상 끝에 반쯤 무너져 내렸다면, 스웨덴은 약간의 조정을 거치는 수준에서 지혜롭게 적응하고 발전했어요.

김윤태 복지국가를 비판하는 논리를 살펴보면, 국가가 지나치게 관료주의 체제, 하향식 통제체제가 되어 자율성이 떨어지기 때문에 개인의 다양한 욕구나 선택권을 침해할 수 있다고 주장하는데요, 그런 사람들은 '복지사회welfare society'를 주장합니다. 1980년대 미국 레이건 대통령이나 영국의 대처 총리는 복지국가를 공격하기 위해 '보모국가nanny state'라고 불렀어요. 개인이 성장하여 자립하게끔 하지 않고, 국가에 마냥 의존하게 만든다는 비판이죠.

그러나 복지국가를 애초에 설계했던 스웨덴이나 유럽 국가들이 국가 주도의 복지를 전제한다고 해서 시민사회, 가족, 기업의 자발적인 행동이나 협력의 역할까지 축소한 것은 아닙니다. 가족복지를 줄이고 탈상품화시키고, 국가의 역할을 강화한 것은 계층의 차이를 줄이려는 의도였지요.

그리고 복지국가는 점차 사후에 현금을 지원하기보다 사전에 빈곤을 예방하는 정책으로 전환됩니다.

이상이 스웨덴은 보편적 복지를 제공함으로써 균등한 기회를 제공하고, 사회안전망을 강화해 모든 국민을 사회적 위험에서 보호하려고 했죠. 이는 사회주의와는 다릅니다.

김윤태 복지국가라고 해서 소련식으로 국가가 다 통제하고 가족의 역할이나 시민사회는 무시해버린다는 논리는 지나친 비약인 거죠. 1948년 국제연합 총회에서 '세계인권선언'을 만들 때 루즈벨트 대통령의 부인 엘레노어 루즈벨트가 정치적 권리만 내세운 미국의 입장과 사회주의적인 소련의 입장을 절충하여 보편적·사회적 인권을 규정하고 이를 '국가의 책임'이라고 명시합니다. 루스벨트 대통령 부부는 원래 백만장자 가문 출신이었는데, 엘레노어 루스벨

트는 사회개혁에도 열정이 많아 뉴욕의 빈민지역에서 사회복지사로 일하기도 했어요. 대단한 여성이죠.(웃음)

어쨌든 취지는 잘사는 집 아이는 교육을 받고 가난한 집 아이는 학교에 못 가는 것을 운에 맡기고 받아들이지 말자는 겁니다. 교육은 어디까지나 개인의 권리이며, 국가가 그 권리를 지켜줘야 하는 의무가 있다는 거예요. 고용을 포함한 의료복지도 마찬가지고요. 저는 세계인권선언이야말로 복지국가를 가장 극적으로 표현하는 역사적 문서라고 생각합니다.

이상이 우리나라 헌법에도 복지가 국민의 권리라고 명시하고 있어요. 따라서 대통령과 국회의원은 헌법을 준수할 의무가 있습니다.

대한민국 헌법은 복지국가를 강조한다

김윤태 국가가 시장경제에 수수방관하고, 가난한 사람한테 최소한의 복지만 주고, 나머지는 각자 능력에 따라 알아서 하자는 것은 세계인권선언에 위배될 뿐 아니라 우리나라 헌법에도 배치됩니다. 우리나라 6공화국 헌법 34조를 보면요. 모든 국민은 '인간다운 생활을 할 권리'가 있다고 되어 있어요. 그리고 2항에는 '국가가 복지를 제공할 의무'가 있다고 쓰여 있습니다. 그러니 '국가가 복지를 하는 건 퍼주기고 포퓰리즘이다'라는 건 위헌적인 주장이에요. 헌법도 안 읽어본 거죠. 그건 포퓰리즘이 아닙니다. 국가는 인간다운 생활을 할 권리를 국민에게 보장해야 합니다.

노무현 대통령 시절, 유시민 전 복지부 장관이 '청년실업은 국가가 할 일이 아니다'라고 했다던데요, 저는 이 발언 역시 헌법에 대한 무지에서 나왔다고 봐요. 헌법 119조 2항을 보면 국가의 경제민주화 조항이 있습니다. 국가가 공공이익을 위해 경제활동을 규제할 수 있어요. 서독 기본법 14조, 15조를 참고한 겁니다. 서독 기본법은 기독교민주당과 사회민주당이 합의해 만든 '사회적 시장경제'의 원리를 담고 있죠. 유럽에서는 보수파들조차도 국가가 시장에 개입해야 한다고 이야기하고 있거든요. 그런데 지금 우리는 전경련(전국 경제인 연합회)과 정부 여당이 반대하잖아요. 인간다운 생활을 하는 것도 반대, 정부가 재벌을 규제하는 것도 반대, 금융자본에 대한 규제도 반대하고 있어요.

"권력이 시장에 넘어갔다"고 말한 노무현 전 대통령도 헌법 조항을 제대로 이해하지 못한 거예요. 헌법에는 권력이 국민에게 있고, 국민에게서 권력을 위임 받은 정부가 시장을 규제할 수 있다고 분명히 명시되어 있어요. 국민에게 인간다운 생활을 제공할 권리는 국가의 의무이고, 공공복지를 위해 경제에 개입해서 조정하거나 규제하는 것은 국가의 역할이라는 겁니다.

이상이 우리가 시대정신을 벗어나서 생각할 수는 없는데요, 서독에서 보수정치 세력이 진보정치 세력과 연합해 헌법을 만들었잖아요. 1950년대 유럽과 북미의 시대정신이 경제적 차원에서는 케인스 경제학이었고, 정치사회적으로는 사회권적 기본권에 대한 요구가 터져 나오던 때였어요. 토대와 상부구조 모두에서 시대정신이 복지국가로 가는 추세였기 때문에 어떤 정치세력도 이것을 거스를 수 없었습니다. 그래서 미국에서는 뉴딜연합이 장기집권하고, 정권이 교체되어 공화당의 아이젠하워가 대통령이 되었는데도 '나의 철학은 뉴딜이다', '나의 세대는 케인스주의 시대다'라고 이야기하지 않았습니까?

그런데 불행하게도 1980년대 이래 지난 30년간 전 세계를 휩쓴 시대정신은 신자유주의였습니다. 한국 보수세력이 헌법을 무시하는 발언을 일삼고 있는데, 그들이라고 해서 헌법 내용을 왜 모르겠습니까? 다 알고 있습니다. 알면서도 무시하는 거예요.

김윤태 그들 입장에서는 헌법을 고치고 싶은 것 아니겠습니까? 그들의 이데올로기가 신자유주의니까요.

이상이 그렇죠. 그걸 탓해서 무슨 소용이겠어요. 예를 들어, 케인스에 반대하는 경제학자 프리드리히 폰 하이에크는 1940년대 경제논쟁에서는 패배했지만, 1970년대 이후 복지국가가 위기에 처하고 신자유주의가 힘을 얻자 노벨상을 수상하고 다시 각광을 받습니다. 제가 말하고 싶은 건, **지난 30년간 세계를 지배한 신자유주의를 뒤로하고 새로운 시대를 필요로 하는 패러다임 전환의 시기가 온 것이 아니냐는 거예요. 2008년 세계적 경제위기가 그 필요성을 입증하고 있다고 봅니다.** 이제 새로운 복지국가를 이야기하고 고민해야 할 때가 왔습니다.

김윤태 신자유주의가 가져온 결과는 너무나 비참했습니다. 금융자본을 키워서 성장률이 저조한 경제체제를 만들고, 부자들에게 감세를 해준 탓에 부자는 더 부자가 되고 가난한 사람들은 복지도 일자리도 없이 삶의 질이 나빠졌죠. 폴 크루그먼의 저서《미래를 말하다*The conscience of a liberal*》를 보면, 미국에서도 1980년대 이후로 임금격차가 급격히 커졌다고 지적합니다. 1950년대에 미국 최고 경영자들의 평균 연봉과 노동자의 평균 연봉격차가 약 50배인데요. 50년이 지난 지금 연봉격차는 무려 400배에 달합니다.

이상이 신자유주의 이데올로기는 노동조합이 자연스러운 사회질서나 시장경쟁을 제한하기 때문에 노동자들을 억압해야 한다고 주장하고 있어요. 레이건 대통령과 대처 총리가 노동조합을 강력하게 억압한 결과, 노동조합의 단체교섭력은 약화되고 기간제와 시간제 노동이 증가하면서 실질임금은 낮아졌죠. 이러한 정책은 다시 고용불안으로 이어져 노동자들의 삶의 질이 곤두박질치게 되었습니다.

김윤태 그런 의미에서 신자유주의는 명백하게 '야만의 시대'로 돌아가고 있는 거예요. 요즘 같은 신자유주의 시대, 불안의 시대에는 두 가지 유형의 인간이 나타나고 있어요.

하나는 신자유주의 논리에 세뇌되어 스펙 쌓기에 열중하는 개인입니다. 정글 같은 경쟁의 논리 속에서 무한경쟁과 순위에 매달리는 거죠. 제가 사는 동네 학교에 플래카드가 걸려 있어요. 무슨 대학교에 몇 명을 보냈다는 둥, 학원에 붙여놓듯이 고등학교 정문 앞에 붙여놓았어요. 그러면 엄마들이 자기 아이를 그 학교에 보내놓고 좋아한다는 거죠. 개인이 교육이나 훈련을 통해 인적자본에 투자하면, 노동시장에서 임금이 올라간다는 논리인데, 그것은 다른 사람들은 안 하고 자기 혼자 그렇게 했을 때 비교 우위가 있는 것이지, 모든 사람이 경쟁에 뛰어든 이상 누구나 승자가 될 수는 없거든요. 미국 경제학자 로버트 프랭크가 《승자독식사회*The winner take all society*》에서 말한 것처럼, 미국과 같이 불평등이 심하고 승자가 독식하는 사회일수록 사람들이 과잉경쟁에 빠져들고, 그럴수록 빈부격차는 더 커질 수밖에 없습니다.

두 번째 인간 유형은 불안사회를 살아가는 또 다른 방식으로 저항을 택하는 사람들입니다. 《88만원세대》의 저자는 젊은이들에게 짱돌을 들고 거리에 나서라고 했죠. 실제로 2010년 영국과 이탈리아에서는 등록금 인상에 반대하는 대학생 시위가 발생했어요. 2010년 프랑스에서도 연금개혁을 추진하면서 연금 수령 연령을 60세에서 65세로 늦추려고 하자 고등학생들이 반대 시위에 나섰죠. 그런데 결국 어떻게 됐습니까? 의회에서 거의 원안대로 통과되었어요. 이미 국가의 권력을 그 사람들이 갖고 있고 다수당이 의회를 지배하는 상황에서는 아무리 거리에서 저항해도 안 되는 거예요. 물론 저도 거리에서 싸우는 시민운동이 굉장히 중요하다고 생각합니다. 정당이 제 역할을 못하면 시민들이 거리로 나갈 수밖에 없으니까요. 거리에서의 혁명적 에너지가 국가권력을 바꾸는 원동력이 되고, 학자들도 시민단체들로부터 많은 영감을 받는 게 사실이에요.

그러나 2008년 우리의 촛불시위를 보세요. 안 되는 건 결국 안 됐거든요. 한미 자유무역협정Free Trade Agreement, FTA도 결국은 국회에서 통과하지 않았습니까? 길거리의 저항만으로는 세상을 바꿀수 없어요. 복지를 바꾸려면 국가 권력을 장악해서 바꿔야 합니다. 다시 말하자면 사회를 움직이는 '게임의 법칙'을 바꿔야 해요.

개인의 스펙 쌓기도, 거리에서 짱돌 들기도 근본적인 해답이 될수 없어요. 개인의 스펙 쌓기는 정글의 논리에 영합하는 것이고, 짱돌 들기는 거리의 정치로 나가자는 건데요, 둘 다 현실을 바꾸는데 한계가 있습니다.

복지국가는 사회적 위험에 맞서 상호 연대하고 협력하는 한편, 권력을 바꾸고 게임의 법칙을 재편하는 정치적 전략이기도 합니다. 그런 면에서 복지국가를 수립하는 방향으로 나아가는 것은 신자유주의 시대의 종말과 새로운 시대의 등장을 알리는 의미도 있습니다.

이상이 제가 복지국가 운동을 하면서 시민단체 사람들을 많이 만났는데요. 생태주의자들은 복지국가에 대해 우려한다는 말로 먼저 선을 긋곤 해요. 평화운동을 하는 사람들은 '복지도 좋은데 평화의 개념을 복지국가가 담고 있냐'고 추궁하듯 물어봅니다. 또 문화운동을 하는 사람들은 어떤 줄 아십니까? 문화와 복지가 서로 어긋날 수도 있다면서 미심쩍은 눈으로 봐요. 국가가 문화에 간섭하면 문화의 창의성이 망가진다는 논리예요. 다 인정합니다. 그런데이분들이 생각하는 국가는 하나같이 자본주의 공권력 주도의 억압적 국가, 바로 신자유주의 국가입니다.

돌이켜보면 자본 주도의 신자유주의 국가가 마구잡이식으로 생태를 파괴하고, 원자력발전소를 만들었습니다. 남북관계를 긴장시키고 국제관계의 긴장을 초래했죠. 정부가 문화정책에 개입해서 엉망으로 만들고, 문화예술위원회 위원장을 함부로 해고했어요. 그러니 그분들한테는 국가가 폭압기구라고 생각하는 것이 경험적으로 당연한 거예요.

다만 제가 설득하고 싶은 부분은, 그런 국가만 있는 게 아니라는 겁니다. 스웨덴 같은 복지국가는 평화에 더 잘 어울리고, 친생태적인, 친평화적인, 친문화적인, 친공동체적인, 친분권적인 틀을 구축했어요. 그리고 각각의 분야들이 자기 특성에 맞춰 발전할 수 있도록 시스템을 만드는 데 성공했거든요. 바로 그런 시스템이 중요합니다.

김윤태 영국의 사회학자 마틴 자크는 "복지국가야말로 서유럽이 발명한 최고의 발명품"이라고 했습니다. 그의 말대로 복지국가는 서유럽의 특수한 역사적 맥락에서 출발했기 때문에 우리나라에 그대로 도입될 수 있겠는가라는 질문에 대해서 논란의 소지가 있어요. 저도 외국의 제도를 그대로 가져다 쓸 수는 없다고 생각합니다. 그러나 자본주의와 민주주의가 한국사회에 도입되었듯이 복지국가도 우리 사회에 창조적으로 적용될 수 있다고 봐요.

복지국가는 사회주의 경제를 만드는 것이 아니라 자본주의 경제를 개혁해야만 만들어집니다. 효율성을 추구하는 자본주의 경제는 경제성장의 원동력이 되지만, 한편으로는 사회체계의 불평등을 초래하므로 불완전하죠. 그래서 민주주의는 모든 시민의 평등한 자격, 즉 보편적 시민권을 강조합니다. 일견 모순적으로 보이는 자본주의와 민주주의가 공존하도록 만드는 사회의 구성 원리가 바로 복지국가입니다.

복지국가는 경제성장과 사회형평성을 동시에 추구합니다. 사회의 취약집단을 돕는 한편, 모든 시민에게 평등한 기회를 보장하죠. 따라서 가난한 사람을 도와주는 최소한의 복지와는 달라요. 복지국가는 건강·노후·실업 등 사회적 위험에 직면한 모든 국민을 보호하는 동시에 지속 가능한 경제성장을 위해 교육·직업훈련·연구 개발을 위한 청사진을 마련합니다.

복지국가는 개인이 교회나 자선단체를 통해 다른 사람을 돕거나, 스스로 교육을 받아 일자리를 얻어 자립하는 차원을 넘어섭니다. **누구나 사회적 위험에 처할 수 있다는 것을 인식해야 합니다. 그리고 국가가 운명공동체로서 위험에 빠진 개인을 보호해주어야 합니다. 민주주의라는 원칙과 시민권이라는 가치를 따라 차별 없는 보편적 복지국가로 나아가야 합니다.**

두 번째 대담

복지가 경제를 망친다는
거짓말과 싸워라

'복지 망국론'을 전파하기에 바쁜 일부 언론이 힘을 얻어가고 있는 가운데 두 번째 대담이 이루어졌다. 최근 그리스, 스페인 등 남유럽의 재정위기를 가리키면서 '복지를 하면 나라가 망한다'거나 '복지가 지나치면 경제가 악화된다'는 논리가 확산되고 있다. 두 번째 대담에서는 이러한 주장을 비판하며 그리스 등 남유럽과 일본, 남미가 처한 사회경제적 위기와 북유럽 복지국가들의 복지정책을 대비하여 분석한다.

유럽의 재정위기에 관한 진실

김윤태 복지가 경제에 악영향을 준다는 건 서유럽이나 미국에서도 심심치 않게 나오는 이야기죠. 특히 남유럽이 복지 재정을 과다 지출해서 재정위기가 왔다는 얘기가 있는데, 이건 명백하게 사실을 왜곡하는 겁니다. 그 논리대로라면 그리스, 포르투갈, 스페인 같은 남유럽보다 복지에 더 많이 지출하는 스웨덴이나 핀란드가 먼저 망해야 하는 거 아닙니까?

이상이 OECD 평균 사회지출 비용이 GDP 대비 21퍼센트입니다. 스페인은 25퍼센트, 북유럽과 서유럽 국가들은 25~30퍼센트 정도예요. 영국을 제외하고 프랑스, 독일, 오스트리아 등은 복지지출이 25퍼센트가 넘어요. 반면 남유럽 국가들은 대체로 21퍼센트에서 25퍼센트 사이에 있으니 선진국들 사이에서는 낮은 편이죠.

김윤태 남유럽은 유럽 내에서도 복지지출 비율이라든지 사회서비스 수준이 매우 낮습니다. 특히 연금제도는 확실히 문제가 있는데요, 독일이나 프랑스에 비해 상대적으로 수령액이 관대합니다. 그리스의 일부 고위 공무원은 다른 직책을 겸직하면서 중복 수령하기도 합니다. 심각한 문제죠.

연금을 더 내고 적게 받는다든지, 은퇴 연령을 늦춘다든지 하는 상식적인 해법을 써야 하는데, 오히려 문제를 키워왔어요.

이상이 남유럽 국가들은 복지지출의 상당 부분을 현금지급에 씁니다. 노령연금, 공무원연금, 실업급여 등이죠. 현금급여의 특징은 노동시장에서 소극적인 방책이라는 겁니다. 1960년대부터 1970년대 초중반까지 유럽의 많은 국가들이 케인스 경제학의 영향을 받아 소극적 노동시장 정책을 광범위하게 채택했는데요. 서유럽 국가들은 90년대 경제위기를 계기로 적극적 노동시장 정책으로 전환한 반면, 남유럽 국가들은 기존의 소극적인 현금지급 위주의 정책을 그대로 유지했습니다. 그래서 여태 발전을 못하고 있는 거예요.

지금 고실업과 노령화가 겹쳐 오고 있잖아요. 고용보험과 노령연금의 재정지출이 갈수록 늘어나고 있죠. 직업훈련과 고용알선 서비스를 제공한다든지, 실업급여를 노동시장과 연계한다든지 하는 적극적인 방식으로 국가의 복지 패러다임을 바꿔 나가야 했는데, 지금까지 그걸 못했어요.

김윤태 더 큰 문제는 세금이 제대로 걷히지 않는다는 거예요. 2004년 그리스에서는 우파 정부가 들어서서 법인세를 내리고 소득면세자를 확대하는 등 감세정책을 폈어요.

현재 조세부담률은 20퍼센트 수준으로 OECD 평균인 26퍼센트보다 현저하게 낮습니다. 세금 탈세가 무려 국가 경제의 30퍼센트에 달해요. 이를테면 수영장이 있는 고급주택을 가지고 있으면 재

내 아이가 살아갈 행복한 사회

산세를 많이 내야 하니까, 아무도 집에 수영장이 있다고 신고하질 않는 겁니다. 의사, 변호사 등 부자들은 거의 세금을 내지 않고, 세무 공무원도 대부분 부패했어요.

이상이 복지제도에서 현금지급 정책의 비중이 높으면 실업률이 높은 상태에서 계속 머무를 가능성이 큽니다. 이런 조건에서는 '복지병'이라든지 '도덕적 해이moral hazard'가 나타나기 쉽고요. 더 큰 문제는 일자리 자체가 많이 없어졌다는 겁니다.

그리스는 상시 실업률이 10퍼센트 아래로 떨어진 적이 거의 없어요. 복지에 돈을 많이 써서가 아니라 경제정책이 실패했기 때문이죠. 게다가 고용보험, 연금보험에 엄청난 돈을 쏟아붓고 있습니다. 그런데 어떻게 손을 쓸 수가 없어요. 조금이라도 줄이려고 하면 데모가 일어나거든요. 이게 바로 선별적 복지와 현금지급 위주의 복지제도가 가진 맹점이자 구조적 한계죠.

김윤태 북유럽 국가들은 복지에 더 많은 돈을 쓰지만, 그 내용을 들여다보면 교육이라든지 직업훈련 등 노동생산성을 높이는 투자가 대부분입니다. 또 첨단기술을 위한 연구개발도 상당 부분 국가의 투자로 이루어지고 있어요. 핀란드, 노르웨이, 스웨덴은 전 세계에서 국내총생산 대비 연구개발 투자 비율이 가장 높은 나라입니다.

그런데 남유럽은 어떻습니까? 연구개발 투자도 별로 안 하죠, 교육이나 직업훈련 같은 노동시장 정책에도 소극적이죠, 대학의 우수한 인재를 발굴하는 데에도 인색해요. 그러니 경제위기가 와서 실업자가 늘면 실업수당만 꺼내 쓸 수밖에요.

이상이 과거와 비교하면 노동문화도 크게 바뀌었어요. 생산력 수준이 높아지면서 성별과 연령을 구분하는 것이 의미가 없어졌습니다. 여성도 트럭을 운전할 수 있게 되었고, 노인들도 계속해서 일을 하고 싶어 해요. 이처럼 새롭게 나타난 사회적 위험과 변화된 조건에 효과적으로 대응하는 방법이 바로 활성화activation 정책이에요. 경제정책과 복지정책을 촘촘하게 엮어주는 거죠. 앤서니 기든스가《제3의 길The third way》에서 '사회투자social investment'를 말했잖아요. 사회투자 국가, 사회투자 전략이라는 용어도 있어요.

사회투자 전략을 가장 먼저 실천한 나라가 바로 스웨덴입니다. 1970~80년대에 적극적 노동시장 정책으로 노동자들은 재교육하고, 일자리를 배분하고, 맞는 일자리가 없으면 공공 일자리를 만들어줬죠. 수도권에서 일하는 사람이 지방에 가고 싶어 하면 이주비를 비롯한 지원도 다 해줬어요. 한쪽에서는 산업정책을 통해 일자리를 만들고, 한쪽에서는 일하고 싶어 하는 사람들이 낙오되지 않게끔 직업훈련을 시켰습니다.

그리고 1990년 말에는 연금 액수를 전체적으로 낮춥니다. 그 대신 공공재정을 어디로 돌리느냐? 사회서비스로 돌린 거예요.

김윤태 남유럽에서도 연금을 더 내고 덜 받게 한다든지, 은퇴 연령을 늦춘다든지 해야 하는데, 이제 와서 노동자들에게만 양보를 요구할 수가 없게 됐어요. 사회적으로 타협하거나 동의를 얻어낼 만한 정치적 리더십도 부족하고, 노조도 협상에 소극적이고요.

이상이 남유럽에는 아직 대가족 체제가 많이 남아 있어요. 엄마가 직접 아이를 키우고, 딸이나 며느리가 노인을 부양합니다. 이게 다 개개인에게 부담이에요. 일하고 싶어 죽겠는데 나갈 수가 있어야죠. 그러니 경제활동을 하는 여성의 비율이 낮은 겁니다. 우리나라와 비슷한 수준이에요. 그만큼 복지 수준이 낮아요. 경제위기도 그래서 온 거 아니겠습니까?

1970년대 중반을 지나면서 케인스주의가 힘을 잃었던 이유가 여기에 있다고 저는 봅니다. 케인스주의의 위기는 두 가지 요인으로 요약할 수 있는데요, 하나는 경제정책의 실패입니다. 경제가 고도성장을 하면 새로운 성장동력을 계속 만들어내야 하는데, 남유럽은 이 부분에서 실패했던 겁니다. 제조업을 중심으로 고도성장을 이어가야 새로운 직업과 일자리가 계속해서 만들어지는데, 그러질 못하니 실업률이 구조적·만성적으로 높은 거예요.

케인스주의의 실패 요인 두 번째는 사회보장 정책을 통해 받은 실업급여와 연금급여가 시장에서 소비되어야 하잖아요. 총수요가 관리되어야 다시 제조업을 자극하고 고용도 늘어날 테니까요. 이게 케인스주의의 선순환이거든요. 그런데 케인스주의적인 선순환 논리가 남유럽 국가에서는 제대로 작동하지 않았어요. 기업별 복지 위주로 짜여 있다 보니 주로 공무원이나 대기업 출신들이 연금 혜택을 받는데요, 이미 가진 사람들에게 복지 재정을 써봤자 소비

지출을 늘리는 데 얼마나 기여하겠냐는 거죠.

김윤태 케인스 경제학은 원래 장기적 성장동력을 만들기보다는 단기적으로 경제 불황을 해결하는 데 초점이 있습니다. 그런데 산업 생산성과 국가경쟁력을 강화하는 정책이 받쳐주지 않으면 지속 가능한 성장이 어렵죠. 결국 남유럽이 당면한 문제는 복지문제라기보다 경제문제인 겁니다.

이상이 게다가 결정타를 먹인 게 유로화였습니다. 유로화로 화폐 단위를 통일해놓으니까 우리나라처럼 원화의 값어치를 조절할 수 있는 메커니즘이 없잖아요. 몇몇 유럽 강국의 의도에 따라 유로화의 가치가 결정되면 거기에 끌려다니는 처지가 된 거예요. 소위 재정정책에서 통화정책이 없어져버린 겁니다.

우리나라와 남유럽의 공통점

김윤태 남유럽에서도 가장 심각한 나라가 그리스인데요, 그리스의 산업경쟁력은 주로 조선과 관광 분야에 있었죠. 예전에는 독일 같은 부자 나라에서 관광을 많이 왔기 때문에 돈을 벌었지만, 금융위기 이후 관광 수입이 줄어들면서부터는 재정위기가 예고된 거나 다름없었습니다. 게다가 조선업은 경쟁력을 잃고 공장을 해외로 이전하기도 했어요.

그리스가 구제금융을 요청하자 독일 사람들 사이에서는 그리스가 미술품이나 유물이라도 팔아야 한다, 심지어 섬이라도 내놓아야 한다고 했어요. 요컨대 공짜는 없다는 거죠. 그리스의 가장 큰 문제는 독자적인 경제 생산성과 산업경쟁력을 보장해줄 산업을 유도하지 못했다는 것입니다.

또 다른 문제는 실업률인데요. 20퍼센트를 넘긴 적도 있어요. 스웨덴에서도 1990년대 경제위기 때 실업문제가 대두되었는데요, 정부 재정으로 보육이라든지 요양 등의 사회서비스에 투자해서 엄청난 고용을 창출합니다. 이때 창출된 일자리의 80~90퍼센트를 여성들이 차지했습니다. 여성들이 대학을 졸업하고 사회활동을 해야 생산성이 올라가는데, 여성이 사회로 진출할 조건도 안 만들어주고 방치하니 출산율에도 당연히 악영향을 미치게 되죠.

이상이 그런 맥락에서 보면 남유럽 국가들의 경제위기가 복지지출의 과잉 때문이라는 주장은 이데올로기적인 공세일 뿐입니다. 지금 OECD 국가들 중에서 남유럽만큼 복지 수준이 낮은 나라를 꼽자면 바로 미국입니다. 복지가 과하면 경제가 망한다는 논리를 인정한다면 미국 경제는 무척 좋아야 하고 스웨덴은 그 반대여야 하는데, 현실은 그렇지 않거든요.

김윤태 가난한 사람에게 복지를 주면 일을 안 하는 '복지병'이 생긴다는 것도 전혀 근거가 없는 얘기입니다. 미국에서는 특히 흑인들이 복지수당을 받고 빈둥거린다는 편견이 널리 퍼져 있었는데요. 1970~80년대의 조사 결과, 복지수당을 받는 사람들은 낙인을 받고 이를 부끄럽게 여기기 때문에 최대한 빨리 일자리를 구하려는 경향이 높았다고 합니다. 일을 하고 싶어도 일자리가 없어서 복지수당에 의존하는 것이지, 복지를 받으면서 놀고먹는 사람은 아주 소수에 불과했어요. 그런데 이들 소수에 대해 이념적으로 공격을 하는 거예요. 예컨대 레이건 행정부 때는 '복지 여왕Welfare Queen'이라고 해서 여기저기서 복지수당을 조작해 타먹으면서 호화롭게 사는 여자의 이미지를 만들어냈고요, 영국에서도 대처가 '왜 국가가 미혼모들한테까지 생활비를 대줘야 하냐'고 도덕적으로 공격했었죠.

또 세금이 높으면 경제나 기업에 부담을 준다는 얘기도 앞뒤가 맞지 않아요. 스웨덴은 조세부담율도 높고, 복지지출도 높지만 그럼에도 불구하고 경제가 좋거든요. 그건 복지가 경제에 도움이 되는 교육이나 직업훈련, 연구개발 등 경제정책과 사회정책이 연계가 되도록 투자했기 때문입니다. 복지에 적게 투자하는 나라들이 오히려 저출산 문제를 겪고, 젊은이들의 경쟁력이 떨어져요. 또 사회안전망이 약해지면서 노사분규가 발생했다 하면 폭력사태로 치닫고, 창업 정신이 약화되는 문제가 발생하죠.

더 심각한 건 우리나라의 복지제도가 북유럽보다는 남유럽과 유사한 경로를 가고 있는 게 아니냐는 겁니다.

이상이 확실히 남유럽과 우리나라에는 공통점이 있습니다. 사회서비스의 가족주의 모형이 그렇고, 시장 중심 모델이 주된 역할을 한다는 것도 같아요.

우리나라에서 3세 이상 미취학 아동의 99.5퍼센트가 사교육을 받고 있다는 발표를 보았는데요, 정말 깜짝 놀랐습니다. 99.5퍼센트라는 건 거의 100퍼센트 아닙니까? 미취학 아동들이 전부 사교육을 받고 있다는 건 이미 공공재라는 거잖아요. 그걸 왜 국가가 책임지지 않는 겁니까?

김윤태 이명박 정부가 대선 때는 0세부터 5세까지 무상보육을 하겠다고 공약을 했는데요, 내내 지키지 않다가 임기 말에 와서 여야 정치권의 요구 등 정치적 이유 때문에 갑자기 무상보육을 확대하면서 혼란을 초래했죠.

이상이 북유럽이나 서유럽에서는 청년들이 취업을 못하면 몇 차례고 폭동이 일어납니다. 그런데 우리나라는 어떻습니까? 실업자를 양산하는 구조가 되어 있는데도 폭동이 안 일어납니다. 참 신기해요. 대학 나와도 취업 안 되고 눈에 차는 일자리가 없으니까 대학원에 진학하는 학생들이 태반이에요. 이런 젊은이들을 지금 가정이 책임지고 있어요. 소위 '캥거루 복지'죠. 부모가 서른 살 먹은 자식에게 용돈 주고, 밥 먹여주고, 학원비 대주고…. 형제간에도 돈 버는 형이 돈 못 버는 동생 뒷바라지하고요. 물론 과거 대가족이던 시절에는 연금이란 것도 없었고, 가족복지가 절대적으로 중요한 역할을 했죠.

가족복지는 두 가지 방식으로 이뤄지는데요, 가족이 직접 서비스를 제공하는 경우와 시장에서 서비스를 구입해 가족에게 제공하는 경우가 있습니다. 따라서 **비공식적인 가족복지가 광범위하게 존재한다는 건 이미 시장복지와 결합되어 있다는 의미로 해석할 수 있어요. 공공복지와 결합된 게 아닙니다. 우리나라는 가족이 사회서비스를 직접 구매해주는 모델입니다. '비공식적인 가족복지가 강하고, 시장복지가 병행 발전해왔다'는 게 바로 우리나라와 남유럽 복지의 공통점입니다.**

그런데 가족복지의 경제적 토대와 사회문화적 토대마저도 점차 무너지고 있어요. 핵가족화가 되면서 이제 부모와 같이 살기를 싫어하잖아요. 형제하고도 굉장히 멀고요. 효도를 하고 싶어도 당장 먹고살기 빠듯하니 부모님을 모시지 못하고, 생활비를 보태지도 못하죠.

이렇게 가족복지 자체가 약화되니 이제 우리 사회에는 시장복지만 남았어요. 시장복지에서는 구매력이 없으면 그림의 떡이거든요. 이게 민생불안으로 나타나는 겁니다.

김윤태 우리나라와 남유럽은 공통적으로 조세부담율이 OECD 평균보다 낮고, 복지 재정과 복지제도의 설계 수준도 낮죠. 또 실업이나 질병 등 사회적 위험에 대한 복지가 현금지급 위주입니다. 북유럽 같은 적극적인 사전예방 정책이 취약하고, 가족복지의 전통이 강하죠.

따라서 우리나라가 지금과 같은 소극적 복지를 계속해서 유지한다면 경제성장에 악영향을 가져오고, 머지않아 재정위기를 초래할 수 있습니다.

내 아이가 살아갈 행복한 사회

전에는 없던 사회적 위험들

[이상이] 복지는 보편성의 정도에 따라 보편적universal이냐 선별적
selective이냐, 그리고 복지 수혜자의 활성화에 대한 정부의 태도에
따라 적극적active이냐 소극적passive이냐, 이렇게 구분됩니다. 이 두
가지 요소의 조합을 다 봐야 하는데, 보편적 복지와 적극적 복지의
결합이 최우선이어야 합니다. 물론 적극적 복지에 우선순위를 두
되, 소극적 복지도 소홀히 해선 안 돼요. 소극적 복지라고 해서 무
시해버리면 인간의 존엄성을 훼손할 수가 있거든요.

[김윤태] 말씀하신 대로 적극적 복지도 소극적 복지와 어우러져야
시너지 효과가 있습니다. 스웨덴이나 덴마크, 노르웨이는 사실 소
극적 복지도 가장 잘되어 있는 나라예요. 회사에서 잘렸을 때 적극
적 복지정책으로 직업훈련을 받지만, 소극적 복지도 잘되어 있으
니까 먹고살 걱정을 하지 않아도 되거든요. 실업수당이 없다면 당
연히 해고를 받아들이기가 어렵죠.

쌍용자동차 노동자들이 쇠파이프 들고 나오는 건, 우리나라 고
용보험이 월 최대 120만 원인데다 지급 기간도 짧으니 아이들 의료
비라든지 대학 교육비를 감당할 수 없기 때문이에요. 죽기 살기로
저항할 수밖에요.

[이상이] 사회서비스도 중요합니다. 생애주기에 따라 필요로 하는
사회구성원 누구에게나 사회서비스를 제공하는 것, 이게 사회서비

스의 보편성이죠. 두 번째는 보편적 소득보장입니다. 사람은 평생 호주머니에 돈이 필요해요. 돈이 떨어지는 순간 사람은 존엄할 수도, 자유로울 수도 없거든요. 심지어 아이들한테도 돈이 필요해요. 그래서 아동수당이 필요한 겁니다. 유럽 국가들 대부분이 조금씩 차이는 있지만 15세나 18세까지 월 15만~30만 원 정도의 아동수당을 받아요. 부잣집 아이든 가난한 집 아이든 상관없어요. 나중에 성인이 되어 취업을 하면 근로소득이 생기고, 실업을 하면 고용보험이 있죠. 은퇴를 하면 노령연금을 받으니까 평생 주머니에 돈 떨어질 일이 없는 거예요.

그런데 복지를 제공하는 방식이 소극적 복지 수준에만 머물러서는 안 됩니다. 실업자가 되었다고 해서 조건 없이 소득 대체율 80퍼센트를 언제까지고 보장할 수는 없거든요. 국가가 산업정책과 복지정책을 연계시키고 사회서비스를 이용해 일자리를 많이 만들어야죠. 이게 바로 경제정책 아닙니까? 그리고 일자리에 맞는 직업훈련을 제공하는 것. 이게 바로 적극화 정책이자 활성화 정책입니다.

3개월, 6개월 아니, 1년이 걸리더라도 원하는 일자리, 필요한 일자리를 찾아가게 해주면 실업급여를 주는 것과는 비교할 수 없는 경제정책이 되고, 동시에 자아실현을 돕는 복지정책이 될 수 있어요.

김윤태 서유럽에서 복지국가가 처음 등장할 때는 사회적 위험을 주로 질병이나 노령, 산업재해나 실업으로 규정했는데요, 뮈르달 부부는 1930년대에 이미 저출산과 인구 감소를 예견하면서, 여성들도 경제활동을 해야 하고, 이를 위해 아동보육을 지원해야 한다고 주장했어요. 이러한 논의가 발전되어 50년대부터 적극적 노동시장 정책을 펼치게 됩니다.

그런데 경제위기 이후 실업자가 늘어나자 유럽 복지국가들도 정부 재정에 부담이 커졌어요. 그래서 덴마크에서는 전 직장에서 받던 월급의 80퍼센트를 1년 6개월간 제공하던 것을 10개월 정도로 줄였고, 액수도 60~70퍼센트 정도로 낮췄다고 해요. 또 직업훈련을 의무화해서 교육을 받지 않으면 급부지급을 중단한다든지, 조건부 수급자 같은 것도 도입했어요.

이에 비해 2011년 기준 한국의 실업급여는 통상 임금의 30퍼센트 수준입니다. OECD에서 최저 수준이죠.

이상이 고령화도 큰 문제인데요. 요즘은 65세가 되어도 굉장히 건강하잖아요. 우리나라 65세 이상 노인들을 대상으로 조사해보니 60퍼센트가 "일을 하고 싶다"고 해요. 그분들을 훈련시키고 일자리를 제공하는 걸 정부가 책임져야죠. 그게 경제정책이고 복지정책입니다.

또 하나는 사회서비스 보장인데, 저는 이게 굉장히 중요한 적극적 복지라고 봐요. 보육이나 교육, 의료와 같이 보편적으로 제공되는 자원의 수준을 높이자는 건데, 이게 인력개발인 동시에 사회투자거든요. 경제학 용어로 가치재 즉, 엄청난 비용을 투자하지만 전체적으로 돌아올 편익은 훨씬 큰, 가치 있는 재화라는 겁니다. 예컨대 공공보육을 강화하면서 보육 종사자에 대해서는 적정임금이 보장된 준공무원이나 공무원처럼 관리하는 식이죠. 또 비영리 민간영역을 잘 관리해서 보육이나 교육 분야에 좋은 일자리가 많이 생기도록 유도하는 거예요. 그러면 거기에서 고용이 창출되는 사회적 경제social economy가 구축됩니다.

사회적 경제에서는 주식회사가 아닌 다양한 민간 주체들, 규모는 작지만 다양한 필요에 부응하는 지역사회의 리더가 형성됩니다. 이러한 제3섹터The third sector가 많아질수록 우리 경제에 경쟁력이 생길 거예요. 결국 보편화 정책과 적극화 정책이 맞물리도록 하는 게 최선이라는 이야기입니다.

김윤태 1970년대 후반부터 '새로운 사회적 위험New Social Risk'이 등장합니다. 과거에는 실업·질병·노후·산업재해의 위협이 컸다면, 새로운 사회에서는 고령화, 노인요양 문제, 이혼이나 여성의 사회진출과 관련해 보육문제가 주요 위험으로 떠올랐죠. 공통적으로 물질적인 지원보다 서비스를 주로 요구하는 일들입니다.

집에 아픈 사람이 있으면 간병할 사람이 필요하잖아요. 가족 중 누군가는 직장을 그만두고 보살펴야 합니다. 또 직장여성이 아이를 낳으면 맡길 곳이 없어서 일을 그만두는 경우도 흔합니다. 그만큼 사회서비스에 대한 욕구가 늘어나는데, 영국이나 미국은 시장에 맡겨버렸어요. 돈 있는 사람은 보모를 두거나 노인을 요양시설에 보내고 자기 일을 계속할 수 있죠.

남유럽에서는 아직도 가족이 책임을 지고 있어요. 그래서 여성이 직장을 다니다가도 자연스럽게 일을 놓을 수밖에 없죠. 독일도 비슷해요. 독일의 복지제도를 자세히 들여다보면 상당히 보수적인 경향이 있습니다. 에스핑 앤더슨 같은 사회학자들은 '보수적 복지국가'라고 칭하죠. 복지를 가족에 의존하는 경향이 강하고, 여성들이 애를 돌보기 위해 직장을 그만두는 경우가 많기 때문인데요. 우리나라도 마찬가지입니다. 여성 고용률이 50퍼센트 수준으로, OECD 국가 가운데 최하위권이죠.

여성의 고용률이 낮으면 그만큼 경제생산성이 떨어지고, 가족복지의 비율이 커지면서 남성의 수입에 의존하게 되기 때문에 남녀 간 불평등도 커집니다.

이상이 남성 부양자에 대해서 이야기하셨는데요. 가족복지의 비중이 높은 나라에서는 보통 여성이 집에서 아이를 키우거나 부모님을 봉양하고, 남성 가장이 경제활동을 하잖아요. 이게 '남성 생계 부양자 모형'인데요, 남자 혼자 벌어서 식구 전체를 먹여 살리는 구조에서 가장인 남성이 해고되면 가족 전체의 생계가 위험에 처하게 됩니다. 이건 다시 노동시장의 경직화와 맞물릴 가능성이 크죠.

또 가장으로서의 남성 부양자는 그만큼 소득이 커야 해요. 혼자 벌어서 다 같이 먹고 살아야 하잖아요. 따라서 노동시장에서 남성 임금의 비중이 높을 수밖에 없고 자연히 임금 수준이 높은 소수의 안정적인 일자리와 노동시장에 진입하지 못한 다수의 실업자들로 나뉩니다. 노동시장의 양극화와 구조적 실업의 가능성이 더 커지는 거죠.

결국 남성 생계 부양자를 중심으로 가족복지에 의존하는 복지모형은 경제성장에 마이너스입니다.

김윤태 그런 면에서 사회서비스는 여성의 경제활동을 지원하고 남성의 부담을 덜어줌으로써 경제생산성을 근본적으로 높여주는 역할을 하지요. 특히 스웨덴의 남녀평등 정책에서는 배울 점이 많습니다. 일하는 여성의 출산과 양육을 사회 전체의 생존을 위해 중요한 문제로 보고 있어요.

이상이 노동시장에 자기의 노동력을 판매해야만 복지를 얻을 수 있는 것을 복지의 '상품화'라고 하는데요, 복지국가가 기본적으로 지향해야 할 목표는 이러한 상품화 수준을 낮추면서 복지의 질을 높이는 겁니다. 즉 '탈상품화'입니다. 병원에 가기 위해 노동을 해야 한다면 얼마나 잔인합니까? 아플 때 치료를 받는 것은 내 노동력을 판매하는 것과는 무관하게 보편적으로 주어지는 사회서비스여야 합니다. 그게 인권의 원리와도 맞을 뿐더러, 활성화 정책이나 보편주의 원리에도 맞는 겁니다.

복지의 탈상품화와 함께 '탈계층화'도 고려해야 합니다. 사실 복지의 탈상품화 수준으로만 따지자면 독일 같은 유럽대륙 국가들도 북유럽 못지않게 탈상품화 수준이 높아요. 다만 복지가 고용과 연계되어 있어서 대기업 근로자는 높은 수준의 복지를 누리고, 중소기업이나 영세한 직장의 근로자는 낮은 수준의 복지에 만족해야 한다는 게 문제죠. 고액의 연봉을 받는 대기업 근로자들은 은퇴한 뒤에도 연금을 많이 받고, 실직을 해도 실업급여를 많이 받는데, 중소기업 근로자나 고용이 불안정한 비정규직은 복지혜택을 거의 받지 못합니다. 그래서 기업별 복지체제를 갖고 있느냐 아니면 국가 복지체제를 삿고 있느냐에 따라 차이가 큽니다. 국가 복지체제를 구축한 북유럽은 회사의 규모가 달라도 노후 연금이나 실업급여 등에 큰 차이가 없도록 탄탄하게 제도를 짜놓았습니다. 그래서 복지의 계층화를 최소화할 수 있었죠.

반면 우리나라는 복지의 사각지대가 상당해요. 국민들 중 상당수가 국민연금 보험료를 납부하지 않고 있어요. 당장 먹고살기도 힘들고 여유가 없으니까 못 내는 거예요. 그러면 연금 보험료를 많이 내는 사람들은 누굴까요? 좋은 직장을 다니고, 자산도 많은 사람들이죠. 젊어서 경제력 있는 사람이 노후에 연금도 후하게 받습니다. 가난한 사람들은요? 당연히 연금도 없어요. 이러한 공적연금 제도가 오히려 노인의 빈부격차를 확대시키고 있어요. 이 모든 원인이 바로 기업별 복지에 있다는 겁니다.

지금 비정규직은 국민연금 가입 비율도 낮고, 고용보험 가입률도 30퍼센트밖에 안 됩니다. 이 사람들은 어느 날 갑자기 해고되어도 혜택을 못 받아요. 기업별 복지에서 나타나는 사각지대를 없애려면 국가가 적극적으로 개입해야 합니다.

복지망국인가, 토건망국인가

김윤태 기업별 복지에 절대적으로 의존했던 대표적인 나라가 바로 일본입니다. 보수언론이나 정부 여당에서는 일본이 민주당 집권 이후 과다한 복지지출 때문에 위기를 맞았다고 이야기하는데,

그건 사실 왜곡이에요. 재정적자는 이미 지난 20년간 꾸준히 누적되어왔습니다. 선거 당시 공약이었던 '복지 인상'과 '아동수당 인상'은 실행하지도 못했고요. 1990년 통계를 보니 GDP 대비 국가부채 규모가 68.6퍼센트였는데 2009년 통계에서는 204퍼센트로 올랐어요. 엄청나게 늘었죠.

그러나 과연 일본이 복지가 많아서 경제가 어려워졌을까요? 전오히려 그 반대라고 생각하거든요. 일본의 복지는 OECD 국가 중에서도 가장 낮은 편이에요. 조세부담률도 20퍼센트 안팎으로 한국과 비슷한 수준이고요.

일본이 고령화 사회잖아요. 인구 비율도 높고 기대수명도 높고, 출산율은 낮아요. 우리나라 출산율이 1.22, 일본은 1.37 수준입니다. 보육을 비롯한 사회서비스들이 충분하지 않으니 출산을 기피하는 거예요. 또 사회안전망이나 사회보장제도가 제대로 갖춰져있질 않으니 요새 일본 젊은이들 사이에서는 해외 근무나 창업을하려는 시도가 확 줄었습니다. 위험할 것 같으면 무조건 피하는 거죠. 소니 같은 기업이 좀처럼 안 나오고 있어요.

일본이 경기침체에 빠진 또 다른 원인은 재정지출의 구조적 문제 때문입니다. 자민당 정부 때 1993년, 98년, 99년에 걸쳐 세제개혁을 하면서 감세를 했어요. 법인세율도 37퍼센트에서 31퍼센트 수준으로 내렸습니다. 고령화 대책 등으로 지출은 꾸준히 증가하는데 거꾸로 감세를 하니까 균형이 안 맞는 거예요. 게다가 지출마저도 대증요법으로 도로건설이나 토목공사에 치중하면서 경제 효용성도 없는 건물을 짓는다는 비판이 많았습니다. 다시 말해 복지에 지출을 많이 해서 경기가 침체된 것이 아니라 복지를 제대로 안 했기 때문에 사회적 활력이라든지 기업가 정신이 위축되면서 영향을 받았다고 보는 편이 정확합니다.

(이상이) 1986년에 일본이 미국과 플라자 합의Plaza Accord를 한 게 결정적으로 '엔Yen고'를 초래했는데요, 그 활로를 부동산 거품으로 뚫으려다 보니 결과적으로 토건경제와 연결되었죠. 1990년에 부동산 거품이 붕괴되기 시작하잖아요. 그때 새로운 패러다임으로 전환하는 대책을 고안했어야 했는데, 오히려 더 많은 토건사업으로 극복하려고 했습니다.

(김윤태) 일본이 '복지망국'이라고들 하는데 실상은 '토건망국'이죠. 특히 건설업체가 정치권 및 관료와 결탁되어서 문제가 많았습니다.

(이상이) 1990년대에 일본은 토건사업에 그야말로 '올인'했죠. 실질적으로는 토건이 일본 경기침체를 정상화하기는커녕 혁신의 기회를 빼앗아버린 셈이에요. 1990년대만 하더라도 일본은 관 주도의 경제였습니다. 국가자본주의 요소가 강하게 남아 있었죠. 그런데 사실 그 덕에 과거 일본이 부국강병할 수 있었거든요.

그러나 1990년대 10년 동안 잘못된 길을 간 겁니다. 그때 사회개발과 인적자본 개발, 새로운 성장동력을 개척하는 데 힘썼더라면 결과는 달라졌겠지요. 결국 일본의 관료, 정치권, 토건기업이 트라이앵글을 구축해 '잃어버린 10년'을 만든 겁니다.

게다가 2000년대 초반 고이즈미 총리가 집권하면서 그동안의 관료 주도를 폐기했어요. 신자유주의로 탈출구를 연 거죠. 그 상징적인 조치가 우정개혁입니다. 공무원을 줄이고 작은 정부로 가는 전형적인 조치였죠. 그리고 규제개혁을 단행하고 감세를 했어요. 고이즈미 총리처럼 신자유주의 정책을 강력하게 밀어붙인 사례가 없습니다. 이렇게 하면 성공할 줄 알았던 거죠. 실제로 개혁 초반에는 반짝 효과가 나타났지만, 양극화 체제가 강화되고 실업률이 증가하면서 경제는 전반적으로 더 악화되었습니다.

우리가 생각해야 할 것은 **일본의 '잃어버린 10년'이 지금 우리에게 일어나고 있는 게 아니냐는 겁니다. 부동산 거품이 빠지기 직전 위태위태했던 일본 상황이 지금 우리의 상태가 아닌가, 4대강 토건사업에 집착하는 우리나라의 보수 지배계층의 이데올로기가 토건경제로 문제를 해결하려고 했던 일본의 정책과 매우 닮지 않았나 하는 거죠.** 1990년대 일본의 10년이 관주도 경제와 토건경제였다면, 지금 우리는 여기에 하나 더 붙어 있죠. 우리는 고이즈미의 신자유주의 정책도 이미 들어와 있거든요. 신자유주의 개혁에 관 주도의 토건경제가 결합된 지금의 기이한 형태와 구조가 과연 역사적으로 성립하겠는가 하는 우려의 목소리가 나오고 있어요.

김윤태 소니가 워크맨을 내놓았을 때 그야말로 첨단기술이었잖아요. 지금은 인터넷이 발달하면서 미국에서 냅스터라든가 페이스

북 같은 온라인서비스 회사가 속속 등장하는데, 일본에선 없어요.

미국은 경제가 어려운 1970~80년대에도 연방정부에서 정보통신, 바이오텍, 나노텍 등 신기술 개발에 엄청나게 투자했어요. 그래서 미국의 닷컴 기업이나 정보통신 기업들이 지금과 같은 경쟁력을 가지게 된 거죠. 실리콘 밸리가 자유시장 경제의 결과라고 생각하면 큰 오해입니다.

반면에 일본은 법인세와 소득세를 다 깎아주고 토건경제, 민영화, 탈규제 운운하면서 미래 성장동력을 위한 공공투자를 제대로 못하면서 경쟁력이 다 사라졌어요. 이명박 정부가 추진한 경제정책들이 일본의 '잃어버린 10년'과 닮았다는 우려에 대해서는 상당히 수긍이 갑니다. '4대강 살리기'에 투자하고, 부자들을 위해 감세하고, 재정적자는 늘어나고… 모든 징후가 비슷합니다. 그러고도 아무도 책임지지 않는 상황이 된다면, 결국 경쟁력은 떨어지고 사회불안도 심각해질 겁니다.

우리가 일본에서 배워야 할 것은 복지 포퓰리즘에 대한 경계가 아니라, 토건국가가 망하는 모습을 타산지석 삼아 복지에 투자하고 장기적인 성장동력을 개발하고 연구해야 한다는 겁니다.

이상이 한 가지 더 짚어야 할 것은 일본이 복지체제를 지극히 수세적으로 운영해왔다는 점인데요, 일본은 현재 65세 이상 고령인구의 비율이 23퍼센트로 전 세계에서 가장 높은 나라예요. 우리나라는 11.3퍼센트, 유럽은 16~18퍼센트입니다.

인구 대비 노인인구의 비율 7~14퍼센트까지를 '고령화 사회'라고 하는데, 일본은 고령화 사회가 아니라 이미 고령화가 끝난 사회죠. 이미 20년 전부터 고령화의 조짐이 있었고 1990년대 초반에 이에 대한 사회적 논의가 활발하게 일어났는데, 일본 정부는 이에 대해 근본적이고 국가 주도적인 대책을 세우지 않고 '땜빵'식 대책으로 유야무야했어요. 일본은 구조적으로 기업별 복지 비중이 높기 때문이었죠.

일본은 기업이 종신고용을 보장하는 사회인데요, 이게 고도성장기에는 아무런 문제가 없었습니다. 대부분 완전고용에 종신고용이었기 때문에 기업이 사회보험과 복지를 책임지고 국가는 손 놓고 있어도 되었죠. 그런데 고이즈미 총리의 개혁 때 주요 기업들이 종신고용을 포기합니다. 그 상태에서 고령화에 빠져버리니 정부도 감당을 못하는 겁니다. 2000년대에 벌써 노인인구 비율이 16퍼센트를 돌파하면서 밑 빠진 독에 물 붓는 꼴이 됐죠.

일본은 의료보험조합이 3,500개나 됩니다. 일본이 의료보험제도를 처음 만든 게 100년 전인데, 독일에서 들여왔습니다. 독일 의료보험체제가 기업별 조합 모형이잖아요. 당시 독일에 의료보험조합이 4,000개였는데 통·폐합을 거듭해 지금은 290개 정도 남아 있어요. 그러나 독일도 궁극적으로는 하나로 통일하고 싶어 합니다. 유럽 국가들도 대부분 공적 의료보장제도가 하나로 통합되어 있거든요.

지금 일본은 기업별, 지역별, 촌 단위로 의료보험조합이 구성되어 있어요. 직장별로도 의료보험이 있죠. 관리운영의 측면에서 봐도 무척 낭비적이고 비효율적이에요. 게다가 의료혜택도 고소득층과 저소득층의 격차가 크고요. 그런데도 개혁을 못하고 있어요. 기업들이 다시 살아나 예전처럼 종신고용을 보장해준다면 모든 사회복지가 저절로 해결될 거라는 믿음을 버리지 못한 거죠.

지금 일본은 고령화에다 비효율적인 복지체제가 결합되어 복지재정이 엄청나게 늘고 있어요. 그런데 국민들이 실제로 받는 복지혜택은 턱없이 부족합니다. 일본 사람들은 40~50세 정도만 돼도 번 돈을 모조리 저축합니다. 소비가 위축되어 내수시장이 돌아갈 리가 없죠. 왜 그러냐고 물어보면, 국가가 노후를 보장해주지 못하기 때문이라는 겁니다. 복지가 없는 건 아니에요. 서비스의 질이 떨어지고, 믿지를 못하는 거죠. 이것마저도 시간이 지나면 더 떨어질 거라고 국가를 불신합니다. 이게 일본의 가장 큰 위기예요.

김윤태 중국 사람은 돈 벌어서 비싼 식당에서 먹느라 다 쓰고, 일본은 저축하느라 다 쓰고, 한국은 집 사느라 다 쓴다죠. (웃음)

한국에서 내 집 마련은 투자의 기회이기도 하지만 많은 사람들에게 노후 대비 수단으로 인식되어왔습니다. 복지가 없으니 집 사는 데 몽땅 올인하는 거죠.

이상이 국가가 복지를 제공하면 복지 재정이 늘어날 수밖에 없는데, 국민들이 국가를 믿지 못하니까 세금 내기를 싫어합니다. 그냥 개인적으로 꼬박꼬박 모으려고만 하죠. 세금을 더 내라고 했다가는 정권이 무너져버립니다.

지금 우리나라 국민들도 세금 내기를 싫어하죠. 자기만의 복지를 위해 각자 민간연금 들고 민간의료보험에 가입하고 있잖아요. 자기 힘으로 살길 찾으려고 저축하고 고생하는 건데, 이게 일본 사람들을 그대로 따라 하는 겁니다. 노인인구는 계속 늘어나고, 생산연령 인구는 줄어드는데, 출산율마저 떨어지면 부양비가 그만큼 늘어나지 않겠습니까? 결국 우리나라가 장차 일본의 모습 그대로 갈 가능성이 커요. 우리가 박정희 시대부터 복지며 경제며 전부 일본을 벤치마킹해왔거든요. 이젠 그 고리를 끊고 새로운 길을 찾아야 합니다.

김윤태 일본은 노사관계가 갈등이 적고 협력적인 것으로 유명한데, 종신고용이 흔들리고 고용불안이 악화되면서 경쟁력이 하락했습니다. 불량품 비율이 굉장히 낮은 것으로 잘 알려진 도요타만 해도 얼마 전 불량품 리콜 사태로 큰 타격을 입었죠.

복지라는 게 가난한 사람들한테 퍼주고 끝나는 게 아니라 노동자들의 근로 동기나 의욕을 강화시켜 기업 생산성을 높이는 역할도 하는데요, 지금껏 일본은 완전고용을 이루고 고도성장을 이뤄왔기 때문에 복지에 투자할 필요성을 못 느꼈죠. 그러다가 뒤늦게 노인요양보험을 도입하고 고령자 의료서비스 등을 시도했지만 워낙 고령화가 빠르고 비율이 높으니 역부족이에요.

최근 일본에는 노인 혼자 사는 '고족孤族'이 너무 많다는 언론 보도가 있었어요. 가족이 아니라 고족. 이게 남의 일이 아니에요. 급속히 고령화되고 있는 우리나라도 엄청난 사회적 부담이 예고되고 있어요.

이상이 우리나라의 보수진영이 일본과 더불어 복지망국이라고 비판하는 곳이 남미인데요, 남미 이야기를 해볼까요? 제2차 세계 대전 전만 해도 남미가 꽤 잘살았죠.

김윤태 아르헨티나의 경우 페론이 1930~40년대 집권했는데, 그전부터 이미 경제가 거덜 나고 있었죠. 1950~60년대에 대중의 인기를 끌기 위해 서민을 위한 복지를 추진한 건 사실이에요. 하지만 아르헨티나는 경기가 좋았을 때도 낙농·축산이 주를 이루었던 나라여서 산업화된 국가로 볼 수 없고, 이미 경제가 제대로 작동하지 않는 상태였기 때문에 복지 때문에 위기가 왔다는 건 인과관계가 성립하지 않습니다.

복지를 이야기하면 포퓰리즘이라고 공격하는데, 나쁜 건 다 포퓰리즘에 갖다 붙이는 경향이 있어요. 포퓰리즘이라는 것은 엘리트나 귀족에 맞서 보통 사람들의 입장을 대변하는 정책을 가리키는 말이지, 좌익이나 복지를 주장한다는 것이 아니거든요. 그렇게 따지면 우익에도 포퓰리즘은 있어요. 대통령이 시장에 가서 오뎅 먹는 것도 포퓰리즘이고, 어떻게 보면 무솔리니나 히틀러의 정책도 대중을 정치에 동원하려는 일종의 포퓰리즘이었죠. 사실 히틀러 때도 경제가 그전보다는 좋아졌잖아요. 폭스바겐을 국영자동차로 만들고, 아우토반도 만들고… 독일 경제가 빨리 부흥되면서 히틀러가 영웅이 되지 않았습니까?

이명박 정부도 대선 때 0~5세까지 무상보육 지원한다거나 반값 등록금 공약을 했습니다. 2008년 총선 때는 65세 이상의 노인에게 지급하는 기초노령연금도 9만 원에서 30만 원으로 올리겠다고 했죠. 그 당시를 생각하면 오히려 이명박 정부가 진짜 포퓰리즘 정책을 보여줬죠. 실제로 이룬 것은 거의 없으니까요.

오히려 스웨덴처럼 복지국가를 강화하기 위해 세금을 50퍼센트씩 걷겠다고 하는 건 솔직한 겁니다. 대중들에게 인기는 없을지 모르겠지만. 그러나 감세를 하면서 복지를 하겠다는 건 전형적인 포퓰리즘입니다.

이상이 사실 그건 거짓말이죠. 그게 아니라면 재정적자를 내겠다는 거 아닙니까?

김윤태 아마 감세를 하면서 복지를 확대할 수 있다는 주장을 이론적으로 증명하는 사람은 노벨경제학상을 탈 겁니다. 그런 이론적인 모델을 만든 사람이 없으니까요.

세 번째 대담

한국의 복지가 걸어온 길

세 번째 대담에서는 한국의 복지제도가 처음 등장하여 발전해온 발자취를 짚어보면서 박정희, 노태우, 김영삼, 김대중, 노무현, 이명박 등 각 정권의 복지제도와 주요 정책의 문제점을 비판한다. 복지제도의 발전 과정에서 나타나는 한국 복지제도의 특징을 분석하고 새로운 대안을 검토하는 것이 이번 대담의 주요 먹표이다.

의료보험, 연금제도, 고용보험 등 주요 사회보장제도의 도입 과정을 살펴보면서 보수적 국가가 만든 선별적 복지제도의 문제점을 지적한다.

한국 복지정책의 출발

이상이 우리나라에서 복지가 제도화되기 시작한 건 박정희 대통령 시절입니다. 1963년 산업재해보상보험이 입법되고 시행되기 시작했죠. 그 후 국가 차원의 복지는 사실상 없다시피 하다가 1977년 7월 1일부로 법정 의료보험제도가 처음 시행됩니다. 같은 해에 생활보호법을 제정했고요. 이게 현행 국민기초생활보호법의 전신이죠. 생활보호법은 극빈자를 구제하기 위한 잔여주의 시혜적 복지의 전형이라고 할 수 있습니다.

여기에서 복지를 바라보는 박정희 대통령의 관점을 알 수 있습니다. 산재보험은 대규모 사업장에만 제한적으로 적용되었고, 의료보험도 500인 이상을 상시 고용하는 대규모 사업장에만 해당되었어요. 결국 당시의 복지는 박정희 대통령이 추진한 압축적 경제성장의 수단이었던 겁니다. 대기업의 숙련된 노동자들이 아플 때 빨리 직장에 복귀하려면 신속하게 치료를 받아야 하잖아요. 박정희 정권은 중화학공업 중심의 경제성장 정책에 도움이 되는 복지만 인정했어요. 진정한 의미에서의 복지 즉, 인권이라든가 사회권의 개념은 존재하지 않았다고 봐야죠.

김윤태 박정희 정부가 처음 복지제도를 도입한 배경은 1880년대 독일의 비스마르크 시대와 비슷합니다. 복지정책은 철저히 경제정책의 시녀일 뿐이었죠. 경제성장과 군사력을 강화하기 위한 보조 수단으로 이용되었어요.

이상이 1977년 당시 법정 의료보험의 혜택을 받는 500인 이상 사업체 근로자와 그 가족들을 다 합쳐봐야 당시 국민의 8.6퍼센트에 불과했어요. 생각해보세요. 8.6퍼센트면 그 당시 사회에서 가장 엘리트 계층입니다. 가장 좋은 일자리를 가지고 있고 경제적으로 부유한 소수의 사람들이죠. 그런 사람들한테만 의료혜택을 주었다는 얘기예요. 사회복지가 정말 필요한 사람들이 아니라 역설적으로 가장 부유하거나 능력 있는 사람들에게 집중되었죠. 또 의료보험 제도를 도입한 배경에는 북한과의 체제 경쟁의 의미도 있었어요.

결국 의료보험을 도입하고 복지를 제도화한 건 정치적 정통성이 부족한 것에 대한 합리화 조치였습니다. 그 뒤 1980년대 전두환이나 노태우 정권으로 이어지면서 연거푸 군사정부가 들어서잖아요. 전두환 정부는 박정희 정부가 만든 복지제도를 크게 확대합니다. 예를 들어, 1980년대가 되면 공무원이나 사립학교 교사들도 모두 의료보험을 갖게 되고요. 1980년 중반이 되면 우리 국민의 25퍼센트가 의료보험을 갖게 됩니다.

김윤태 전두환 정부 때까지 복지혜택을 받는 사람들은 공무원, 군인, 교사, 대기업 노동자에 국한되었습니다. 복지가 국민의 권리라는 보편적 시민권의 관념은 아직 없었습니다.

이상이 그렇죠. 사회권 의식은 한참 뒤에 생겨납니다. 1987년에 직선제 개헌과 정치적 민주주의를 위한 투쟁이 격렬하게 일어나는데요, 정치 민주화 운동에 참여하면서 국민들의 민주주의 의식이 상당히 고조되었음에도 불구하고, 사회권에 대한 문제의식은 잘 드러나지 않습니다. 꽤 시차가 있어요.

김윤태 1987년 6월 민주화운동 이후 제정된 6공화국 헌법은 '복지는 국민의 권리'라고 명시했죠. 그리고 국가는 국민에게 '복지를 제공할 의무'를 가진다고 했고요.

그러나 국민들 사이에서 복지를 요구하는 사회경제적 민주화 운동은 거세게 일어나지 않았어요.

이상이 1987년에 민주화의 고지를 넘어섰는데도 복지제도 확충에 대한 국민적 요구는 나타나지 않았고, 오히려 노태우 대통령이 정부 차원에서 복지를 확대합니다. 노태우 대통령이 민선으로 선출되었잖아요. 당시의 취약한 정치적 지지 기반을 보완하기 위해 적극적으로 복지를 주도했다는 점에서 체제 방어적이었죠. 어쨌든 우리나라 역대 어느 정권보다도 복지를 크게 확충합니다.

1988년 농·어촌 지역에 의료보험을 도입해 지역의료보험을 실시하고, 1년 뒤에는 도시 지역 자영업자들에게까지 확대했어요. 즉, 2년에 걸쳐 전체 인구의 50퍼센트를 법정 의료보험에 가입시키면서 전국민 의료보험을 완성시킨 역사적인 대통령이 되었죠. 그런데 이게 사회권을 요구하는 국민의 투쟁에 의해 달성된 게 아니라 위에서부터 내려왔다는 게 특징이에요. 그것도 정치적 승부수로요. 왜냐하면 그 다음에 총선이 있었거든요.

김윤태 당시 농촌에서 의료보험료 인하를 요구하는 목소리가 컸습니다. 하지만 정치적으로 조직화되지는 못했어요.

이상이 사회권 의식이 본격적으로 터져 나온 것은 1998년 집권한 김대중 대통령 시기인데요, 고용보험이 1인 이상으로 확대된 것도 김대중 정부 때였죠. 앞서 노태우, 김영삼 정부를 거치는 10년 동안 서서히 시민사회운동이 성장하면서 경실련(경제정의실천시민연합)과 참여연대가 두각을 나타내고, 노동운동이 본격적으로 조직화되기 시작합니다. 그리고 1997년 외환위기와 50년 만의 정권교체가 맞물리면서 노동운동의 성과가 사회권 쪽으로 쏟아져 나와요.

그런데 사회권적 요구가 경제위기와 맞물렸다는 게 아주 절묘해요. 일자리에서 쫓겨나고 기업은 부도나고 경제적으로 어려워지던 시기였죠. 10년 동안 성장해왔던 시민사회의 사회권 인식이 결합되면서 정치·경제·사회적으로 복지제도에 대한 요구가 불가피해졌습니다. 정치적으로 대격변이 일어난 거죠.

역대 대통령 가운데 김대중 대통령만큼 힘들었던 대통령도 없었을 겁니다. 국가적 위기였기 때문에 국민들은 웬만한 정책적인 사항은 정치적으로 대통령에게 다 위임해버렸거든요. 그래서 당시 국회가 여소야대였음에도 불구하고 모든 장애물들을 돌파할 수 있

내 아이가 살아갈 행복한 사회

었던 겁니다.

김윤태 많은 학자들이 경제위기 때문에 복지가 축소될 것이라
보았어요. 그런데 한국은 예외적으로 복지 재정만큼은 획기적으로
확대했습니다. 이건 정치적 결단이죠. 경제성장을 토대로 복지를
자연스럽게 확충시킨 것이 아니라 정치적 협상과 결단의 과정이었
습니다.

이상이 김대중 정부 때 4대 사회보험의 기본 틀이 완성되면서 완
전히 선진국형의 사회적 틀을 갖추었습니다. 그리고 박정희 대통
령이 만든 생활보호법을 국민기초생활보장법으로 바꿈으로써 시
혜적 복지를 권리로서의 복지로 바꿔놨는데요, 이것이야말로 주목
할 만한 기본권의 신장이죠.

또 법적으로 1인 이상을 상시 고용하는 사업장은 어디나 4대 사
회보험의 대상이 되었습니다.

김윤태 그런데 아직도 사회보험에 가입을 안 한 사업장이 있어
요. 가입을 안 한다고 해서 처벌할 방법도 없고요.

이상이 그게 문제입니다. 국가가 지원을 해주거나 제도적으로
모든 사업장이 가입하도록 강제해야 하는데 그걸 못하고 있어요.
그러다 보니 국민연금 가입 대상자의 3분의 1이 연금보험료를 안
내고 있고, 고용보험 대상자의 절반이 고용보험의 혜택을 못 받고

있죠.

앞서도 지적했듯이 좋은 직장을 다니는 사람들만 혜택을 받고, 어려운 직장을 가진 사람들에게는 복지가 그림의 떡이라는 게 기업별 복지의 한계인데요, 김대중 대통령은 기본적이고 보편적인 틀로 온 국민을 포괄하고자 애썼죠. 그리고 뒤이어 노무현 정부는 이 제도들을 안착시키는 데 중요한 역할을 했습니다.

특히 노무현 정부는 사회서비스를 제도화하면서 하위 50퍼센트의 소득계층에게까지 보육료를 지원했는데요, 이건 사회서비스를 국가가 구입해주는 형태입니다. 초등학교 무상교육 이래로 사회서비스에 대한 발상의 역사적 전환이 이루어진 거죠. 이건 중요한 업적에 해당됩니다.

김윤태 당시 보육료 지원제도를 추진할 때 정부 내에서 엄청난 논란이 있었죠. 경제 부처 관료들은 나라 망할 일이라며 극구 반대하지 않았습니까?

이상이 그런데 노무현 대통령이 "이거 하나만이라도 해보자!"고 강력하게 추진했어요. 그게 씨앗이 되어서 이명박 정권은 하위 소득 70퍼센트에게까지 바우처voucher 방식으로 보육서비스를 구입해주었고, 집권 말기에는 0~2세 아이와 5세 아이에 대한 보편적 무상보육으로까지 확대하였습니다. 이미 여야 정치권의 공감대가 형성되고 있기 때문에 머지않아 100퍼센트 보편적 무상보육이 현실화될 것으로 보입니다.

또 하나의 역사적 성과는 사회서비스를 입법화했다는 건데요, 2007년의 노인 장기요양보험과 사회적 일자리social job 관련 입법이 그것입니다. 사회적 경제와 사회적 기업의 개념을 바탕으로 법률을 만들고, 노동부가 재정적으로 지원한 덕분에 지금은 사회적 기업이 많아졌어요. 사회적 경제가 우리 사회에 조금씩 뿌리내리게 된 성과가 노무현 대통령 시기에 이루어졌습니다.

국민건강보험의 보장 수준 또한 노무현 정부 때 역대 최고를 기록했어요. 2007년 기준 의료보험 보장성 비율이 64.6퍼센트까지 올라갔습니다.

김윤태 한국의 복지제도를 보면 외국인들은 하나같이 놀랍니다. 영국이 산업혁명 이후 200년에 걸쳐서 한 경제성장을 우리나라는 30~40년 만에 압축적으로 이루어냈잖아요. 1880년대 독일 비스마르크 정부가 도입한 건강보험도 제대로 발전하기까지 무려 120년 이상 걸렸는데, 우리나라의 성과는 세계적으로도 유례가 없어요. 물론 그 과정이 결코 순탄치는 않았죠. 다양한 사회 세력들이 첨예하게 갈등하고, 투쟁하고 타협하고 양보하고 조정하면서 지금의 수준에 도달할 수 있었습니다.

여기에서 두 가지를 주목해야 하는데요. 하나는 우리나라에서는 복지제도를 구축하는 데 국가가 주도적인 역할을 했다는 점입니다. 그 때문에 한계도 있어요. 선 성장 후 복지 그리고 선 경제 후 민주화. 제한적으로 복지를 도입하면서 잔여주의 선별적 복지에 대해 가난한 사람에 대한 시혜나 온정으로 바라보게끔 이데올로기를 만들었어요. 그 때문에 우리 사회에서는 복지를 권리로 인식하는 성향이 약합니다.

두 번째 특징은 노동자들에 대한 당근으로 복지를 설계했다는 점입니다. 이건 독일의 비스마르크 때도 마찬가지였죠. 사회주의적 탄압으로 채찍을 휘두르면서도 한편으로는 노동자들을 회유하고 체제 내에 포섭하려는 거예요. 노동자들로 하여금 공장에서 파업하거나 사회주의자들의 설득에 넘어가지 말고 일에 전념하라는 의미에서 만든 제도이기 때문에 생산주의적 관점, 발전주의적인 관점이 강합니다. 사회민주주의나 코포라티즘corporatism, 노사 간의 타협과는 성격이 다르죠. 국가의 힘이 강한데 노조의 힘은 상대적으로 약하다 보니 그렇게 된 겁니다.

어떤 사람들은 노조가 힘이 약하면 복지가 안 된다고 하지만, 지난 50년의 우리 역사를 보면 노조가 힘이 없었어도 복지제도가 출발했고, 4대 사회보험까지 나왔습니다. 1987년 민주화 이후에는 점점 가속도가 붙었고요. 특히 제6공화국 헌법이 제정되면서 결정적인 계기를 제공합니다. 34조 1항에 '모든 국민은 인간다운 생활을 할 권리를 가진다'라고 되어 있거든요. 다시 말해 복지는 헌법이 보장하는 국민의 당연한 권리인 거예요. 그리고 2항에선 '국가는 사회보장 사회복지의 증진에 노력할 의무를 진다'라고 했어요. 복지는 곧 국가의 의무라는 얘깁니다.

복지를 포퓰리즘이라고 비난하는 사람들이 오히려 헌법에 위배된 주장을 하는 셈이죠.

내 아이가 살아갈 행복한 사회

절대적인 국가 그러나 소극적인 국가

이상이 우리나라의 노동조합 조직률은 1990년에 17.2퍼센트까지 도달했다가 지금은 9.9퍼센트로 추락했습니다. 그동안 전국 단위의 노사 협상도 없었고, 사회민주당 같은 노조를 대변하는 정치세력도 없었지요. 1987년에 민주화가 시작됐다고는 하지만 김대중 정부가 집권하는 1998년까지 11년이 넘도록 복지국가를 강령으로 내건 정당이나 정치세력이 전무했어요. 그 당시 시민사회나 재야운동, 노동운동 세력들은 혁명을 해야 한다고 생각했기 때문에 복지나 복지국가의 구상을 개량주의나 기회주의쯤으로 치부했죠.

김윤태 그런 점에서 중요한 명제를 하나 얻을 수 있는데요, **복지제도를 도입하는 과정에는 각 나라의 독특한 역사적 경로나 발전 경험의 영향을 받는 '경로 의존성'이 나타납니다. 우리나라는 군사정부가 국가 주도로 추진했다는 점에서 경로 의존성이 생겨났어요.**

영국에서는 자유주의적 세력들이 복지국가를 주도했습니다. 1910년대에 로이드 조지 총리가 사회보험제도를 대거 도입했고, 베버리지 보고서도 자유주의자들에 의해 발표되었죠. 노동당의 애틀리 정부가 집권하면서부터는 노동당과 사회주의자들도 복지국가를 받아들이지만, 사실 사회주의자들은 복지국가에 냉소적인 입장이었어요.

독일에서는 아데나워 총리가 이끌었던 기민당도 실은 보수당이거든요. 그런데 '질서자유주의'를 내세우고 '사회적 시장경제'를 강조하면서 국가가 사회복지를 추구하겠다고 헌법에 명시합니다. 질서자유주의는 자유시장 경제에서 국가가 자유방임을 하는 것이 아니라 시장 질서를 유지해야 한다고 보는 입장이고요, 사회적 시장경제는 사회적 목적을 위해 시장경제를 규제할 수 있으며, 국가가 복지를 제공해야 한다는 주장입니다. 프랑스에서도 보수적인 드골 정부 때 복지가 본격적으로 확대되었습니다.

이상이 우리나라는 복지를 제도화하는 과정에서 정부의 역할이 절대적으로 중요했지만, 실제로는 굉장히 소극적이었어요.

유럽에서는 시민사회에 비영리 부문이 광범위하게 구축되어 있을 뿐 아니라 전통도 200년, 300년씩 됩니다. 지역사회마다 종교와 문화 중심으로 구축된 공동체 복지체제가 있는데, 북유럽에서는 이것들이 국가 제도로 다 대체되었어요. 프랑스나 독일처럼 가톨릭 전통이 강한 나라들은 일부를 국가 제도로 대체하고, 대다수는 전통적인 방식을 유지하되 국가가 보조하거나 제도화해주는 조합주의 방식으로 운영하고 있습니다.

김윤태 그런데 우리나라는 그러한 종교적·문화적 유산조차도 없었으니까요. 일제 강점기에서 막 벗어나 한국전쟁을 치렀기 때문에 시민사회가 철저히 파괴되었습니다. 우리나라는 국가가 복지를 제공하지 않으면 정말 아무것도 없는 상태였던 거죠. 그야말로 비공식 부문인 가족복지만 남는 거니까요.

그런데 이제 가족복지만으로는 가족의 생계와 안정을 책임질 수가 없게 되었어요. 국가가 나서지 않으면 황무지나 다름없는 형편입니다.

이상이 우리나라 복지는 사회보험 제도를 중심으로 발달해왔는데요. 사회서비스가 제도화되기 시작한 것은 의료보험제도 하나밖에 없습니다.

사람들이 많이들 오해하는데, 의료보험은 원래 두 가지 기능이 있습니다. 의료보험이라는 사회서비스의 기능이 하나, 질병급여의 기능이 또 하나입니다. 아파서 입원해 있는 동안 소득이 단절될 경우 평상시 받던 급여의 70퍼센트 정도를 주면, 이것이 사회서비스와 소득 보장의 두 가지 기능을 하는 거죠.

산재보험은 우리나라 의료보험과는 좀 다릅니다. 산재보험은 의료서비스와 소득을 동시에 보장해주거든요. 반면 국민연금과 고용보험은 소득만 보장할 뿐, 사회서비스의 기능이 아예 없어요. 우리나라는 산재보험과 의료보험 두 가지를 중심으로 발전해왔습니다. 제조업 중심의 산업정책에 들어맞는 중요한 제도이면서, 만들기도 아주 쉽거든요. 산재보험과 의료보험은 기업이나 직능 단위로 자기들끼리 만들면 되기 때문에 비교적 추진하기 쉽고, 정부는 관리만 하면 되니까 특별히 국고를 꺼내 쓸 일도 없거든요.

마찬가지로 국민연금제도를 만드는 데 정부가 돈 쓰는 거 얼마나 있습니까? 그렇게 해서 거대한 국민적인 제도 틀을 손쉽게 만들어버렸죠. 고용보험도 마찬가지입니다. 여기에는 정부 재정이 조금 들어가고는 있지만 대부분 근로자들과 고용주들이 부담하고 있어요.

김윤태 결국 정부는 별다른 재정지원 없이 노사 당사자들의 기여금으로 사회보험 제도를 운영하고 있는 셈이네요.

시민사회가 주도한 의료보험 통합 운동

이상이 그래서 정부가 그걸 선택한 겁니다. 우리 정부가 얼마나 소극적인가를 알 수 있죠. 우리나라 의료보험은 정부의 적극적인 역할이 요구되는 사회서비스인데, 정부는 소극적으로 일관합니다. 개별 기업 단위, 개별 동네 단위, 시·군·구 단위로 만들어서 전국에 수백 개, 많을 때는 의료보험조합이 600개까지 생겨났어요. 1990년대에 많이 정리를 했는데도 470개나 되었어요. 얼마나 쉽습니까? 자기들끼리 조합을 만들고 스스로 운영하게 두면, 정부는 법령만 만들어서 관리하기만 하면 그만이니까요.

그러다가 농·어촌 의료보험을 지원하면서부터는 정부가 뒷짐만 지고 있을 수 없게 됐어요. 농·어촌 주민들이 납부한 보험료만 가지고는 도저히 의료보험조합을 운영할 수 없거든요. 소득 수준은 낮은데 보험료가 턱없이 비싸니 농민들이 반발한단 말이죠. 또 노인인구가 많고 병원 이용률이 높아서 농어촌 지역 의료보험조합은 늘 적자가 나는 거예요. 차라리 의료보험증을 반납하자고 농민들이 아우성이었어요. 그래서 1989년부터 지역의료보험에 대한 국고지원이 들어가기 시작합니다. 울며 겨자 먹기로 지원하기 시작한 거예요.

김윤태 당시 농민들이 경운기를 타고 엄청나게 시위를 벌였죠. 그 뒤 10년 넘게 걸려서 현재의 국민건강보험제도가 창설되지 않았습니까?

이상이 김대중 정부 때 전국에 수백 개였던 조합을 단일 의료보험체제로 통합했죠. 그런데 잘 보세요. 이제껏 설명한 것도 재정의 메커니즘일 뿐입니다. 국가는 재정체계뿐 아니라 공급체계에서도 제 역할을 해야 해요.

유럽 사회에서는 공급체계에 대해서도 국가가 분명한 책임을 지고 있어요. 유럽에는 중앙정부와 지방정부가 운영하는 공공병원이 전체 병원의 50퍼센트 이하인 나라가 거의 없어요. 특히 영국, 스웨덴, 네덜란드에서 병원은 대부분 중앙정부나 지방정부가 지은 것입니다. 그런데 우리나라는 어떻습니까? 국공립 병원이 전체 병원의 7퍼센트밖에 안 돼요. 국가가 의료공급체계인 병원에 재정을 투입하지 않는 거죠.

한국전쟁 직후 스칸디나비아의 3국으로부터 물려받았던 국립의료원 있잖아요? 스웨덴·노르웨이·핀란드 3국이 만들어주고 갔는데, 1950~60년대만 해도 우리나라 최고의 병원이었죠. 그런데 재정투입을 안 하니 지금은 형편없는 수준으로 떨어졌어요. 이마저도 단계적으로 민영화하겠다니 심각한 겁니다. 국가가 사회서비스와 국민의 복지를 위해 재정을 투입할 생각은 않고, 법령을 만드는 등 재정부담 없는 간단한 조치로 복지를 확대하는 손쉬운 길만 택하고 있으니까요.

김윤태 그런 점은 유럽과 비교했을 때 참 아쉬운 부분이죠. 2차 세계대전 이후 국가 주도의 의료서비스를 제공한 영국, 스웨덴과 달리, 프랑스와 독일에서는 직장별 조합방식으로 사회보험을 운영하지만, 그럼에도 불구하고 사회보험에 정부 재정을 많이 투입하지 않습니까? 보건서비스 재정의 약 30퍼센트는 정부예산에서 나와요.

우리나라는 직장별로 분산되어 있을 때도 그렇지만, 통합한 뒤에도 정부 재정투입이 거의 없습니다. 우리나라 복지체제들이 형식에 비해 내용이 빈약한데다, 선별적이고 잔여적인 복지 성격에서 벗어나지 못했죠. 특히 보편적인 적용이 상당히 제한되기 때문에 계층격차 및 사회경제적 격차를 줄이는 효과가 약해요.

이상이 그러한 한계점에도 불구하고 의료보험이 여전히 강력한 사회보험제도임을 부정할 수는 없습니다. 우리나라가 1989년 7월 1일을 기해서 전 국민에게 의료보험증을 나눠줬잖아요. 법적으로 공적 의료보험제도가 실시된 지 12년 만의 일이죠. 이처럼 최단기간에 전 국민에게 의료보험증을 나누어준 나라는 세계적으로 전례가 없습니다. 다른 나라들은 수십 년 이상 걸렸어요. 영국만 하더라도 전 국민에게 혜택이 돌아가기까지 50년은 걸렸으니까요. 그만큼 기록적이고 획기적인 성공 사례죠.

우리가 일본식 모델을 배워왔는데 직장과 거주지를 중심으로 계층화된 조합주의 의료보험 방식입니다. 조합마다 성격이 제각각이에요. 이를테면 현대중공업 의료보험조합이 있고, 현대자동차 의료보험조합이 따로입니다. 농촌 어르신들이 주로 가입된 전남 구례, 곡성 의료보험조합은 소득은 적은데, 보험료는 많이 내야 하니 만성적으로 적자가 나고 있죠. 그런데 정부 지원은 미미하고요.

그러다 보니 의료보험 혜택의 하향평준화가 일어납니다. 전남 곡성, 구례 같은 곳의 의료보험조합 재정이 파탄나지 않을 정도로 보험 혜택을 최소한으로 낮추는 거예요. 그러니 CT 촬영이나 고가 진료 같은 건 꿈도 못 꿉니다. 당시에는 의료보험의 보장성 수준도 30퍼센트 정도밖에 안 되었고요. 진료비가 1,000만 원이 나오면 의료보험에서 보장해주는 건 300만 원도 안 됐다는 얘기입니다. 환자가 700만 원 넘게 부담해야 하니 결국은 반쪽짜리 의료보험인 셈이죠.

그런데도 의료보험이 여전히 위력을 발휘하고 지지를 받는 것은 왜일까요? **의료보험이 없으면 의사들이 마음대로 진료비를 정할 수 있기 때문입니다. 시장방식이 되는 거죠. 정부가 의료보험수가를 강제로 적용하면서부터 법정 의료수가가 당시 시장방식의 관행적인 의료수가의 절반 수준에서 결정되었거든요.**

김윤태 의료보험을 적용하면 의료수가를 인하하는 효과가 있죠.

이상이 그러니 의사 입장에서는 의료보험증이 없는 환자가 좋은 거예요. 그게 바로 교통사고 환자들이었습니다. 교통사고 환자들은 법정 의료보험수가 기준이 아닌 별도의 기준을 따랐는데, 그게 의료보험수가보다 두 배 정도 비쌌거든요.

한편, 1980년대 후반 시민사회에서는 의료보험조합들을 하나로 통합하자는 통합운동을 벌였어요. 현대자동차 의료보험조합은 조합원들이 젊고 건강하니 병원에 갈 일이 별로 없죠. 또 소득의 일정 비율을 건강보험료로 내는데, 소득이 높으니 건강보험료도 높잖아요. 현대자동차 의료보험조합, 현대중공업 의료보험조합, 삼성반도체 의료보험조합 같은 곳은 건강보험료를 상대적으로 많이 내는데 이용 빈도는 낮으니까 돈이 차곡차곡 쌓인단 말이에요. 현대자동차만 하더라도 금고에 6,000억 원이 쌓여 있었다고 하는데, 이 돈을 회사에서 관리하면서 이득을 보는 거예요. 반면 전라남도 구례, 곡성 같은 곳의 의료보험조합은 늘 적자에 시달리고, 병·의원에 지불해야 할 의료비를 6개월이나 1년이 지나서 지급하는 일이 비일비재했습니다.

결국 형평성의 문제인 거예요. **어느 조합에 가입하는지는 내 의지가 아닌데, 특정 조합에 속해 있다는 이유만으로 고통과 불이익을 감수해야 하고, 소득에 비해 보험료를 더 내야 하니 불공평해질 수밖에 없죠.**

김윤태 서울에서도 빈부격차에 따라 보험 혜택의 차이가 생겼죠.

이상이 맞습니다. 예를 들어 금천구는 가난한 동네고, 강남구는 부자 동네잖아요. 똑같이 구멍가게를 하면서 소득수준이 같은 갑순이와 갑돌이가 있습니다. 보험료를 누가 더 많이 낼까요? 강남구에 사는 갑돌이일까요, 금천구에 사는 갑순이일까요?

다들 강남구 사는 갑돌이가 많이 낸다고 생각하겠지만, 실상은 갑순이가 보험료를 두세 배 많이 냅니다. 왜냐? 강남구에는 부자들이 많이 사니까 보험료도 많이 내는데, 이 사람들은 건강해서 병원도 덜 가기 때문에 의료보험조합에 돈이 남아돌거든요. 그러니 소득에 비해 건강보험료를 조금만 내도 됩니다. 그런데 금천구에는 가난한 사람이 많고 노인들이 많이 사니까 금천구 의료보험조합은 늘 돈이 모자라요. 보험료를 자꾸만 더 받아야 하는 거예요. 그러니 소득수준이 똑같고 사는 형편이 같아도 갑순이와 갑돌이가 부담하는 건강보험료에 차이가 나는 겁니다.

그런데 의료보험의 혜택수준은 법적으로 공평해야 하잖아요. 어쩔 수 없이 가장 가난한 조합에 기준을 맞추다 보니 혜택을 확대할 수가 없는 거예요. 그러니 법으로 보장하는 법정급여를 최소 수준에 맞춰놓고 따로 부가급여라는 것을 개발합니다. 부자 조합에서는 부가급여 명목으로 건강검진도 공짜로 해주는 식이죠.

김윤태 결국 의료 불평등이 심각한 사회문제로 떠오르지 않았습니까?

이상이 의료보험조합주의 방식은 비효율적이라는 연구 결과가 이미 나와 있어요. 게다가 의료보장 수준이 너무 낮으니 의료불안에 대한 사회안전망 역할을 제대로 해내지를 못한단 말이죠. 따라서 경제위기 때는 사회안전망을 확보하는 것이 국가적인 과제였어요. 그래서 시민사회와 노동계에서는 영국의 NHS처럼 의료보험조합들을 하나로 통합해야 한다고 주장하면서 '의료보험 통합 일원화 및 급여 확대를 위한 연대회의'를 만들었어요.

1989년도부터 10년 동안 줄기차게 투쟁한 결과 1998년부터 단계적으로 통합을 추진합니다. 이것은 시민사회와 김대중 대통령이 정책연합을 통해 이루어낸 성과예요. 기득권을 놓치지 않으려는 경영계와 직장의료보험 노동조합의 반대 때문에 쉽지 않았죠. 일본도 이런 반대 세력에 부딪혀 지금까지 의료보험 통합을 못하고 있으니까요. 그러나 우리는 시민사회의 운동으로 반대 세력을 무력화시키고 새로운 제도를 관철하였습니다.

김윤태 대기업들이 보험재정 악화 논리를 내세워 반대가 심했지요.

이상이 자기네 조합 재정을 다 뺏기게 생겼으니까요. 밑 빠진 독에 물 붓기라고도 했어요. 그런데 김대중 대통령이 다 이겨냈죠. 당시에는 군사정부에 비견될 만큼 김대중 대통령에게 권력이 집중되었거든요. 아마 그 힘이 없었다면 불가능했을 겁니다. 지금 같은 시대에선 어려웠겠죠.

의료보험제도가 통합된 가장 큰 이유는 첫째, 경제위기 상황에서 국민들에게 의료안전망을 제공해줄 정책이 필요했습니다. 둘째, 시민사회와의 정책연합입니다. 정책연합에 대한 약속을 지켜야 시민사회의 정치적 지지를 확보할 수 있었거든요. 셋째, 경제위기 상황에서 시민사회의 사회권 의식이 굉장히 높아졌습니다. 노동운동이 정점에 달했고, 그 시기에 전국농

민회총연맹(이하 전농)이 역사적으로 가장 강력했어요. 지금은 전농의 힘이 미약하지만 김대중 정권 초기만 하더라도 막강했죠.

김윤태 참여연대 역시 적극적인 운동을 벌였죠. 특히 저소득층의 최소생활을 지원하는 국민기초생활보장법을 도입하는 과정에서 큰 영향력을 발휘했습니다.

이상이 당시 민주노총의 찬성과 지지도 큰 힘이 됐습니다.

김윤태 민주노총이 뜻을 모은 건 어찌 보면 전농과의 연대를 위해서 그랬다고 볼 수도 있죠.

이상이 당시 일반적인 민주노총 사람들의 정서가 시골에 있는 부모님을 어떻게 할 거냐는 거였어요. 대의명분이 강했습니다. 사회권적 요구이니까요.

역사적으로 한국노총과 민주노총이 건강보험과 고용보험에 대응하는 방식을 보면 이해하기 어려운 면들이 더러 있어요. 의료보험 통합 문제에서도 실상은 민주노총이 아니라 한국노총이 찬성해야 상식적이죠. 왜냐하면 한국노총에 영세기업이 더 많으니까요. 영세기업들은 지역별로 묶어 직장조합을 만들었는데, 그게 재정적으로 튼튼하지가 못하잖아요. 그래서 이걸 전국적인 조직으로 통합한다는데 한국노총이 반대한 겁니다. 왜냐하면 기존의 직장의료보험에도 노조라는 게 있잖아요. 노조의 네트워크가 전국적으로 있었는데 그게 한국노총에 가입되어 있었거든요. 무조건 그 편을 들어준 거예요.

그렇다면 민주노총은 왜 찬성했느냐? 의료보험 통합을 지지하던 지역의료보험 노동조합이 민주노총에 가입했거든요. 우리나라의 노동조합 운동이 얼마나 비합리적인 면이 있었는지를 보여주는 하나의 사례입니다.

김윤태 반대자들이 많았지만 어쨌든 통합되지 않았습니까?

이상이 네, 통합되기 직전인 1997년, 의료보험연합회에서 조사한 결과, 당시 보장성 수준이 47퍼센트 정도였습니다. 그런데 김대중 정부 집권 1년차인 1998년 10월에 1단계 통합이 이뤄지거든요. 전국 시·군·구에 있는 140개 지역의료보험조합을 하나로 합쳐 국민의료보험공단을 만듭니다.

그 다음이 2단계 통합입니다. 당시 직장의료보험조합이 대기업 단위로 하나씩, 작은 기업은 지구별로 묶어서 270개였는데, 국민의료보험공단과 직장의료보험조합을 하나로 묶었습니다. 2단계 조직 통합이 완료된 시점이 2000년 7월 1일이에요. 통합된 다음부터 국민건강보험의 보장 수준이 높아지기 시작해서 김대중 정부 말기 2002년에 보장률이 52퍼센트로 높아집니다.

김윤태 무엇보다도 모든 국민이 의료보험에 가입할 수 있게 된 것이 큰 성과입니다. 미국의 경우 의료보험에 아예 가입도 못한 사람들이 전체 인구의 15퍼센트나 되거든요.
영화 〈식코Sicko●〉를 보면 병원에 가는 대신
집에서 자기 다리를 꿰매는 장면이 나오는
데, 바로 그런 배경 때문이죠. 그래서 미국
은 우리나라의 국민건강보험을 참 부러워합니다.

이상이 조합주의 방식을 통합주의 방식의 의료보험으로 바꾼 데에는 두 가지 이유가 있습니다. 하나는 보험료 부담의 형평성이죠. 능력과 재산이 같으면 공평하게 보험료도 똑같이 내야 하는데, 사는 동네가 다르다고 해서 누구는 더 내고 또 누구는 덜 냈잖아요. 게다가 위험 분산의 범위가 작은 조합들이 전국적으로 수백 개로 나누어져 있었죠. 그런데 통합 이후에는 전 국민을 하나로 묶는 사회 연대 효과가 나타납니다. 내가 낸 보험료가 곡성, 구례에 있는 할아버지한테까지 가는 겁니다. 부담의 형평성 제고와 의료이용의 사회적 연대성을 이뤄낸 거죠.

또 다른 이유는 보장성의 확대였습니다. 과거에는 가장 가난한 조합에 표준을 맞추다 보니 보장성을 확대할 수 없었죠. 이제는 하나로 통합되니 보장성을 높일 수 있게 됐어요. 2002년에 52퍼센트였던 보장성이 노무현 정부 말기에 64.6퍼센트까지 올라갑니다. 시민사회에서 지속적으로 건강보험의 보장 수준을 높여달라고 요구를 했는데, 이것이 김근태 장관 당시에 대폭 받아들여져 보험료가 많이 인상되었습니다. 인상된 보험료를 보장성 확대로 돌려준 거죠.

결국 조합주의 의료보험제도를 하나로 통합하면서 다양한 정책

수단을 효과적으로 확보할 수 있게 됐습니다.

김윤태 국민건강보험으로 통합되기 이전의 지역별 조합주의 모델은 일본 모델이나 독일 모델과 유사했죠. 쉽게 말하면 BMW와 폭스바겐 직원의 건강보험 혜택이 다르고, 미국에서도 GM과 GE가 다른 것처럼요. 좋은 회사에 가면 최상의 회사복지로 우수한 의료진과 의료시설에서 온갖 의료서비스를 누리는가 하면, 같은 노동자라도 불안정한 중소기업에 취직하면 저질의 의료보험에 가입되어 형편없는 의료혜택을 받는 거예요. 물론 직장이 없거나 어려운 사람들은 건강보험에 가입조차 하지 못하고요.

독일은 2차 대전 이후 경제가 부흥되면서 완전고용에 가까운 상태로 오래 유지되었고, 남성 노동자들이 가정에서 주로 가장 역할을 하는 데다 정년이 보장되는 제조업의 숙련노동자들이 많았기 때문에 건강보험이 직장 위주로 설계가 되었습니다. 그런데 독일은 산별노조이기 때문에 노동자들의 임금체계가 우리와는 좀 달라요. 예컨대 우리나라에서 현대는 많이 받고, 협력업체는 적자라서 월급을 적게 받고 그러잖아요. 독일은 BMW에 가든 폭스바겐에 가든 다 같은 자동차공장 노동자고 산별노조 조합원이면 기술 숙련도와 근무연도가 비슷할 경우 봉급도 비슷합니다. 노조가 임금협상의 노선에서 등급을 정해놓았기 때문이죠.

그런데 건강보험은 좀 다릅니다. 복리후생비의 차이가 있어요. 우리나라로 말하자면 삼성은 복리후생비 수준이 아주 높죠. 복리후생비가 전체 노동자 소득의 20퍼센트를 차지할 정도예요. 우리나라는 기업별 노동조합체제이기 때문에, 대기업의 복리후생비 비중이 높습니다. 대기업은 임직원의 자녀 교육비와 주택 구매 비용 등도 지원하잖아요. 그런 면에서 본다면, 똑같은 보편적 사회보험인 의료보험이라도 조합주의 방식에서는 탈계층화 수준이 낮아요. 즉, 건강보험이나 사회보험을 통해 사회경제적 격차를 줄이는 효과가 그다지 높지 않다는 거죠.

이상이 바로 그런 점 때문에 국민건강보험의 보장성 비율을 더 높여야 합니다. 그래야 건강보험이 제 기능을 발휘할 수 있어요.

김대중 정부의 생산적 복지

김윤태 저는 김대중 정부, 노무현 정부의 민주정부 10년간 우리나라가 복지국가의 토대를 마련했다는 평가에 동의합니다. 물론 복지국가를 바라보는 관점은 학자마다 달라요. 서유럽에서는 20세기 초·중반에 복지지출이 GDP 대비 3~5퍼센트였을 때도 복지국가라는 이야기를 하긴 했어요. 그런데 20세기 후반에 와서는 건강보험이나 국민연금 등의 사회보장제도가 다 갖춰진 경우에 한해 제도적인 특징을 가지고 말하기도 합니다.

그 다음엔 정부 재정에서 복지지출의 비중이 가장 클 때를 복지국가라고 말하기도 합니다. 한국에서는 노무현 정부 시기인 2005년에 경제예산을 초과한 복지예산을 이야기하죠. 현재 GDP 대비 정부의 복지지출이 7~8퍼센트에서 많게는 9퍼센트 수준인데요, 사회보험이 4대 보험에 정부의 재정지원이 추가된 형태로 가면서 노무현 정부 때 정부의 재정지출이 확실히 늘었죠. 그런 면에선 진보적인 성격이 강했다고 봅니다.

이상이 ▶ 1998년 김대중 정부는 외환위기 이후 급증한 실업과 대량 해고에 직면한 노동조합과 타협하기 위해 복지정책을 도입했어요.

김윤태 ▶ 당시 사회정책은 단순히 예산의 증액뿐 아니라 독일식 사회보험제도를 근간으로 하는 국가복지를 강조하는 경향이 있었죠. 한국에서 최초로 복지국가의 제도적 토대를 구축했다는 점에서 중요한 역사적 의미가 있다고 봅니다.

이상이 ▶ 1998년 이후 건강보험, 국민연금, 고용보험 등 사회보험제도가 대폭 확대되었고, 공공부조 성격을 가진 국민기초생활보장제도가 도입되었습니다. 김대중 정부의 복지예산은 이전보다 두 배 수준으로 증가했어요.

김윤태 ▶ 그러나 대부분의 복지제도가 형식적으로 도입되었고, 정부의 재정 부담을 최소한으로 제한했기 때문에 명실상부한 복지국가라고 보기는 어렵습니다. 시간이 갈수록 수혜자의 부담 증가와 재정구조의 악화가 심각해졌죠.
　김대중 정부의 정치적 기반과 이념이 복지제도의 성격에 상당한 영향을 주었는데요, 김대중 정부는 미국과 유럽에서 시작한 제3의 길 정치에 큰 관심을 가졌고 2000년 창당한 새천년민주당의 노선을 '중도개혁주의'로 설정했어요. 하지만 김대중 정부는 사회민주주의를 지지한 것이 아니라 독일의 '사회적 시장경제'와 '질서자유주의'를 지지했죠. 2차 세계대전 이후 독일의 기민당이 채택한 사회적 시장경제는 사회민주주의의 영향을 받아 국가의 개입, 공공서비스, 사회복지를 강조했어요.

이상이 게다가 자본시장을 개방하고 공기업의 민영화가 빠르게 진행되면서 미국식 경제개혁이 본격화되었습니다. 결국 김대중 정부의 '민주적 시장경제'라는 초기의 용어는 '민주주의와 시장경제'로 신속하게 변경됐죠. 2000년에는 새로운 국정 지표로 '생산적 복지'를 추가로 제시했어요.

김윤태 생산적 복지는 제3의 길 정치가 주장하는 '적극적 복지'의 영향을 받은 개념이죠. 실업자의 자활 지원과 실업급여의 조건부 수급제도를 실행했는데 이런 점에서 김대중 정부는 제3의 길 정치를 사회정책의 영역에서만 매우 제한적으로 수용한 셈입니다.

노무현 정부는 왜 실패했는가

이상이 2003년 등장한 노무현 정부도 제3의 길 정치에 관심을 가졌으나, 취임 직후 '2만 달러 시대'를 선언하고 성장중심 모델로 기울었어요. 정부의 복지 재정은 기대만큼 증가하지 못했고 비정규직은 빠르게 늘어났습니다. 김대중 정부 때 27퍼센트 수준이었던 것이 노무현 정부 때 약 36퍼센트, 이명박 정부 때 50퍼센트로 비정규직 비율 세계 1위가 되었습니다.

김윤태 노무현 정부 시절 양극화가 심화된 것은 매우 뼈아픈 일입니다. 노무현 정부는 행정수도 건설과 공공기관 이전을 통한 지역 균형발전을 강력하게 추진했어요. 그러나 국민이 기대하는 좋은 일자리 창출, 교육 개혁, 삶의 질 향상을 위한 결정적인 기회를 놓쳤죠. 그래도 민주정부는 한국 역사에서 민주주의, 복지, 평화를 확대한 정부로 평가할 수 있습니다.

주목할 부분은 김대중 정부와 노무현 정부의 정책기조가 자유기업과 복지제도를 결합하려고 한 점에서 미국과 유럽의 제3의 길 정치와 유사하다는 겁니다. 특히 미국과 영국에서 선택한 경제정책과 사회정책을 많이 도입했어요. 그러나 김대중 정부와 노무현 정부 역시 미국과 영국과 마찬가지로 사회적 불평등의 지속적인 확대를 제대로 막아내지 못했습니다.

이상이 노무현 정부의 복지예산은 김대중 정부의 수준을 크게 넘어서지는 못했어요. 건강보험의 보장성 비율을 높이고, 암 등 중대 질병의 자기부담 비율을 낮춘 것은 큰 성과였으나 2005년 보험업법 개정을 통한 민간의료보험의 활성화 조치는 큰 실책입니다.

내 아이가 살아갈 행복한 사회

김윤태 자본시장의 개방과 노동시장의 유연화로 인한 사회경제적 양극화에 대처하기 위해서는 복지국가를 더욱 강화했어야 했는데요. 오히려 비정규직이 급증하고 자영업자의 생활조건이 악화되고, 사교육비와 주택 비용이 지속적으로 증가했습니다.

노무현 정부는 집권 초기에 '2만 달러 시대'를 정권 후반기에는 '동반성장'을 주장했습니다. 2006년 집권 후반기 들어서는 '비전 2030'을 제시했는데, 시기적으로 너무 늦었어요. 증세를 논의하자는 제안도 있었으나 부정적인 논란만 야기했고 제대로 실행되지 못한 채 끝났죠.

당시 경제성장과 복지국가를 위한 노사정 사회협약을 만들겠다고 공약하면서 정부 보고서에 네덜란드 모델, 아일랜드 모델이 숱하게 등장했죠. 그런데 노사정 협의를 위해 구체적으로 이루어진 게 없습니다. 말뿐이었어요. 사회적 대화의 실패는 정부뿐 아니라 노조와 사용자단체 모두에게 책임이 있는 겁니다.

이상이 결국 노무현 대통령은 '좌파 신자유주의'라는 용어를 쓰기도 했죠.

김윤태 노무현 대통령은 개혁을 추구하는 마음은 가졌지만, 관료와 재벌의 영향으로 정책이 오락가락하면서 신뢰를 잃었어요. 김대중 정부와 노무현 정부가 집권하는 동안 복지예산은 꾸준하게 증가했지만, 복지국가의 목표를 더 분명하게 추구하지 못한 점은 참 아쉽습니다.

이상이 현재 유럽 복지국가들은 복지지출이 GDP 대비 25~30 퍼센트 정도이고, 정부 재정에서는 45~55퍼센트 수준입니다.

김윤태 복지 수준으로 따지자면, OECD 국가들 중 우리나라는 늘 27~28위예요. 그리스나 스페인 등 남유럽보다도 한참 떨어지죠. 우리 정부가 사회보험에 재정지출을 거의 안 하고 있어서 연금이라든지 건강보험의 재정적 위험이 커지고 있는데요, 30년 뒤에 고갈된다는 얘기도 있죠.

이상이 복지 재정 규모 자체가 워낙 작다 보니 실제 지출에도 문제가 많고, OECD에서 빈곤율이 상대적으로 높은 나라가 될 수밖에 없어요.

김윤태 OECD에서는 중위소득의 50퍼센트 이하의 수입을 가진 인구 비율, 즉 상대적 빈곤율을 조사합니다. 미국과 우리나라는 상대적 빈곤율이 상당히 높은 편이에요. 일본은 복지지출이 높지 않은 대신 완전고용과 높은 기업 복지로 빈부격차가 적었죠. 그런데 우리나라는 원래부터 사회복지가 약한 상태에서 경제위기를 겪으면서 상대적 빈곤율이 걷잡을 수 없이 높아졌습니다. 한국의 상대적 빈곤율은 최근 16퍼센트를 넘었어요. 건강보험은 비교적 짧은 시기에 하나로 통합해서 성과를 거두었지만, 고용보험은 굉장히 취약하고 미가입자도 많아요. 영세 자영업자들은 장사가 안 돼서 문을 닫아도 아무런 사회안전망이 없습니다. 노인 빈곤율은 무려

45퍼센트 수준으로 OECD 국가에서 가장 높고요.

한국은 미성숙한 복지국가 또는 복지국가의 초입에 있습니다. 복지국가의 형식적 제도는 갖추고 있지만, 내용적으로는 저발전된 상태죠. 국가가 주도했지만 정작 국가가 책임을 지지 않는 복지국가. 물론 경제위기에도 불구하고 우리나라처럼 예산이 늘었던 나라는 많지 않아요.

하지만 우리는 30~40년간 억제되었던 수요가 폭발한 것이지, OECD 기준으로는 여전히 낮은 수준에 머물고 있다는 걸 간과해서는 안 됩니다.

이상이 이명박 정부의 2012년도 예산을 보면 복지가 차지하는 비율이 28.5퍼센트입니다. 역대 최고인데요, 이건 복지수요가 그만큼 늘어났다는 얘깁니다. 사회가 양극화되면서 경쟁에서 탈락한 사람이 많아지고 저출산 고령화 때문에 불가피한 면이 있죠.

노무현 정부는 늘어나는 수요에 대해 온정주의적 관점에서 예민하게 대응하려고 노력했습니다. 그래서 연평균 복지예산 비율도 전년 대비 평균 10퍼센트씩 늘렸고, 국민기초생활보장 대상자도 꾸준히 확대했어요. 그러나 제도적으로 복지와 경제를 유기적으로 발전시키려는 보편주의 복지국가의 개념은 아직 없었습니다. 그나마 노무현 정부 때 사회서비스의 개념이 정착했죠. 대표적인 예로 소득 하위 50퍼센트 계층에게 정부가 보육서비스를 바우처로 구입해준 것입니다. 그건 정부가 국민의 복지를 적극적으로 책임지겠다는 사회투자 전략이거든요. 그런데 문제는 거기에서 그쳤다는 겁니다.

노무현 정부 당시에 보편적 복지국가의 개념과 복지와 경제의 유기적 발전론에 대한 개념을 확립하고, 정권의 핵심부가 집권의 밑거름으로 삼았다면 얼마나 좋았을까요?

김윤태 복지국가를 만들겠다는 명확하고 구체적인 계획이 부실했어요. 국민보험이 탄탄해야 복지국가라고 볼 수 있는데, 사회보험의 사각지대가 너무 많아요. 비정규직과 청년실업을 해결하기 위한 직업훈련 등 적극적 노동시장 정책도 부족했고요. 조세와 교육정책에서도 더 정교한 정책이 필요합니다.

무엇보다 민주주의의 주인인 국민의 생활수준을 향상시키기 위해 정부가 어떤 정책을 제시할 것인지 분명한 계획을 가져야 합니다.

사회보험의 사각지대는 죽음의 계곡

이상이 최근 복지를 현금으로 주느냐 사회서비스로 제공하느냐를 두고 의견이 분분했죠. 저는 둘 다 필요하다고 생각합니다. 하지만 한국은 현금을 필요로 하는 사회보장제도의 사각지대가 너무 넓어요. 태어나서 경제활동을 하기 전까지는 아동수당이 있어야 하죠. 이후 경제활동을 하다가 일자리를 잃고 현금이 단절되면 현금을 보전해주는 제도가 필요하고요.

한국은 고용보험의 혜택을 받지 못하는 사회적 약자·저임금 노동자·비정규직 노동자·여성 노동자가 불리합니다. 여성 노동자의 고용보험 가입 비율은 절반에도 못 미치죠. 대부분 비정규직이거나 저임금 노동에 종사하기 때문입니다.

김윤태 고용보험 혜택을 제대로 받지 못하는 50퍼센트의 저임금 노동자들을 법적으로 보호하지 않은 상태에서 소득보장, 사회서비스 보장으로 넘어간다는 것은 끔찍한 이야기입니다. 고정 급여를 받는 사람은 고용보험의 보호를 받지만 비정규직, 저임금 노동자에게 소득 단절은 절망적입니다.

이상이 국민연금의 사각지대도 결코 무시할 수 없어요. 전체 가입자의 30퍼센트가 보험료를 안 냅니다. 생계형 빈곤층을 구제하기 위해 국가가 보험료를 대신 내주는 방법이 있는데요, 국가가 당장 보험료를 내주기보다 연금 수령 시점에 가서 국가가 연금을 제공하는 비적립 방식도 고려해야 합니다. 현재와 같은 적립식은 그대로 두고 별도의 부과방식을 도입하자는 말이지요. 그게 바로 기초연금입니다.

현재 월 최고 지급액이 고작 9만4,600원인 기초노령연금을 당장 20만 원 수준으로 현실화해야 합니다. 공무원연금·군인연금 등으로 적정한 생계가 보장되는 65세 이상의 노인은 전체의 20퍼센트밖에 안 됩니다. 최소한 나머지 80퍼센트의 어르신들에게 월 20만 원 이상을 지급하는 것. 이게 기초보장 아닙니까? 소득보장의 사각지대부터 없애야 합니다.

김윤태 현재 우리나라 국민연금의 소득 대체율이 40퍼센트 정도 인데요, 유럽 국가들은 70퍼센트고요. 저는 사회서비스와 소득보장 이 병행되어야 한다고 생각합니다. 한국도 고용보험·국민연금 등 소득보장의 틀은 갖춰졌고, 사회서비스도 틀은 대부분 제도화되었 습니다.

이상이 한국의 사회서비스는 세 가지가 대표적입니다. 첫째, 보 육서비스인데, 이미 진도가 많이 나갔죠. 앞으로 100퍼센트까지 대 상자를 확대하고 금액을 늘리면 보편적 무상보육이 달성될 겁니 다. 둘째, 교육서비스입니다. 중학교까지 무상교육을 실시하고 있 는데 고등학교까지 확대해야 합니다. 대학등록금도 완전 후불제로 바꿔야 하고요. 셋째, 의료서비스는 국민건강보험 하나로 모든 병 원 입원비를 감당해주면 돼요.

얼마 전 방송사 기자가 복지국가에 대한 취재를 도와달라며 이 메일을 보냈더군요. 치매 증세가 있는 아버지가 노인장기요양보장 법의 혜택을 받고 있는데, 그 제도의 시행 전후를 비교해보았더니 한 달에 지출이 80만 원이나 줄어들더라는 거예요. 그 순간 갈등되 는 한편 부담스러웠다고 해요. 자기 같은 중산층도 80만 원 혜택을 받으니 너무 좋아서 보편적 복지가 정말 필요하구나 생각했대요. 서민들에게는 훨씬 도움이 될 테니까요. 그래서 심정적으로는 보 편적 복지에 동의하지만, 방송은 객관적 정보를 담아야 하는 만큼 균형 잡힌 의견을 달라는 거였죠.

우리나라의 노인장기요양보장제도는 한계가 많습니다. 일본과

내 아이가 살아갈 행복한 사회

독일은 노인 인구의 12~15퍼센트가 노인장기요양보장제도의 혜택을 누리고 있지만, 한국은 그 비율이 5.5퍼센트에 불과해요. 서비스의 질도 논란거리고요. 공급자의 97퍼센트가 민간이거든요. 보육보다도 상태가 심각합니다.

김윤태 노인요양보호사에 비하면 보육교사는 처우가 괜찮은 편이에요. 노인요양보호사는 한 달에 60~80만 원을 받습니다. 그런데도 80만 명이나 배출되었고, 그나마 고용된 경우는 20만 명이 채 안 될 거예요. 나머지는 장롱 면허가 된 거죠. 노인요양보호사를 양성하는 교육기관만 떼돈을 벌었습니다.

노인요양보호사의 근무 환경은 정말 열악해요. 요양사들에게 집안일을 시키는 경우도 있다는데, 일자리를 잃을까 두려워 거절도 못한다고 합니다.

이상이 사회서비스 분야는 엄청난 일자리의 보고예요. 노인장기요양서비스만 해도 100만 명은 채용할 수 있습니다. 지금 우리나라는 100만 개의 노인장기요양 일자리를 근로빈곤 일자리 20만 개로 대체했기 때문에 수요자도 공급자도 다 손해를 보고 있어요.

노무현 정부 때 유시민 전 장관이 노인장기요양보장법을 만들었고, 이명박 정부 초기인 2008년 7월 1일부로 시행했어요. 제도를 도입하던 시기에 장기요양 보험료가 월 3,000원으로 책정되었어요. 처음 노인장기요양보장법을 시작할 당시 가구당 건강보험료를 매달 6만 원 정도 냈는데요, 당시 제가 "노인장기요양보장의 보험료를 월 1만 원 정도 걷자"고 주장했어요. 시민사회에서도 의견이 같았죠. 그런데 결국 3,000원으로 출발했습니다. 3,000원으로 시작하면 경로의존성이 생겨서 4,000원으로 올리기도 어렵거든요. 나중에 요금을 인상하려면 저항이 거세기 때문에 시작 단계에서 사회적 합의를 거쳐 요금을 현실적으로 책정해야 합니다. 그러나 정부는 신자유주의에 입각한 작은 정부의 논리에 따라 노인장기요양보장의 공적 재원 규모를 줄이는 방향으로 간 겁니다.

장기요양 공급체계를 한번 보죠. 정부가 지은 공공 요양시설은 별로 없어요. 거의 전부 민간시설입니다. 공급의 대부분이 민간에서 이루어지는데, 가격은 정부가 통제해요. 그것도 엄청나게 낮은 수준에서 통제한단 말이죠. 그러니 민간업자들이 덤핑을 치고 들어와요. 부가적으로 빨래까지 해주겠다며 장기요양 고객을 뺏어오는 겁니다. 밑으로부터의 경쟁이 치열해지면서 서비스의 질은 형편없이 떨어지고 공급자는 난립했죠. 그러다 보니 고용은 당연히 불안정해질 수밖에 없어요. 요양보호사들은 전부 비정규직입니다.

김윤태 정부가 적극적으로 개입해서 사회서비스 분야 종사자들에 대한 근무 환경과 처우 문제를 개선하고 전문성을 인정해야 합니다. 정부의 사회적 투자를 통해 사회서비스 제도가 원활하게 작동해야만 비로소 시민의 삶의 질도 좋아지고 가정과 국가경제도 성장합니다.

네 번째 대담

일자리불안

우리에게는 일을 할 권리가 있다

사회적 위험을 막아주는 복지제도가 취약하면 살아가기 힘들다. 질병, 노후, 교육, 주택, 일자리불안이 심해지면 삶의 질도 떨어질수밖에 없다. 그중에서도 한국은 일자리불안이 매우 심각하다. 1997년 외환위기 이후 미국과 초국적 금융자본의 요구에 따라 노동시장의 유연화가 실행되었다. 그 결과는 정리해고 확대와 비정규직의 증가로 나타났으며 '사오정', '오륙도'가 상식이 되었다. 대학을 졸업한 청년들마저 일자리가 없어 실업률이 높아지고 있는 형편이다.

이번 대담에서는 과연 양질의 일자리를 늘리는 방안이 무엇인지 논의하고, 고용확대를 촉진하는 복지제도의 가능성에 관해 검토할 것이다.

2등 시민 비정규직의 눈물

김윤태 1997년 외환위기가 발생하면서 IMF와 국제금융자본은 한국 기업의 구조조정과 노동시장 유연화를 요구했어요. 한마디로 해고할 자유와 비정규직을 채용할 자유를 달라는 거죠. 기업의 자유가 커지면서 근로자의 노예계약이 시작된 겁니다.

이상이 1998년 노동조합, 사용자단체, 정부가 모여 만든 노사정위원회에서 노동시장 유연화를 합의했죠. 김대중 정부가 사회보험, 공공부조를 확대하면서 복지가 늘어나기는 했지만 노동시장의 유연화, 신자유주의 노동시장 정책의 도입으로 정리해고가 쉬워졌습니다.

김윤태 법률적으로 보면 우리나라에서 근로자를 해고한다는 게 그렇게 간단하지가 않아요. '경영상의 특별한 사유'가 있을 때만 해고할 수 있다고 돼 있죠. 그런데 사실 회사에서 그만두라고 하면 그만둘 수밖에 없거든요.

　노동시장 유연화가 만든 사회적 결과는 단기주의입니다. 이건 중요한 시대적 전환인데요. 미국 사회학자 리처드 세넷은 일자리에서 시간에 대한 관념 변화가 가장 중요한 특징이라고 이야기합니다. 이제 사람을 장기적 관점으로 보지 않는다는 거예요. 골드만 삭스 같은 금융회사를 보세요. 분기별로 평가해서 실적이 나쁘면 CEO도 자릅니다. GE의 잭 웰치는 1년에 한 번씩 실적을 평가해서 하위 10퍼센트의 직원을 해고하는 걸로 유명하죠. 이처럼 신자유주의의 무자비한 고용 원칙으로 인해 장기적인 채용이 단기채용으로 바뀌었습니다. 정규직 채용 대신 기간제, 계약직, 파트타임, 아웃소싱 같은 것들이 대폭 늘어났어요.

이상이 노무현 정부 때부터 비정규직이 급증했는데 거기에 걸맞은 적극적인 노동시장 정책을 도입하지 않았죠.

김윤태 남편 혼자 가정을 부양하기 어려우니까 부인이 돈 벌러 나오는데, 할인마트에서 온종일 서서 일해도 80만 원에서 100만 원 법니다. 대학 졸업한 학습지 교사는 120만~130만 원 받아요. 임금이 낮으니까 장시간 일하게 되고 야간노동까지 하다 보니 비정규직이 계속 늘어납니다. 현재 우리나라 일하는 여성의 80퍼센트가 비정규직입니다.

요새 노사분규 보세요. 기룡전자, 이랜드, 홍익대학교의 사례를 보면 주로 비정규직 근로자들이 주도하고 있어요. 그런데 대기업 노조들은 비정규직을 외면합니다. 지난 10년간 현대자동차에서는 정규직 신입 근로자를 거의 안 뽑았어요. 새로 들어온 20대 비정규직 근로자들은 똑같은 일을 하면서도 다른 작업복을 입고, 다른 식당에서 밥을 먹습니다. 우리나라 법률상 같은 직장에서 똑같은 옷

내 아이가 살아갈 행복한 사회

입고 똑같은 식당에서 밥 먹고, 같은 공장에서 일하면 차별대우를 할 수 없게 되어 있거든요. 그러니 옷과 식당을 다르게 하는 거예요. 결국 비정규직 근로자들을 '2등 시민'으로 만드는 거죠. 공짜로 밥 먹는 아이들이 가난한 집 자식이라는 걸 증명하기 위해서 특정 서류를 제출해야 하는 것처럼, '나는 비정규직입니다'라는 사실을 옷과 식당으로 표현하는 셈입니다.

이상이 일을 해서 소득을 창출할 능력이 있는 사람들은 일을 하게끔 해주는 게 가장 좋은 건데요. 일을 할 수 있고 일을 할 준비가 되어 있는데도 실업상태에 있는 사람이 많아진다면 그 사회는 전반적으로 불안해질 수밖에 없고 개인도 불행해지겠죠.

일이라는 것은 소득을 창출하는 수단일 뿐만 아니라 자아를 실현할 수 있는 계기이기도 해요. **일을 하는 건 사회구성원들의 권리이며, 일할 권리를 충족시켜주는 것은 국가의 의무입니다. 일하고자 하는 국민이 있는데 일을 할 수가 없다면 국가가 의무를 다하고 있지 않은 거죠.**

김윤태 제조업 분야에서는 공장 자동화가 진행되고 있지만, 서비스 산업의 일자리는 꾸준히 증가하고 있어요. 그러나 저임금 근로자가 많이 생기는 문제가 있죠. 예를 들어, 지난 10년간 대기업의 인터넷 쇼핑몰은 수익률이 증가했지만, 고용 인원은 오히려 줄었어요. 현대홈쇼핑은 정규직이 500명에서 350명으로 줄어들었고, 한 해에 겨우 서너 명만 채용합니다. 그런데 비정규직과 협력업체 직원은 모두 합해 3,500명에 달합니다. 인천공항도 전체 인력 가운데

80퍼센트가 비정규직입니다. 세계 1등 서비스 공항은 비정규직이 만든 거죠.

그런데 비정규직은 정규직과 하는 일은 비슷한데 임금 차이는 100 대 60 수준입니다. 일자리의 안정성과 질이 떨어져서 소득수준이 낮고, 사회보험에도 가입하지 못한 경우가 흔합니다.

이상이 우리나라의 일자리가 10퍼센트의 좋은 일자리와 90퍼센트의 나쁜 일자리로 양극화되어 있다고 했는데요. 10퍼센트의 좋은 일자리는 300인 이상을 상시 고용하는 대규모 사업장에서 일하는 근로자, 공무원(공기업 포함), 의사나 변호사 등의 특수 전문직 종사자들이죠. 나머지 90퍼센트는 중소기업과 서비스업 종사자, 그리고 자영업자 등입니다.

전반적으로 중소기업의 생산성은 대기업의 30퍼센트 수준입니다. 그러다 보니 임금과 복지가 형편없이 낮아요. 문제는 중소기업에 한번 들어가면 빠져나올 길이 없다는 거예요. 노동시장의 사회적 이동성이 낮아졌기 때문에 90퍼센트의 중소기업 일자리로 한번 들어가면 그 속에서 뱅글뱅글 돌게 됩니다. 이 90퍼센트의 일자리는 언제 잘릴지 모르는 불안정한 저임금 일자리예요. 이 문제를 해결하지 않고는 어떤 복지정책이든 무용지물이 될 수밖에 없어요.

고용보험을 볼까요? 비정규직의 고용보험 가입률은 30퍼센트입니다. 정규직 가입률은 90퍼센트죠. 그런데 비정규직이 이미 우리나라 근로자의 50퍼센트 아닙니까? 게다가 학교를 갓 졸업한 젊은 이들의 상당수가 졸업 후 2~3년 지나도록 취업을 못하고 있어요.

전체 고용의 30퍼센트에 육박하는 자영업자들도 고용보험의 사각지대에 있고요.

김윤태 근로소득세를 내는 피고용인들 즉, 국세청에 근로자로 등록된 사람들을 대충 1,500만 명을 헤아리는데, 만약 오늘 해고당한다면 고용보험으로 도움을 받을 수 있는 숫자가 750만 명, 절반밖에 안 되는 거죠.

이상이 고용보험은 실직했을 때 소득을 보장하기 위한 장치잖아요. 그런데 이 모양이면 우리나라가 기본이 안 됐다고 봐야 해요. 노동을 불안하게 하는 나라가 제대로 된 나라일 리 없으니까요. 양극화된 노동시장과 고용보험에 대한 특단의 대책이 필요합니다.

김윤태 10퍼센트의 좋은 일자리와 90퍼센트의 나쁜 일자리의 격차가 점점 커지고 있습니다. 중소기업 근로자의 임금은 대기업에 비하면 절반 수준이 안 됩니다. 통계는 50~60퍼센트 수준이라고 하지만, 대기업의 후생복지가 많다 보니 임금 이외에도 격차가 더욱 커지고 있죠. 실제로는 100 대 45 비율 수준입니다.

중소기업에 다니면 집 장만, 자녀 교육, 노후 준비가 너무 힘들어요. 젊은이들도 중소기업 다니면 결혼하기조차 힘들다고들 합니다. 정말 최악의 상황까지 온 거죠.

이상이 현재 10퍼센트의 좋은 일자리는 이미 국가적인 수준의 경쟁력을 획득한 대기업이나 재벌기업, 수출 중심의 다국적기업들입니다. 국가가 더 지원해주지 않아도 돼요. 이들 기업에 대해서는 오히려 세금을 더 걷고 노동시장의 양극화를 해소하기 위한 규제를 강화해야죠. 누진적 조세정책과 규제정책을 적절하게 도입하는 겁니다.

그리고 중소기업과 영세 자영업자에 대해서는 대대적인 혁신이 필요합니다. 혁신을 통해 생산성을 높이기 위한 산업 구조조정을 저는 진보적 산업정책이라고 칭하는데요. 지금 이게 심각한 시장 실패에 와 있어요. 퇴출되어야 할 기업이 저임금에 기대어 버티고 있거든요. 국가가 개입해서 생산력 수준을 높여야 합니다. 물론 이 과정에 엄청난 진통이 올 수 있어요.

하지만 중소기업과 자영업 분야를 전반적으로 구조조정해서 생산성을 높여야 전반적으로 임금 수준이 높아져 소득의 양극화가 줄어들고, 그래야 국민연금과 고용보험의 보험료도 제대로 낼 수 있을 테니까요.

고용 없는 성장의 어두운 그림자

김윤태 중소기업 근로자와 비정규직 근로자의 임금 수준을 높이지 않으면 불평등이 증가하고 내수시장의 구매력이 약화되어 경기 침체의 주요 원인이 될 것입니다. 소득격차는 상대적 박탈감만의 문제가 아니라 경제성장의 장애물입니다. 재벌중심 체제를 바꿔야 해요. 경제민주화는 이제 필수적 과제가 되었습니다.

이상이 임금격차를 줄이기 위해서는 먼저 최저임금을 정상화시켜야 한다고 봅니다. 지금처럼 최저임금이 평균임금의 37퍼센트 수준으로는 아무것도 할 수 없어요. 이건 한계 기업을 겨우겨우 연명시키면서 극단적으로 양극화된 노동시장을 끌고 가는 건데, 이래서는 수치상의 실업률은 줄일 수 있을지 모르지만 정상적으로 사회를 유지할 수가 없어요.

국제노동기구의 권고대로 최저임금을 평균임금의 50퍼센트가 되게끔 단계적으로 올리는 게 우선이고요. 이로 인해 구조적으로 실업이 발생하면 직업훈련을 시키고 실업수당 등의 복지비용을 투입해야죠. 망해야 할 기업들은 망해야 한다는 겁니다. 거기서 숙련도가 낮은 저임금의 실업자가 쏟아져 나오면 실업수당을 주고 직업훈련을 시켜서 더 좋은 일자리로 옮겨주는 역할까지를 정부가 감당해야 해요. 이게 '일자리 복지'이자 적극적 노동시장 정책입니다.

이렇게 하기 위해서는 혁신적 중소기업을 육성하고, 양질의 서비스 업종을 개발해야죠. 또 사회서비스 분야에 일자리를 만들어서 일하고 싶은 사람들을 수용해야 합니다. 사회서비스 분야에 일자리를 열어주면 생계형 영세 자영업자들이 많이 올 겁니다. 결국 일자리 복지를 위해서는 현재 노동시장을 지배하는 신자유주의 정책을 폐기해야 합니다.

신자유주의 정책을 폐기하기 위해서는 두 가지를 하지 말아야 하는데요, 감세 정책과 규제완화 정책을 되돌리자는 겁니다. 누진적 증세를 과감하게 추진해야 하고요. 성과를 많이 올리고 있는 분야에 대해서는 더 거둬들이고, 적극적인 재정정책으로 진보적 산업정책, 적극적 노동정책을 펴야 합니다. 또 한편으로 사회적 규제를 강화해야 합니다. 재벌이나 대기업들이 노동시장에서 노동권을 침탈한다든지 중소 하청기업들을 괴롭히고 수탈하는 불공정 문제가 일어나지 않도록 과감하게 규제해야 해요. 제대로 작동하지 못하는 잘못된 시장, 양극화된 시장을 정상화시켜서 조정시장 경제의 메커니즘이 작동하도록 해야 합니다.

김윤태 저도 큰 틀에서 이상이 교수님께 공감하는데요, 우선 일자리불안이 발생하는 사회적 원인으로는 두 가지를 지적할 수 있습니다. 먼저, 경제가 성장해도 일자리가 안 생기는 고용 없는 성장으로 가고 있어요. 예를 들어 삼성전자는 지난 5년간 매출이나 수입이 엄청나게 늘어났는데, 일자리는 거의 늘지 않았어요. 정규직 일자리가 늘어나지 않으니 우리나라 자영업이 이상할 정도로 비대하죠. OECD 평균 자영업자 비율이 15퍼센트 수준인데 우리나라는 30퍼센트나 됩니다. 이제 중산층의 대표 직업은 30대 화이트칼라가 아니라 40대 자영업자입니다.

그런데 지난 노무현 정부 5년간 실질소득을 보면 자영업자의 소득은 오히려 감소했어요. 망하면서도 사업을 하는 거예요. 우리나라 식당의 80퍼센트가 1년을 못 버틴다고 하잖아요. 간판 가게만 돈 번다고 하는데, 실은 간판 가게도 계속 망하고 있는지도 모르죠. 퇴직하거나 명퇴하거나 잘린 사람들이 학원을 내고, 미용실이나 치킨집을 하다가 재산 다 날리고 신용불량자 되고 빈곤층이 되는 거예요.

그런데도 자영업자들이 늘어나고 있어요. 자영업이란 게 기술이 있거나, 생산성이 있거나, 수익률이 높아서 하는 게 아니거든요. 한국의 자영업자 가운데 95퍼센트 이상이 5인 미만 영세 자영업자들이고, 자영업자 절반 이상이 세금도 거의 안 냅니다. 소득이 너무 적어서죠. 게다가 이주노동자들을 저임금으로 쓴다든지 무임금으로 가족노동을 쓰는 경우가 많아요. 아빠가 떡볶이 가게를 내면 엄마가 월급 안 받고 일하는 식이죠. 거기서 월 100만~150만 원을 벌어도 아내나 딸의 소득이 되지는 않잖아요. 사회보험 혜택도 안 주고 일을 시키는 셈이죠.

유럽에 가면 밥값이 비싸다고들 하죠. 스위스에 있는 한국 식당의 김치찌개가 2만 원씩 합니다. 우리나라에서는 4,000원짜리, 5,000원짜리 메뉴에도 반찬이 푸짐하게 나오잖아요. 이게 왜 그럴까요? 물론 환율 차이가 있긴 하죠. 하지만 근본적으로 독일이나 프랑스에서 식당을 내려면 요리사 자격증이 있어야 하고, 특히 독일에서는 한 명만 일해도 사회보험을 줘야 하기 때문입니다. 그러니 서비스에 대한 건강보험, 고용보험, 연금까지 다 주면서 음식을 먹어야 해요. 음식 재료값만 내는 게 아니라는 거예요.

그런데 우리나라 사람들은요, '서비스'라는 건 '공짜'라고들 생각해요. 식당에서 "여기 서비스 안 줘요?"라는 말을 흔히 들을 수 있죠. 돈을 내고 서비스를 사야 한다는 인식이 없습니다. 영국과 미국에서는 서비스에 대해 팁을 지불하죠. 유럽에서는 비싼 음식값에

다 들어가 있고요. 결국 우리나라 자영업자는 경쟁력이 없으면서 공급과잉 상태인 거죠.

이상이 우리나라에 24시간 영업하는 식당이 많은데요, 사실 다 비정규직이죠. 밤중에 일하는 근로자들은 그만큼 삶의 질이 떨어집니다. 외국 나가면 밤 11시만 넘어도 가게가 대부분 문을 닫으니까 불편하다고들 하는데, 그곳은 노동조합이 강하기 때문에 일정 시간이 넘으면 일을 안 해요. 소비자 입장에선 불편할지는 모르지만 사실 낮에 사거나 주말에 사면 문제될 게 없죠.

김윤태 우리나라는 실업률이 항상 3~4퍼센트로 나옵니다. 수치상으로는 OECD 회원국 중에서도 가장 낮은 편이에요. 그런데 막상 실업률 10퍼센트라는 유럽 국가들을 보면 고용률이 우리나라보다 높아요. 스웨덴은 실업률이 6퍼센트인데 고용률은 77퍼센트가 넘어요. 독일도 마찬가지입니다. 우리나라의 고용률이 이렇게 낮은 건 양질의 일자리가 없어 노동시장에 못 들어가기 때문입니다.

물론 통계의 허점도 커요. OECD 통계는 주당 15시간 이상 근로를 기준으로 하는데, 우리는 한 시간만 일해도 경제활동 인구로 넣거든요. 비자발적 실업자들은 아예 통계에서 제외하고요. 주부나 군인은 물론이고 취업 준비생, 삼수생, 고시생 등은 실업자 통계에서 빠지는 거예요. 그런데 이명박 정부는 젊은이들이 눈높이를 낮춰야 한다고 하죠. 정말 현실을 모르는 말입니다.

물론 고용 없는 성장의 원인에는 여러 가지가 있습니다. 탈산업화에서 금융산업으로 옮겨가고, 제조업이 중국이나 동남아 같은 데로 빠지고, 기술 변화도 큰 요인이죠. 옛날에는 손으로 했던 직업들이 많이 없어졌으니까요. 미국에서도 1980년대에 컴퓨터가 도입되면서 은행 직원들 3분의 1이 잘리지 않았습니까? 우리나라에서도 손으로 돈을 세던 행원들의 역할이 많이 축소됐죠. 새로 만들어지는 일자리는 얼마 없는데 제조업은 빠르게 쇠퇴하고, 또 지난 10년간 노조가 약화되면서 정리해고나 명예퇴직을 제대로 막아내지 못했죠.

이상이 그래서 일자리 복지를 위해서는 일자리 창출형의 혁신적인 경제사회의 구조조정과 사회서비스 일자리의 대대적인 창출이 필요하다고 보는 겁니다.

김윤태 가장 시급한 문제가 중소기업과 대기업의 격차, 자영업자의 높은 비율, 비정규직 이렇게 세 가지거든요. 먼저 우리나라에서 500인 이상을 고용하는 기업이 전체 고용의 5퍼센트 미만입니다. 중소기업이 커야 하는데, 중소기업은 월급도 대기업의 절반에 못 미치는 수준이잖아요. 그러니 대기업과 중소기업이 상생이나 협력 관계는커녕 공정거래 규정을 위반할 정도로 일방적으로 가고 있어요.

중소기업을 보호·육성하는 산업정책을 만들어 경쟁력을 키우고, 자영업도 사회보험이 적용될 수 있게 해야겠죠. 자영업자 본인도 실업보험의 혜택을 받게 해주고 자영업에서 일하는 5인 미만의 직원도 사회보험을 해결해줘야 합니다.

[이상이] 대기업이 고용을 늘리지 않는 상황에선 방법이 하나밖에 없어요. 중소기업에서 고용의 질을 높이는 거죠. 그러기 위해서는 정부가 중소기업의 기술혁신을 돕는 신산업정책과 진보적 산업정책을 펴야 합니다.

그러자면 혁신적 기업이 가능하도록 돈과 기술을 지원해줘야 하는데요, 돈과 기술을 어떻게 지원하느냐? 금융의 공공성을 높여야 합니다. 지금은 기술 있는 중소기업이라도 담보가 없으면 돈을 안 빌려주거든요. 금융에 대한 정부의 개입이 불가피합니다.

두 번째는 기술입니다. 지금 중소기업들은 기술을 밑바닥부터 끈기 있게 개발해 나갈 역량이 없거든요. 우수한 인력도 없고, 지속적인 연구개발에 투자할 자본도 없어요. 역시 정부가 나서야 해요.

삼성과 같은 대기업 연구소는 우수한 인재와 자본이 있으니까 자기 힘으로 할 수 있지만, 중소기업은 그렇지 않잖아요. 국가가 과감하게 재정을 투입해서 중소기업을 위한 연구개발 클러스터를 만든다든지 해서 기술 수준을 높여야 합니다. 미국에서는 미국국립보건원National Institutes of Health, NIH에서 그런 역할을 하는데, 1년에 우리나라 예산만큼을 들여 기초연구, 백신개발, 기초 암 연구 등 온갖 연구를 해요. 그 성과를 기업들이 가져가서 쓰고 있죠.

[김윤태] 지금 우리나라는 학교가 실업자 양성소나 마찬가지인데, 중소기업에 대한 전문 인력 공급소가 되어야 합니다.

일하고 싶은 국민을 일하게 하라

이상이 노무현 대통령 시절 적극적 노동시장 정책을 해야 한다는 학계나 연구기관의 보고서가 상당히 많이 올라갔습니다. 정책을 실행하려고 노력도 많이 했죠. 그런데 돈은 안 들이고 하려고 했죠. 돈 안 들이고 할 수 있는 건 중매쟁이밖에 없어요. 그래서 일자리 매칭matching에만 주력한 겁니다. 문제는 아무리 알선해주려고 해도 기업이 요구하는 양질의 인력이 별로 없는 거예요. 구직자가 원하는 좋은 일자리도 없고.

지금도 지역마다 고용알선센터가 있어요. 말 그대로 고용 알선만 해줍니다. 시장이 원하는 인력을 만들어야 하는데 시장의 요구와는 다소 동떨어진 교육을 하니까, 교육을 시키는 사람이나 받는 사람이나 별 기대감이 없어요. 하는 척해야 실업급여가 나오니까 척만 하다가 끝나는 경우가 많죠.

적극적 노동시장 정책과 좋은 일자리 창출형의 혁신적인 산업정책에 연간 20조~30조 원의 예산을 잡고 추진해야 합니다. 자영업이든, 중소기업이든 4대 사회보험 가입을 의무화하고 거기에 가입 못할 정도로 영세한 기업이라면, 미안하지만 문을 닫는 게 모두에게 좋습니다. 그 정도로 영세하다면 그 업종에 종사하는 사람들도 마지못해 버티고 있는 거예요. 차라리 실업수당을 주고 직업훈련을 시켜서 제대로 된 일자리에 보내주자는 겁니다. 6개월간 집중적으로 훈련시켜 우수한 보육교사를 만든다든지 아니면 노인요양보호사를 만든다든지⋯. 사회서비스라도 훈련시켜 줘야 하지 않겠습니까?

국가가 산업정책과 노동시장 정책, 그리고 인권 개념과 보편주의 원리까지 결합시켜서 일자리 만들기 프로젝트를 밀고 나가야 합니다.

김윤태 혁신형 기술개발로 중소기업의 생산성을 높이는 것도 필요하지만 대기업의 산업 연관 효과에도 주목해야 합니다. 대기업에는 협력업체나 하청업체도 많은데 공정거래가 잘 이루어지지 않거든요. 심지어 이런 이야기도 들었어요. 2008년 경제위기 때, 모 그룹이 협력사들한테 인력을 30퍼센트 감축하라고 했답니다. 그런데 한 중소기업 사장이 마음이 약해서 20퍼센트만 내보내고 나머지 직원들을 데리고 있었다고 해요. 그러자 그룹사에서는 "먹고살 만하니까 안 자르는 거야? 이상해. 회계장부 다 내놔!" 하고 압박했다는 겁니다. 이런 횡포가 있는데 중소기업들이 임금을 어떻게 높이겠어요?

대기업과 중소기업 간에 공정거래법만 제대로 지켜져도 좋은 일자리가 많이 생길 겁니다. 임금격차가 100에 80만 되어도 대기업을 고집하는 경향이 좀 덜할 텐데, 50퍼센트 수준이니 재수를 하더라도 대기업에 가려고 하죠. 왜 안 그렇겠어요?

또 문제는 월급이 60만 원밖에 안 되더라도 게임 회사 같은 문화산업 관련 직종을 선호하지, 기름 묻히고 몸 쓰는 곳은 꺼려한다는 겁니다. 중소기업에서는 150만~180만 원을 주는데도 사람을 못 구해 난리입니다. 학교에서 실업교육을 너무 천대하고, 이공계를 존

내 아이가 살아갈 행복한 사회

중하지 않기 때문이죠. 이런 분위기에서 무작정 대학생들에게 눈높이를 낮추라고 강요하는 건 잘못이라는 거예요.

우리나라 대학생 규모는 세계 최고입니다. 전문대, 2년제까지 합치면 83퍼센트에 육박해요. 그런데 막상 일자리는 상위 10퍼센트와 나머지 90퍼센트가 너무 차이가 나는 과잉경쟁 상태가 되었죠. 개인적 차원에서 '스펙 쌓기'로 끝낼 게 아니라 그들의 눈높이에 맞는 고부가가치 일자리를 많이 만들어낼 수 있는 산업정책, 사회서비스를 위한 복지정책도 함께 요구해야 합니다.

대기업이 첨단기술에 투자하도록 유도하고, 부가가치가 높은 제조업 일자리를 늘려야 해요. 제조업은 다 사양산업이라는 생각은 잘못입니다. 다른 한편으로는 사회서비스 일자리를 늘리기 위한 정부의 적극적 투자가 필요해요. 최근 사회서비스의 필요성이 급증하고 있는데, 사회서비스는 공공재에 가깝고 대기업이 참여하기 어렵기 때문에 정부의 역할이 중요하거든요. 그런데 이명박 정부처럼 정보통신부도 없애고, 산업정책을 포기하고, 사회서비스 수요도 외면하고, 모두 시장논리에 맡겨버린다면 실업률은 계속 증가할 것입니다.

이상이 이명박 정부 시기의 공식 실업률이 3~4퍼센트인데, 유럽의 기준으로 따져보면 실질적인 실업률은 17퍼센트입니다. 더 심각한 건 엄청난 수의 '맥도날드 잡', 소위 '맥잡Macjob'이라 통칭되는 근로빈곤층입니다. 유럽은 북유럽으로 갈수록 일자리가 정규분포를 나타냅니다. 허드렛일을 하는 일자리가 있기는 있어도 아주 적어요.

우리나라의 대표적인 맥잡이 노인보호요양사인데, 한 달에 60만 ~80만 원 받습니다. 그런데 스웨덴에서는 노인보호요양사가 지방 공무원이기 때문에 우리나라로 치면 200만 원 정도 받아요. 근로자 평균임금보다 약간 낮거나, 80퍼센트 이상은 보장되는 겁니다. 본질적으로 생산성이 낮은 사회서비스는 시장에서 저임금으로 결정이 나버리기 때문에 지방정부가 그걸 보조하기 위해 막대한 재정 지원을 해주죠. 그런데 우리나라는 사회서비스를 아예 시장에 맡겨버렸어요. 그러니 60만~80만 원 받는 노인요양보호사는 완전히 맥도날드 잡, 근로빈곤층이 되죠.

김윤태 스웨덴에서는 국가가 전체 고용의 30퍼센트 정도를 사회서비스 분야에서 창출했습니다. 독일이나 프랑스도 교회 같은 비영리 기관들을 지원해서라도 사회서비스 일자리를 만들어냈어요. 독일 사회학자 울리히 벡은 국가(제1섹터)와 시장(제2섹터)과 구분되는 시민사회(제3섹터)에서 이루어지는 자원봉사 등의 일자리를 '시민노동'이라고 했어요. 돈을 받지 않고 일하는 노동이 사회에서 중요하다고 강조합니다.

스웨덴의 사회서비스 일자리에는 여성의 참여가 높습니다. 여성의 경제활동을 장려하는 효과도 거두었죠. 보육·노인요양·간병 같은 사회서비스 분야를 보면 고용 인구의 80퍼센트가 여성입니다. 여기에 대해서는 스웨덴에서도 논란이 있었어요. '볼보에서 10년 일한 기술자와 아이 키우는 사람하고 월급 차이가 100 대 80이라는

내 아이가 살아갈 행복한 사회

게 말이 되냐'는 반발이 있었어요. 반면 '애 키우는 기술이 자동차 만드는 기술보다 못하다는 거냐? 더 세련되고 복잡한 게 아이 키우는 일이다'라고 여성들이 목소리를 모으기도 했고요.

이상이 1942년 영국에서 베버리지가 5대 사회 악에 대항하는 사회보장 정책을 입안할 때 전제로 삼았던 게 완전고용입니다. 그 뒤 1950~60년대 유럽의 모든 국가들이 완전고용을 추구하면서 엄청난 노력을 쏟아부었어요.

김윤태 노동시장 정책은 세계적으로 세 가지 모델이 있어요. 우선 미국 모델은 노동시장의 규제를 완화해서 최저임금은 안 올리고 기업에 해고의 자유를 주는데요, 기업이 강한 대신 노조가 약합니다. 이렇게 하면 맥잡 같은 근로빈곤층은 늘어나지만, 통계상으로는 실업률이 낮아져요.

실제로 1990년대 미국 클린턴 행정부 말기에 실업률이 4~5퍼센트로 낮아졌죠. 영국과 일본은 실업률이 가장 낮지만, 실제로는 비정규직 비율이 OECD에서 가장 높습니다. 상위 20퍼센트와 하위 20퍼센트의 임금격차가 무려 열두 배가 넘어요. 우리나라도 미국 모델로 가면서 소위 '88만원 세대'가 생겨나지 않았습니까? 미국 모델은 표면상으로는 실업률을 줄일 수 있지만 양질의 일자리를 만들어내지 못하기 때문에 바람직하지 않습니다.

둘째, 1980년대부터 프랑스에서는 녹색당 이론가이자 사회학자인 앙드레 고르가 노동시간 단축을 주장했는데요. 1990년대 후반

조스팽 사회당 총리가 그의 영향을 받아 근로시간을 줄이면서 '일자리 나누기job sharing'를 추진했어요. 하지만 기업들이 협조하지 않아서 한계에 부딪쳤죠. 기업에 부담을 다 맡겨버렸더니 신규채용을 안 하더라는 겁니다. 오히려 청년실업이 늘어나고 실업률이 높아졌어요.

셋째, 사회서비스 일자리를 확충한 스웨덴 모델이 있어요. 스웨덴의 고용시장에서 30퍼센트를 차지하는 것이 사회서비스입니다. 주로 여성이 많이 참여하죠. 1990년대 초반 금융위기가 발생하면서 실업률이 9~10퍼센트까지 올라갔지만 지금은 6.8퍼센트로 낮아졌습니다. 세계적으로도 낮은 수준이죠. 적극적 노동시장 정책의 성과입니다.

이상이 노동시장 정책의 주체는 정부 아니겠습니까? 소극적인 정부는 소득보장 프로그램으로 실업보험제도만 만들어놓는데, 그게 우리나라에선 고용보험이에요. 실업자들에게 실업급여를 주는 게 전부인 소극적 정책이란 말이죠.

반면 적극적 노동시장 정책은 정부가 고용보험 급여를 제공하는 데 그치지 않고, 일하고 싶은 국민들이 빨리 일자리를 가질 수 있도록 조치를 취합니다. 일자리를 갖는 것이 모든 사회 구성원들의 권리이고, 그 권리를 보장하는 것이 정부의 의무임을 의식하는 거죠. 복지와 경제를 유기적 통합체로 보는 관점이 강한 나라일수록 적극적 노동시장 정책을 강력하게 추진합니다. 북유럽이 대표적이죠. 반면 미국식 자유방임 경제, 자유주의적 복지국가는 노동시장에 대해 매우 소극적이에요.

김윤태 스웨덴의 볼보나 에릭슨, 핀란드의 노키아 같은 대기업 위주의 노동시장은 고용비율도 크고 협력업체가 차지하는 경제비중도 굉장히 큽니다. 그러나 덴마크의 경우 독일과 협력하는 제조업이 강한 편이죠. 흔히 스위스는 은행으로 돈 번다고 생각하지만, 사실 제조업이 강해요. 인구 대비 제조업 비율도 높고 고용률도 높습니다. 제조업은 상대적으로 부침이 적고 단기이윤을 좇지 않는데다 숙련된 노동력을 요구하기 때문에 10년, 20년씩 일을 하다가 그만두더라도 기술력이 있으니 다른 기업에 갈 수 있죠. 그만큼 새로운 일자리를 만드는 산업경쟁력이 있기 때문에 적극적 노동시장 정책이 가능한 겁니다.

이상이 정부의 역할도 중요합니다. 적극적 노동시장 정책에 지출하는 정부 예산의 비율을 GDP 대비 금액으로 환산하면, 우리나라는 0.2퍼센트, 북유럽 국가들이 1~1.5퍼센트. 서유럽은 대체적으로 0.5퍼센트 안팎입니다. 역설적인 것은 신자유주의 경제를 하는 국가일수록 시장에서 탈락하는 사람들이 많고 경제가 양극화되어 있어서 적극적 노동시장 정책이 절실한데도 방치되고 있다는 겁니다. 반대로 경제가 덜 양극화된 복지국가일수록 적극적 노동시장 정책을 잘하고 있고요.

우리나라는 적극적 노동시장 정책에 대한 사회적 수요가 어느 나라보다도 강한데, 정부는 거의 책임지지 않고 시장에 맡겨버렸어요.

김윤태 규제를 완화해서 기업에 해고의 자유와 유연성을 주는 대신 노동자에게는 사회보장을 제공하는 것. 이를 유연안정성flex-security이라고 하는데요. 그런데 우리나라는 대기업과 중소기업의 임금이 100 대 50으로 차이가 워낙 크니까 대기업에서 잘린 사람들이 실업자가 될지언정 중소기업은 쳐다보지도 않아요. 그리고 고용보험 혜택을 받기 위해서는 실직자 본인이 고용센터에 가서 자발적 퇴직이 아니라 잘렸다는 걸 증명하고, 구직활동을 하고 있다는 확인서도 내야 하죠.

그러나 덴마크 같은 나라는 대부분이 중소기업이니 옮기기가 어렵지 않아요. 또 고용 담당 사회복지사가 찾아와서 맞춤형으로 설계해주고, 교육 프로그램을 알선하고 일자리도 소개하면서 취직할 때까지 일대일로 상담해줍니다. 단순히 일자리를 주는 게 아니라 인간의 존엄성을 존중하는 거죠. 사회복지사의 인력비용이 들겠지만, 그것 역시 고용창출의 효과가 있거든요.

그럼 스웨덴, 덴마크 등 북유럽 국가에 비정규직 문제는 없느냐? 그렇지는 않아요. OECD 국가들도 평균 비정규직 비율이 22퍼센트 수준입니다. 그러나 북유럽 국가들은 사회서비스 분야에서 정규직을 창출하기 때문에 비정규직 문제가 상대적으로 적고, 오히려 자발적 비정규직 비율이 높아요. 특히 네덜란드는 비정규직 비율이 OECD 국가 중에서도 높은 편이지만, 정작 자세히 들여다보면 대다수가 자발적 비정규직입니다. "나는 10시에 출근하고 4시에 집에 가서 애를 돌보겠다"고 하는 경우에는 사회적 불안이 적겠죠.

비정규직 문제는 노동시장 정책의 뇌관과 같아요. 이 문제를 해

내 아이가 살아갈 행복한 사회

결하지 않는다면 사회불안이 커질 겁니다. 일부 정당과 사회단체에서 '비정규직 철폐'를 주장하고 있는데요, 이는 현실적인 대안이 아닙니다. 비정규직 비율을 가능한 줄이고, 정규직으로 전환하는 방안이 마련되어야 합니다.

[이상이] 노동시장의 고통스러운 상황에 대한 진단은 진보나 개혁 세력이 다르지 않습니다. 심지어 2011년 초 민주당의 손학규 전 대표가 "비정규직은 없어져야 한다"고 발언하는 바람에 진보 정당이 경악하지 않았습니까? 진보 정당 입장에서는 그게 마지막 남은 보루였는데 민주당에서 비정규직을 철폐 또는 해소하자고 하니까요. 그런데 비정규직을 해소할 수는 없습니다. 그런 말은 함부로 하면 안 된다고 생각해요.

우리나라는 2011년 기준 52퍼센트인 비정규직 비율을 17~18퍼센트까지 줄이겠다고 목표를 세웠어요. 반토막내겠다는 거죠. 물론 비정규직을 대폭 줄여야 하는 것은 사실입니다. 정규직을 고용할 여건이 충분한데도 의도적으로 비정규직을 고용하는 사업장은 제제해야 합니다. 예를 들면 현대중공업이 그렇죠.

그런가 하면 김윤태 교수도 지적하셨듯이 비정규직을 고용해야 하는 불가피한 상황도 있습니다. 최소한의 노동유연성을 확보해야 생산시스템에 적응할 수 있다거나 하는 경우도 있겠죠. 하지만 비정규직만 뽑거나 하청을 주는 시스템은 구조적으로 문제입니다. 정규직과 비정규직 고용에 일정한 제한을 두는 방식을 제도화해야 한다고 봐요. 그게 노동권의 신장이죠.

또 정규직이라고 해도 평균임금의 절반도 못 받는다면 무슨 보람이 있겠어요? 영세한 회사에서 정규직으로 일하면서도 4대 보험에 가입 못한 경우도 15~20퍼센트나 됩니다.

김윤태 비정규직 철폐는 현실성이 떨어지는 목표죠. 육아를 위해서 노동시간을 유연하게 쓰고 싶다거나 스스로 재택근무를 원하는 자발적 비정규직도 있으니까요. 근로자의 입장에서 보면 일을 꼭 많이 하는 게 목표는 아니잖아요. 궁극적으로는 노동시간을 줄이고 여가를 많이 갖는 게 행복이지, 일을 많이 하는 것은 바람직하지 않아요.

그런데 우리나라는 대부분 비정규직이기를 원치 않기 때문에 정부의 엄청난 노력이 필요합니다. 그동안 정부가 기업의 투자에 대해서 조세감면이라든지 인센티브를 많이 줬는데요, 투자 많이 하는 대기업에게만 좋은 일이었죠. 이제 고용에 대해서도 인센티브를 줘야 합니다. 정규직 일자리를 창출할 만한 기업가의 잠재력이나 의지는 있는데 실질적인 재정능력이 뒷받침되지 않는 경우에는 정부가 과감하게 비용을 지원할 수도 있어야 해요. 벨기에가 그런 제도를 도입해서 성과를 거뒀다고 들었습니다.

또 근로자들의 인식도 바뀌어야 합니다. 대기업 정규직 근로자들이 새로 들어오는 비정규직과 노조도 같이 안 하고, 자기들 임금은 10퍼센트씩 오르는 동안 비정규직은 절반도 못 받고 4대 보험 혜택도 못 받는 것을 방치하는데, 그래선 안 된다는 거죠. 이건 근로자들의 연대성이라는 가치에도 맞지 않고, 그 사회가 하나의 공농체라는 정신에도 맞지 않아요. 자기는 지금 정규직 근로자이지만 아들은 대학 졸업하고 얼마든지 비정규직이 될 수 있는 현실이잖아요. 결국은 같이 갈 수 있도록 노동조합을 함께해야죠.

그러니 노조도 산별노조로 가야 해요. 임금협상도 동일노동 동일임금 원칙을 추구해야 합니다. 그렇게 하면 대기업과 중소기업 근로자의 임금격차도 줄어들고, 전체 근로자들의 임금이 올라가면서 내수가 증가하고 경제적으로도 좋아질 테니까요.

이상이 일자리불안을 해소하기 위한 해법 중 하나가 노동권 신장과 관련된 법률을 입법하는 건데요. 지금 그야말로 임금을 적게 주기 위한 수단으로 비정규직을 고용하고 있거든요. 중립적이면서 지나치게 친자본적이지 않고, 노사관계를 두루 살필 수 있는 공정성 있는 민주정부라면 충분히 사회적 합의를 도출해서 입법할 수 있어요. 그렇게 하면 단계적으로 비정규직을 줄여갈 수 있겠죠. 물론 여기엔 정부의 재정 투입이 필요합니다.

근로빈곤을 방지하려면 최저임금을 과감하게 끌어올려야 합니다. 또 영세하다는 이유로 4대 보험을 지급하지 않는 업체들, 5인 미만 사업장에도 4대 보험을 강제해야 합니다. 법적 대상으로 삼았으면 강제해야죠. 왜 안 합니까? 말로는 전국민 사회보험이라고 하면서 왜 그 책임을 회사에만 맡기고 국가에서 강제를 안 하냐는 거죠. 물론 망하는 기업들이 생겨날 겁니다. 망하는 기업은 망하면 돼요.

'비정규직을 철폐하자'고 말들을 하는데, 과연 어떻게 철폐할 것이며, 철폐하고 나선 어떻게 하자는 건지 대책이 없습니다. 정부나 보수 진영은 더 무책임해요. 양극화된 노동시장과 산업 구조를 방치한 채 '자유시장에 맡겨라. 시장이 알아서 해결할 것이다', '정부가 다 해결해줄 수는 없다'면서 외면하고만 있으니까요. 지금 민생이 불안해서 다 죽을 판인데 허구한 날 같은 소리만 반복하고 있어요.

진보세력도 무책임하기는 마찬가지입니다. 비정규직 없애야 한다고 말만 앞세우잖아요. 구체적이고 현실적인 대책을 내놔야죠. 어떤 사람들은 동일노동 동일임금을 주장하는데요. 정규직과 비정규직이 같은 일을 하면 동일한 임금을 주자는 겁니다. 그런데 그걸 어떤 정책수단으로 어떻게 입법해서 실행할 거냐는 말입니다. 방법이 없단 말이에요.

예를 들어 중소기업인 A사와 대기업 B사에서 똑같은 선박업을 한다고 해서 생산성이 같을 수는 없잖아요. 여기다 대고 동일노동 동일임금을 이야기해봤자 아무 소용없어요. A사와 B사의 노동자가 동일임금을 받을 수는 없습니다.

시장에서 임금격차를 최소화시키기가 불가능하다면 국가가 B사로부터 세금을 많이 받는 누진적인 조세정책을 펴고, 동시에 보편적이고 적극적 복지정책으로 A사 노동자들에게 사회적 임금을 지원해주어야죠.

김윤태 북유럽에는 사회적 협력주의라는 메커니즘이 있는데, 우리는 그런 메커니즘이 없어요. 대신 최저임금제를 노동시장 정책의 지렛대 삼아 임금을 올리고, A사에 재정지원을 하면 됩니다. 사회보험료를 지원한다든지 정규직으로 고용을 안정시킨 데 대한 장려금을 준다든지 하는 방식으로요. 시장에서 뒤처져 있기는 해도 도산시키기엔 아깝고, 도와주면 따라올 가능성이 있는 기업을 정부에서 도와주면 왜 안 됩니까?

1950년대에 스웨덴에서 동일노동 동일임금의 이슈가 등장했을 때의 배경을 보면 우리나라와 차이가 있습니다. 스웨덴에서는 노동조합총연맹LO 출신의 경제학자 렌과 마이드너가 적극적 노동시장 정책의 일환으로 동일노동 동일임금 정책을 제시하고 수십 년에 걸쳐 논의가 진행됩니다. 덕분에 노동자들의 노동조직률도 높고 사용자들과의 임금협상을 통해 사회 협약을 맺으면서 분위기가 형성됐어요. 동일노동 동일임금을 줄 수 없는 생산성 낮은 기업은 퇴출해야 한다고도 했고요. 그런데 1990년대 경제위기 때 이 정책이 퇴색하기 시작합니다. 기업마다 생산성이 다르니 동일노동에 대해 동일임금을 주기가 현실적으로 어려워졌죠.

아직도 독일에서는 산별노조가 세다 보니 노동자의 직무와 기술 수준이 비슷하고 근무 연수가 비슷하면, 월급을 어느 수준에서 얼마 받아야 한다는 등급이 정해져 있어요. 산별노조가 기업의 고용주들과 협약을 맺어서 임금 수준을 강제하는 거죠.

그런데 근본적으로 노조가 약하고 대기업과 중소기업 간에 공정거래가 되지 않는 등 복합적인 상황에서는, 동일노동 동일임금을 법적으로 강제한다고 해도 현실적으로 작동할 수가 없습니다. 제아무리 평등한 나라 스웨덴이라도 신자유주의 세계화 내지는 기업의 구조조정을 통해 경쟁이 심화되면서 노동자 간의 임금격차가 커지고 있어요.

그러다 보니 근로자들 사이에서는 사회서비스에 대해 선택권을 요구하거나 경제 원리를 받아들이는 분위기가 생겨났어요. 예컨대 학교나 요양서비스를 직접 선택하게 해달라는 식이죠. 임금을 더 받을수록 더 좋은 유치원, 학교, 요양시설에 가고 싶어 하는 겁니다. 시장에서 1차 분배의 형평성이 약화되면서 재분배에서의 사회연대성이나 평등주의가 약화되고 있죠.

이상이 진보진영에서는 동일노동 동일임금을 참 쉽게 이야기하는데요, 하면 좋은 거 누가 모릅니까? 문제는 스웨덴 같은 몇몇 나라를 제외하면 역사적으로 동일노동 동일임금을 제대로 시행한 사례가 있었냐는 거예요. 거의 없습니다. 다만 산별노조가 잘 구축된 나라에서 그 격차를 최소화할 수 있었던 거죠.

김윤태 그건 전구가 나갔는데 전기 발전시스템을 통째로 바꿔야 한다는 소리와 같은 거예요. 비정규직 철폐가 아니라 줄일 수 있는 방안이 있다면, 그걸 먼저 찾아야죠.

지금 한국에서는 청년실업이 심각한데요, 정부 통계는 8퍼센트 수준이지만, 취업 준비생 등을 고려하면 사실상 20퍼센트를 넘을 것으로 추정됩니다. 그런데 비정규직 채용을 제한한다고 해서 이 문제가 해결될까요? 물론 지나치게 파견근로제를 허용하는 것은 규제해야 합니다. 동시에 기업이 자발적으로 고용을 확대하도록

내 아이가 살아갈 행복한 사회

인센티브를 도입해야죠. 중소기업이 청년 정규직을 채용하면 세액을 공제해주거나 인건비를 지원하거나 하는 방법이 있겠죠. 벨기에도 청년실업률을 줄이기 위해 청년 고용 기업의 세제 인센티브를 도입했어요. 그 밖에 고용보험 등 사회보장비용 지원도 검토할수 있고요.

이상이 저는 경제에 대한 국가의 개입주의, 즉 조정시장 경제를 해법의 한 축으로 봅니다. 다른 한 축은 보편적이고 적극적인 복지입니다. 결국 신자유주의 경제가 아닌 공정하고 혁신적인 시장경제로 가야 한다는 거죠.

김윤태 평생고용이 보장되면서 높은 임금을 받는 양질의 일자리를 많이 만들어야 합니다. 그렇다고 공기업 민영화를 주장하는 것도 해법은 아니에요. 공기업을 민영화하자는 논리는 비리를 저지르는 사람들이 있으니까 아예 공기업을 없애자는 건데요, 빈대가 있다고 집을 불태울 것까지는 없는 것 아닙니까?

임금격차가 많이 나는 건 대기업 임원 같은 상류층들의 자산소득이니 주식소득이니 하는 스톡옵션이 올라가서지, 노조 때문에 근로자들이나 공무원의 소득이 올랐기 때문이라는 건 엉터리 주장입니다. 그건 부유층들이 노동자들을 사분오열시키는 소리예요.

우리 사회의 강자들이 비정규직을 줄이고 최저임금을 올리고 공정한 경제를 만드는 데 동의해야 합니다. 또 비정규직들도 노조를 조직하고 자기네들의 임금을 스스로 올려야지, 정규직 노조를 비난만 해서는 안 됩니다. 정규직이 비정규직과 연대하지 않은 걸 비판할 수는 있지만, 그들이 투쟁해서 얻어낸 결과마저 비난할 수는 없어요.

[이상이] 비정규직과 저임금 노동에 대한 근로조건이 개선되고 임금이 올라가면 근로자들의 조직력도 높아질 겁니다. 지금의 우리 현실에서 하루 여덟 시간씩 근무해서는 근로빈곤을 벗어날 수가 없으니 하루 열두 시간씩 일하잖아요. 그날그날 살아가기도 고단하고 지치는데, 사회적 연대니 사회통합 같은 걸 생각할 여유가 있겠어요?

우리나라의 노조 조직률이 현재 9.9퍼센트인데, 이게 30~40퍼센트쯤으로 높아진 다음에 세상이 바뀔 거라 기대하면 늦습니다. 최저임금을 높이고 적극적 산업정책과 노동시장 정책을 추진해서 비정규직과 저임금 근로자들의 여건이 전반적으로 개선됐을 때 비로소 노동조합의 조직률이 높아지는 겁니다.

비정규직과 영세 정규직의 조직률이 높아지면 노동운동의 새로운 국면이 열릴 겁니다. 또 이들 근로자들의 조직력이 우리나라의 진보개혁 정치를 뒷받침할 때 복지국가가 미래로 나아가는 선순환 구조를 걷게 될 겁니다.

내 아이가 살아갈 행복한 사회

다섯 번째 대담

주거불안
사기 위한 집, 살기 위한 집

한국사회에서 유독 부동산 투기 열풍이 심한 이유는 무엇일까? 집 없는 서민들이 전세난으로 고통을 받는 원인은 무엇일까?

이번 대담에서는 한국의 주택시장이 전적으로 시장논리로 운영되기 때문에 겪어야 하는 문제점에 관해 살펴본다. 특히 한국의 빈곤층이 주택문제로 인해 겪는 고통을 어떻게 해결할 수 있을지 그 해법을 모색하는 데 이야기의 초점을 맞추었다. 또한 주거복지가 새로운 복지정책의 중심이 되어야 하는 이유를 제시하는 것도 이번 대담의 핵심 내용이다.

주택은 인간의 기본권이다

김윤태 한국의 복지정책에서 주거복지는 거의 무시되어왔어요. 집이야말로 복지의 기본 아닙니까? 한국의 공공주거는 임대주택인데, 그것도 5퍼센트 수준에 불과해요. 국민들도 '내 집 마련'에 대한 열망이 강하면서도 집이 국가가 제공하는 복지라고 생각하지 않아요. 주택은 시장에서 거래하는 재화, 심지어 투기 대상이었죠. 그래서 돈 많은 사람들은 땅과 집을 사들여 축재하려고 하고, 집 없는 사람들은 전세, 월세를 전전하고 있습니다.

반면 대부분의 복지국가는 주거복지를 중요한 사회정책으로 봅니다. OECD 국가의 공공주택은 거의 11.5퍼센트 수준입니다. 유럽의 네덜란드는 32퍼센트, 오스트리아 23퍼센트, 덴마크 19퍼센트, 스웨덴이 17퍼센트로 평균보다 높은 편이죠.

이상이 우리나라 주택 공급율이 진작에 100퍼센트가 넘었다는데 아직도 집 없는 사람이 많아요. 집값, 땅값도 지나치게 비싸고요. 대규모 토건자본을 운용하는 토건경제 세력도 너무 많습니다. 그들이 정치권과 연계하여 고분양가 정책 등 공급 위주 정책을 펴고 있으니 공급이 100퍼센트가 되었는데 집값은 계속 오르는 기현상이 벌어졌어요. 그 때문에 집이 주거공간이 아니라 자산증식의 수단이 되었고, 온 국민이 집에 대해 투기 심리를 갖는 희한한 나라가 되었죠.

김윤태 우리나라는 산업화 과정에서 주택이나 부동산시장에 대한 공공성을 소홀히 했어요. 주택 마련의 책임을 모두 개인에게 떠넘겼죠.

이상이 정부가 적절한 주거정책수단을 확보하지 못하는 건 한국 사람들이 집에 대해 갖는 양가감정 때문이라고 생각해요. 집은 인간의 기본권이므로 모든 국민에게 집이 보장되어야 한다는 주거공간으로서의 주택 개념이 있는가 하면, 다른 한편으로는 '나도 값비싼 집, 부동산 가격이 오르는 집을 갖고 싶다'는 자산증식과 이윤추구의 욕망이 있습니다. 양쪽을 다 만족시키는 정책수단을 찾아내기란 어렵죠.

김윤태 개인 소유를 인정하는 시장경제에서 국가가 강제하기에는 현실적으로 한계가 있어요. 큰 방향에서 대안을 마련해야 하는데, 저는 두 가지 가능성을 생각합니다. 첫째, 중산층 이상이 자산으로써 주택을 소유하는 자본주의 심성 자체를 무조건 억제하기는 어렵습니다. 대신 주거 목적이 아닌 투기 목적으로 주택을 소유하는 것을 규제해야죠.
둘째, 하위 30~40퍼센트의 저소득층이나 신혼부부에게는 정부가 사회주택이나 공공주택을 제공할 의무가 있어요.

내 아이가 살아갈 행복한 사회

이상이 스웨덴은 정부가 철저하게 1가구 1주택 원칙을 보장합니다. 대부분의 주택이 임대 형식으로 운용되고, 저소득층에 대해서는 지방정부가 임대료를 보조해줍니다. 이렇게 하면 주거 기본권이 자연스럽게 확립되죠. 주택 규모는 가족 수에 따라 정해지기 때문에 1인 가구, 2인 가구, 3인 가구별로 법정 평수가 달라요.

한국도 1가구 1주택 원칙을 적용하면 부동산 투기 붐이 사라질 겁니다. 그러려면 토지가 공공재 내지 준공공재라는 인식이 마련되어야 합니다. 그런데 한국은 온 국민이 부동산을 욕망의 대상으로 바라봐요. 내 집 마련이라는 국민들의 욕망과 건설자본의 공급주의 욕망에 정부가 연합한 거죠. 3자가 교묘하게 결합하면서 주거 문제를 어렵게 만들어놨어요.

김윤태 중산층의 자산증식 문제는 조세를 통해 상당 수준 규제할 수 있겠지만, 이미 노무현 정부 때 경험했듯이 한계는 많아요. 최근 금융 수요 자체를 규제했던 총부채상환비율Debt to income, DTI 효과는 나름 의미가 있었다고 봅니다. 그러나 부동산 전체의 가격 안정화도 중요하지만 메뚜기처럼 전·월세를 전전하는 저소득층을 정부가 지금 이대로 방치해서는 안 됩니다.

공공주택을 관리하는 방법에도 많은 차이가 있어요. 영국 노동당 때의 공공주택과 싱가포르의 공공주택은 그 성격이 다른데요, 영국에서 공공주택은 개인이 30~40년씩 모기지로 상환하면서 거주할 수 있지만, 자가 소유는 할 수 없습니다. 반면 싱가포르에서

> **총부채상환비율** 금융부채 상환능력을 고려하여 주택 담보를 이용한 은행 대출을 규제하는 제도

는 임대료를 상환하면 자가 소유가 가능하게끔 했더니 입주민들이 동네를 훨씬 잘 가꾸는 효과가 있더라는 거예요.

영국에서 지방자치단체가 만든 공공주택인 카운슬 하우스council house를 가봤는데 지저분한 우범지역이 되어 전혀 관리가 안 되고 있더군요. 시 정부의 재정이 부족해 제대로 투자하지 못하는 이유도 있고요.

이상이 자가주택 거주자와 임대주택 거주자가 분리되는 경향도 있어요. 그러면 임대주택 지역이 게토ghetto같이 바뀌죠. 미국의 대도시도 마찬가지고요.

김윤태 저소득층을 위한 공공주택과 세입자를 보호하는 장치가 필요합니다. 예컨대 전·월세 가격의 상한선을 규제하는 거죠. 저도 2002년 서울에서 전세를 살았는데 집 주인이 한꺼번에 전세 보증금을 4,000만 원이나 올려달라고 해서 황당했던 적이 있어요. 세입자는 선택의 여지가 없으니 울며 겨자 먹기로 집주인의 요구를 따르거나 더 싼 집으로 이사할 수밖에 없죠.

그러나 유럽의 많은 나라에서는 임대료 인상의 상한선이 정해져 있어요. 독일 베를린의 경우에는 1년에 약 15퍼센트 이상 인상하지 못하도록 규제합니다. 이런 이야기를 하면 한국에서는 자유시장 경제의 원칙에 어긋난다고 들고일어나겠죠.

서울시는 이명박 시장 재임 시절 공공주택에 관심을 두지 않고 뉴타운에만 올인했는데요, 결과가 어땠습니까? 부동산 투기 붐으로 땅값만 오르고, 전세난이 심해졌죠. 가난한 서민들은 오랜 삶의 터전을 떠나야 했습니다. 서울특별시는 돈 많은 '특별한' 시민만 남고, 돈 없는 서민들은 싼 집을 찾아 경기도 인근으로 밀려났죠. 서울과 경기도, 서울 강남과 강북의 주거격차 문제는 주거의 공공성이 약하기 때문에 발생한 결과예요.

위태로운 하우스 푸어들

이상이 한국은 공공임대주택 비율이 10퍼센트, 장기임대주택은 3퍼센트 수준입니다. 공공임대주택은 임대 기간을 2~3년, 장기임대주택은 20년 이상 보증하죠. 장기임대주택 중심으로 정책을 개선하면 저소득층의 주거불안 문제를 해결할 수 있습니다.

무엇보다 최저주거기준*에 미달하는 가구 문제를 반드시 해결해야 해요. 현재 최저주거기준에 미달하는 가구가 전체의 13~14퍼센트나 되는데, 이들은 절대적 주거불안, 즉 길바닥에 나앉은 것과 별반 다르지 않아요. 이건 인간의 기본권 문제라고 할 수도 있어요. 상대적 주거불안도 심각합니다. 특히 30대에서 20대로 내려올수록, 중산층과 그 이하로 내려올수록 절대적 주거불안으로 전환되고 있죠. 전세 가격 상승으로 2년마다 변두리로 밀려나거나, 그나마 있던 전세도 월세로 전환하고 있어요. 반전세·반월세까지 생겼잖아요. 그런데 월세 부담이

> **최저주거기준** 국민이 쾌적하고 살기 좋은 생활을 영위하기 위해 건설교통부 장관이 정하는 가구 구성별 최소 주거 면적, 용도별 방의 개수, 전용부엌, 화장실의 설비 기준, 안전성, 쾌적성 등을 고려한 주택의 구조, 성능 및 환경 기준을 말한다.

너무 큽니다. 보증금 1억 원에 월 임대료가 150만 원이나 하거든요. 월 300만 원 버는 도시 근로자 가구가 다달이 150만 원씩 내고 어떻게 삽니까? 더 심각한 것은 평생 그 신세를 못 벗어나는 거예요. 집세·교육비·생계비 부담은 다 늘어나는데, 소득만 제자리예요.

스웨덴은 철저하게 주거시장의 50퍼센트를 자유시장 경제에 맡겨놓습니다. 국민의 대부분이 자가주택에 살죠. 25퍼센트는 공공임대주택입니다. 지방정부가 임대주택회사를 운영해요. 지방정부가 직접 부동산 중개업소를 운영해서 사회적 약자에게 우선적으로 집을 구해줍니다. 그리고 나머지 25퍼센트가 민간임대주택이에요. 민간임대주택은 민간업자가 운영하지만 정부의 규제와 지원을 받기 때문에 엄밀한 의미에서 공공과 민간의 혼합이죠.

복지의 공급자가 공공으로만 구성되면 도덕적 해이와 비효율성이 나타나기 때문에 공공과 민간을 경쟁시키는 게 전 세계적인 추세입니다. 스웨덴도 과거에는 정부에서 공급을 주도하다가 최근에 공공민간 혼합 모델로 바꿨어요. 대신 공급의 효율성을 위해 재정은 정부가 책임집니다. 그러면 민간에 대한 감독도 철저하게 할 수 있으니까요.

우리나라의 집값은 이제 중산층도 못 살 만큼 비쌉니다. 대출을 받아서 집을 사야 하는데, 빚을 갚을 재간이 없어요. 그러니 결국 가계부채로 인해 국가경제도 불안해졌잖아요.

김윤태 《30대에 꼭 알아야 할 내 집 마련법》이란 책을 보면 '자기 돈으로 집을 사는 사람은 바보'라며 융자로 집을 갖는 게 제1원

내 아이가 살아갈 행복한 사회

칙이더군요. 그런 인식 때문에 부자들의 아파트 투기가 과열되었고, 중산층까지 대출을 받아가며 부동산 투기 바람에 가세했죠.

주거비용이 커져 가계부채 부담이 늘어나면 금리가 급상승하거나 수입이 끊어졌을 때 개인파산 혹은 신용불량으로 전락할 가능성이 커집니다. 그리고 가계대출 때문에 소비와 지출이 위축되어 내수시장이 침체되기 쉽고요. 그래서 집이 있는데도 가난한 사람들을 뜻하는 '하우스 푸어House Poor'라는 신조어도 생겼어요.

싱가포르 모델을 보면 공공주택이 중요한 역할을 합니다. 싱가포르에서는 공공임대주택이 80퍼센트이고, 자가주택이 20퍼센트입니다. 주택 가격이 굉장히 비쌉니다. 물론 비싼 집을 사기 위해 대출을 받기도 하지만, 대부분 상환능력이 있는 부자들이에요. 나머지는 소득 수준에 맞춰 공공임대주택에서 삽니다. 애초부터 주거 불안이 없어요. 싱가포르는 자유시장의 논리가 흥한 나라이지만, 좁은 국토면적에 인구밀도가 높고, 다양한 민족과 인종이 함께 살다 보니 계층격차가 커질 수 있기 때문에 사회통합을 위해 정부가 개입한 겁니다.

이상이 중산층에게까지 공공임대주택을 제공할 수만 있다면 빚을 얻으면서까지 집을 사느니 임대주택에서 월세를 내고 사는 편이 합리적이라고 봅니다. 특히 재산세를 올리면 극소수의 부자가 아니고는 부담스럽잖아요.

김윤태 부동산 가격이 안정되면 예측 가능한 가계지출을 유도하고, 소득에 맞춰 현실적인 범위 내에서 집을 구입할 수 있기 때문에 거품경제를 막을 수 있어요.

미국에서 서브프라임 모기지가 확산되었을 때, 캘리포니아의 부동산 가격이 2~3배나 치솟았어요. 영국에서도 1980년대에 부동산 가격이 50퍼센트 이상 폭등했죠. 부동산 투기가 2008년 금융위기와 유럽 재정위기 등 재앙을 가져온 겁니다.

그런데 사람의 심리가 집값이 올라가면 상당히 좋아하는 경향이 있어요. 미국이나 영국도 예외는 아닙니다. 자기 자산이 늘어난다고 생각해서죠. 그러나 부동산 가격이 상승하는 건 거품경제 때문입니다. 1980년대 일본의 부동산 거품이 대표적이죠. 부동산 시장이 붕괴하면서 일본 경제가 얼마나 큰 타격을 입었습니까? 최근에는 그리스와 스페인 등 남유럽의 부동산 거품이 꺼지면서 이들 나라의 재정위기를 부채질했죠.

노무현 정부 때 부동산 가격 안정을 위해 금융규제 정책을 도입했는데, 이미 부동산 가격이 폭등한 후였어요. 특히 강남이 심했죠. 그러나 부동산 버블이 발생하지 않도록 금융규제를 강화한 점은 긍정적입니다. 여기에 이명박 정부처럼 부동산 가격 하락을 우려해서 금융규제를 풀어주는 것은 오히려 문제를 키울 수 있어요.

이상이 부동산 대출로 인한 가계부채가 위험수준입니다. 2011년 한국의 가계대출이 911조를 넘겼어요. 이 가운데 2011년 기준 주택담보대출 비중이 43퍼센트예요. 그리고 가처분소득 대비 가계부채의 비율은 154퍼센트로 세계 2위입니다. 최근 부동산 거품이 터진 그리스와 스페인보다 더 심각해요.

김윤태 미국 경제학자 로버트 프랭크의《명품 열광*Luxury Fever*》을 보면 사람들이 큰 집을 사는 동기는 주거 목적이 아니라 사회적 지위를 과시하기 위해서라고 해요. 주거도 일종의 지위재positional goods라는 거죠. 넓은 평수, 좋은 동네에 사는 게 사회적 지위 · 명예 · 평판 · 체면을 유지하는 방법이라 생각하는 겁니다.

이상이 장관급 청문회를 보면 부동산 투기와 관련해서 안 걸리는 사람이 거의 없어요. 그만큼 정부가 국민들의 투기 심리를 조장해온 겁니다. 정부가 주거문제를 시장경제 논리로 해결하려 하면서 투기를 조장하고 부동산 거품을 야기했는데, 이것이 당대 사람들에게는 행복감을 주었지만 후대에겐 엄청난 고통이 되었죠. 지금 20대, 30대의 절망은 아버지 세대가 저질러놓은 원죄입니다.

박정희 전 대통령이 부동산 가격을 얼마나 올렸는지 아십니까? 100배는 더 올렸을 겁니다. 자동차 · 반도체 등 산업화 정책을 통해 경제가 고도성장하긴 했지만, 그 이면에 부동산 거품 성장이 엄청났어요. 역대 정권 대부분이 부동산 거품으로 소비를 조장하는 식으로 경제성장을 유도해왔죠.

보유세와 관련해 좀 더 이야기해볼게요. 확실히 자산가들이 세금을 덜 냅니다. 현재 한국의 보유세는 0.1퍼센트밖에 안 돼요. 부동산 포함 10억 원대의 자산가가 전체의 20퍼센트쯤 되는데, 이들에게 보유세를 매긴다면 한국은 당장 선진국이 될 겁니다. 그러나 저는 실패할 거라고 봐요. 조세정의를 외치는 사람들은 자산소득에 대해 보유세를 강화해야 하고, 각종 금융 관련 소득에도 세금을 더 부과해야 한다고 하지만, 지금까지 실현되지 않았고 앞으로도 쉽지 않을 거예요. 왜냐하면 상당수의 중산층과 부유층들이 이 대열에 대거 동참했는데, 이익구조가 워낙 강고하거든요.

김윤태 미국에는 10억 원 상당의 주택이 흔치 않아요. 부동산 거품 전에는 3억 원 정도만 있어도 LA에서 수영장 있는 집을 살 수 있었습니다. 그런데 서울 강남에 있는 웬만한 아파트는 죄다 10억 원이 넘는단 말이에요. 그들에게 매년 1퍼센트에 해당하는 보유세 1,000만 원을 내라고 하면 난리가 나겠죠.

이상이 보유세를 현실화해야 합니다. 0.1퍼센트인 현재 수준에서 당장 1퍼센트로 열 배나 올리는 건 불가능한데, 일부 자유주의 경제학자들은 이게 가능한 것처럼 자꾸 허상을 심어주고 있어요.

김윤태 노무현 정부 때 세금이 올랐다고 인식하는 건 재산세가 올랐기 때문인데요, 중산층과 서민들이 재산세로 10만~20만 원을 내다가 20만~30만 원을 내야 하면 부담스럽죠. 재산세를 한 번에 10~20퍼센트 올리는 것도 간단하지 않은데, 미국처럼 재산세를 1퍼센트로 만들려면 열 배 가까이 올려야 해요. 이걸 과연 몇 년 안에 실행할 수 있을까요? 어렵다고 봐요. 그러나 장기적으로 거래세는 낮추면서 재산세를 올리는 방향으로 가야 합니다. 대신 세율을 얼마나 올리는 게 적절한가에 대해서는 사회적 합의가 필요하겠죠.

당장은 재산세보다 양도소득세를 올리는 것이 시급합니다. 살고 있는 집 가격이 올랐다고 무조건 재산세를 올리는 것보다, 부동산 가격 상승으로 인한 소득은 불로소득에 대한 중과세만 필요하죠. 사실 부동산 가격이 상승하는 것은 1998년 외환위기 이후 은행권의 주택대출 규제를 완화하면서 시장의 과잉유동성으로 인해 발생한 거품이거든요. 이건 거품경제를 만든 정부가 책임질 일이지, 자가 주택을 보유한 중산층에게 갑작스럽게 세금을 올려 받는 것은 잘 못되었다는 말입니다.

이상이 저는 노무현 정부 때 도입했다가 이명박 정부가 무력화한 종부세를 원래대로 되돌려야 한다고 봅니다. 하지만 재산세 일반에 대한 과세는 점진적으로 강화해야 합니다. 10년, 20년에 걸쳐 단계적으로 인상하면, 장기간에 걸쳐 세수가 조금씩 늘어날 테죠.

김윤태 유럽에서도 지방도시는 집값이 비싸지 않아요. 그래서 한국보다 세율은 높은데도 재산세를 많이 내지는 않죠. 1억~2억 원 정도만 있어도 정원 있고 방이 세 개인 집에서 살 수 있어요. 한국은 강남 30평형대 아파트가 10억 원이 넘고 수도권 지역 아파트도 3~4억이 훌쩍 넘습니다.

장기적으로 외국처럼 세율을 높이자는 것도 결국 중산층에 대한 과도한 세 부담으로 여겨질 수 있습니다. 재산세의 급격한 인상은 민심에 반하는 것이라고 생각해요. 신중하고 국민이 공감할 수 있

BTO 수익형 민자사업(收益形民資事業)은 민간이 시설을 건설하고 직접 운영하는 사업을 뜻한다. 건설(Build), 이전(Transfer), 운영(Operate)순으로 이루어진다고 하여 BTO 사업이라 불린다.

는 접근이 요구됩니다.

이상이   저는 제주대학교 교직원아파트에 삽니다. 학교 부지에 지은 아파트인데 BTO● 방식으로 운영되죠. 제가 사는 곳은 40평형 규모에 방이 세 개이고, 보증금 5,000만 원에 월 임대료가 40만 원입니다. 아마 이 정도 규모의 민간아파트라면 못해도 월세 100만 원은 받을 겁니다. 아파트를 학교 부지에 지었기 때문에 이 수준으로 월세가 가능한 거죠. 이러한 매몰비용을 정부가 감수해야 해요. 그래야 중산층까지도 원하면 임대주택에 살 수 있습니다.

평수가 작은 곳은 매몰비용을 정부가 다 책임지고, 평수가 큰 곳은 일부 부담하는 방식으로 운영하면 이웃한 주거시장에도 영향을 주겠죠. 그렇게 해서 전반적으로 주거시장을 하향 안정화해야 합니다. 집을 보유하지 않아도 좋아요. 철마다 이사 다니지 않고 안정적으로 살 수 있다는 인식을 갖게 하면 공공임대주택과 민간임대주택이 활성화됩니다.

김윤태   주택도 복지 차원에서 보아야 합니다. 주택을 시장논리에만 맡기니까 주택 투기가 생겨나고 주거격차와 주거불안이 커지는 거예요. 부동산 거품은 가계대출만 늘리고 결국 경제위기를 부릅니다. **지금이라도 주택을 공공재로 보고 정부가 공공시장을 만들어야 해요. 그리고 저소득층에게도 최소한의 주거권을 보장해야 합니다. 사람이 쉬는 집은 일자리, 임금소득과 더불어 인간다운 생활을 위한 필수품 아니겠습니까?**

여섯 번째 대담

노후불안

준비 없는 은퇴는 시한폭탄이다

이번 대담에서는 노후불안을 해결하기 위한 연금제도의 개혁 방향에 대해 논의한다. 우리나라는 연금제도를 언제부터 도입하였으며, 전국민 연금시대가 개막한 이래 그 성과가 어떠한지를 평가한다. 어째서 한국의 노인빈곤률은 OECD 국가들 가운데 최고치를 기록하고 있는가? 심각한 수준의 노인빈곤은 우리 사회에 또 어떤 사회문제를 야기하고 있는가? 점점 심각해지고 있는 노인빈곤을 줄이고, 장차 심각해질 것으로 예상되는 베이버 부머의 은퇴 후 노후불안을 해결하기 위해서 우리 정부의 정책은 어떤 방향으로 나아가야 하는지 이야기를 나눠본다.

노인빈곤율, 노인자살율 세계 최고의 나라

이상이 한국의 노후불안 문제는 정말 심각합니다. 노후불안의 핵심은 역시 소득이겠죠. 그런데 노후에는 일자리를 얻기도 어렵고, 일을 한다 해도 대개는 저임금이기 때문에 기초생계를 해결하기가 쉽지 않아요. 결국 공적 소득보장 장치인 연금제도에 의존할 수밖에 없습니다.

김윤태 40~50대의 불안 정도도 심각합니다. 지금 65세 이상 노인들은 대부분 연금 자체를 모르고 살았기 때문에 체감하는 정도가 낮을 수 있겠지만, 현재 40~50대는 노후불안을 예견하면서 전전긍긍하고 있습니다. 준비 없는 은퇴는 사회적으로 엄청난 재앙이될 수 있어요. 지금 한국사회는 시한폭탄을 안고 있는 셈입니다.

이상이 우리나라에서 65세 이상 노인인구는 2010년 연말 기준 542만5,000명으로 전체 인구의 11.3퍼센트를 차지하고 있습니다. 그중 약 45퍼센트가 빈곤 상태에 있어요. 스웨덴은 노인빈곤율이 6퍼센트에 불과하고, 독일 등 대부분의 유럽 복지국가들도 10퍼센트 미만입니다. OECD 평균 노인빈곤율이 13.5퍼센트이니 우리나라는 OECD 평균의 세 배가 넘는 셈이죠.

소득대체율 연금 가입 기간의 평균
소득 대비 받을 연금액의 비율

또 한국의 노인자살률은 압도적인 1위인데, OECD 평균의 다섯 배입니다. 유럽에서 할아버지가 한 명 자살할 때 한국의 할아버지는 다섯 명이나 자살한다는 이야깁니다.

노인 자살의 원인은 빈곤, 핵가족화 시대의 외로움, 가족복지의 부재 등에서 찾을 수 있습니다. 어른을 모시려 하지 않고, 사회적 효도 시스템도 갖춰져 있지 않으니 노인의 삶이 고통스러울 수밖에요. 그나마 공무원연금·사학연금의 혜택을 받는 노인들은 사정이 훨씬 낫습니다. 소득대체율이 70퍼센트 정도 되거든요.

문제는 국민연금이 도입된 지 얼마 되지 않은 탓에 국민연금 수급율이 여전히 낮다는 사실입니다. 공무원연금·사학연금·국민연금을 다 합친 공적연금의 수급자 비율은 2011년 현재 65세 이상 인구의 31.8퍼센트에 불과해요. 그중에서도 국민연금의 수급자 비율이 28.3퍼센트로 가장 높습니다.

현재의 국민연금은 수령액이 너무 낮아요. 월 20만~30만 원, 많아야 50만 원 정도라서 그야말로 용돈 수준입니다. 현재 65세 이상의 노인인구 가운데 국민기초생활보장 대상자인 7.6퍼센트와 연금 수급자 31.8퍼센트를 합친 39.4퍼센트는 그나마 공적 소득보장의 혜택을 받고 있죠. 문제는 공무원연금과 사학연금 수령자를 제외하고는 그 금액이 너무 적어서 노인빈곤을 해소하는 데 아무런 도움이 되지 않는다는 거예요.

김윤태 유럽은 20세기 초에 이미 연금제도를 도입했고, 2차 세

내 아이가 살아갈 행복한 사회

계대전 이후에 보편적으로 확대 적용했어요. 그래서 현재 대다수의 노인들이 은퇴 이후 연금을 받고 있죠. 그런데 연금제도를 설계하던 1940~50년대에는 기대수명이 지금처럼 증가할 거라고 예상을 못했어요. 당시는 평균 기대수명이 60~70대 수준이었는데, 지금은 80대가 넘잖아요. 여기서 두 가지 문제가 발생했습니다. 첫째, 수명의 연장에 따라 연금 수령기간이 길어졌어요. 둘째, 출산율 저하로 경제활동 인구가 감소했습니다.

건강한 사람이 아픈 사람을 돕는 건강보험의 원리처럼, 연금의 기본 원리는 젊은 세대가 노년 세대를 부양하는 겁니다. 그래서 공적연금을 적립만 하지 않고 모은 돈을 사회복지에 지출하는 경우도 많았어요. 스웨덴의 경우 1940년대 이후 연금 기금으로 공공주택을 많이 건설했죠.

그런데 한국에서는 공적연금에 대해서 어떻게 인식하냐면요, 젊어서 은행에 넣어놓은 돈을 은퇴하고 난 다음에 받는다고 생각합니다. 청년실업·교육·보육 등에 쓰일 수 있는데도 말이죠, 한국 사람들은 그런 데 대한 거부감이 강해요. 그래서 국민연금을 주식이나 해외 펀드, 부동산 등에만 투자하는데, 사실은 이것도 위험이 결코 작지 않아요.

이상이 서유럽 국가에서 처음 연금이 설계될 때는 국가가 주도하는 연금의 비중이 높았습니다. 그러다가 1970년대 경제위기 이후 개인연금과 기업연금을 권장하는 분위기로 바뀌었죠. 연금이 고스란히 정부 재정 부담을 증가시키는 구조적인 원인이 되었거든요. 하지만 여전히 공적연금이 노후소득보장의 중심 역할을 하고 있어요.

김윤태 이탈리아·그리스·에스파냐처럼 경제 수준에 비해 연금이 관대하게 설계된 나라들은 큰 문제입니다. 에스파냐는 1970년대 민주화 이후 우파 정부가 들어서면서 신자유주의에 입각한 경제정책을 도입했는데, 동시에 사회복지도 크게 확대했어요. 복지예산 비율이 썩 높지는 않지만, 기대수명이 길어지다 보니 연금이 정부 재정에 큰 부담이 되고 있지요.

독일과 프랑스에서 은퇴 연령은 65세인데, 많은 사람들이 50대에 은퇴해요. 은퇴 후 연금으로 300만 원 남짓 받으니까요. 특히 독일에서 고도의 생산직 노동자는 은퇴 후 300만~400만 원 정도를 받기 때문에 연금으로 충분히 생활이 가능하고 문화생활도 충분히 즐길 수 있죠.

공적연금은 국가가 인간의 존엄성을 지킬 수 있도록 보장한다는 점에서 매우 중요한 복지제도입니다. 노후를 사회적 위험으로 규정하고 모든 국민이 공동으로 공적보험을 부담해야 한다고 했지만, 정부의 재정 부담이 이렇게까지 증가할 것이라고는 예견하지 못했어요. 그래서 1980년대부터 공적연금의 비중을 조금씩 낮추고, 공적연금 속에 소득비례 연금을 도입하는 연금제도 개혁을 단행했어요. 스웨덴에서도 국가 부담을 줄이는 방향으로 연금제도를 수정했고요.

한국에서도 공무원연금은 이미 적자가 발생하여 김대중 정부 때부터 정부 재정으로 적사를 보전하고 있어요. 국민의 세금으로 공무원연금을 주는 셈이죠. 그런데 아직도 공무원연금의 개혁에는 이렇다 할 진전이 없습니다. 특수 이익집단의 이해관계 때문에 조정이 어려운 거죠. 이건 한국뿐 아니라 전 세계 모든 나라에서 심각한 정치문제가 되고 있어요.

누구를 위한 국민연금인가

이상이 우리나라 연금제도의 역사를 살펴볼 필요가 있는데요. 노태우 대통령이 1988년 1월에 10인 이상 사업장 근로자를 대상으로 국민연금을 시작했어요. 임기 마지막 해인 1992년에는 5인 이상 사업장으로 확대했고요.

1995년 김영삼 정부 때는 우루과이라운드 Uruguay Round 때문에 농·어촌 주민들의 불만이 거세지자 이를 무마하기 위해 국민연금을 농·어촌으로 확대합니다. 그러다 1999년 4월, 김대중 정부가 법적으로 1인 이상을 고용하는 모든 사업장에까지 국민연금제도를 실시하도록 하면서 전국민 연금시대를 열었죠.

그런데 실제로는 전체 국민의 30퍼센트 정도가 여전히 사각지대에 있어요. 비정규직과 저임금 근로자들의 상당수가 국민연금에 가입하지 못하고 있거든요. 그들은 나중에 수급 연령이 되어도 국민연금을 전혀 못 받아요. 지금 가난한 사람들은 노후에도 공적 소득보장제도의 혜택을 누리지 못하는 거예요.

결국 국민연금이라는 보편주의 사회보험 제도가 보편성을 상실해버린 겁니다. 일종의 선별적 복지처럼 되어버렸어요. 가난한 사람들을 도와주는 게 아니라 부유하거나 그나마 형편이 나은 중산층의 노후를 도와주는 복지제도가 되어버렸단 말이죠. 이 문제를 빨리 해결해서 보편주의 사회보험인 국민연금의 원래 취지대로 노후소득을 필요로 하는 모든 국민들에게 혜택을 주어야 합니다.

김윤태 최근에 발표된 통계가 있는데요, 정부가 저소득층이나 노인 빈곤층을 돕는 공적 이전소득income transfer 외에 자녀가 부모에게 주는 생활비나 용돈 등 사적 이전소득도 모두 집계한 결과 자녀들의 약 50퍼센트가 부모에게 용돈이나 생활비를 준다고 답했어요. 금액은 월 평균 20만 원 정도인데, 양가에 준다면 40만 원이겠죠. 한국 도시근로자의 연 평균소득이 약 3,000만 원이라고 했을때, 연 480만 원은 결코 적지 않은 부담입니다.

노인 부양을 누가 책임져야 하는지 물어보면, 자식이 아닌 국가가 책임졌으면 좋겠다는 대답이 7 대 3 혹은 8 대 2 정도 됩니다. 주거비며 교육비 마련하기도 힘들어 맞벌이 부부가 늘고 있는 추세인데, 노부모까지 부양하기에는 너무 벅차다는 거죠.

앞으로 베이비붐 세대의 노후문제는 더욱 심각할 겁니다. 최근 여론조사를 보면 1953~1963년에 태어난 사람들 중 절반이 노후 준비가 전혀 안 돼 있다고 해요. 준비한다는 사람도 집 한 채 가진 게 고작이고요. 국민연금에 가입해서 40년 동안 보험료를 납부할 경우 소득대체율이 40퍼센트 수준인데, 베이비붐 세대는 대부분 실제 가입기간이 25년도 안 되기 때문에 소득대체율 25퍼센트 수준이라고 봐야 해요. 실수령액이 형편없죠.

베이비부머가 본격적으로 은퇴하기 시작하는 2011년부터는 갈수록 어려움이 커질 겁니다.

이상이 현재와 같은 국민연금의 적립방식도 점검해봐야 합니다. 2012년 현재 국민연금의 적립 액수가 약 367조 원인데, 본격적인 수령자는 아직 나타나지 않았기 때문에 앞으로 10년간은 기금이 계속 누적될 것이고, 그러면 1,000조 원 정도 까지 가겠죠. 그런데 이게 잘못하면 재앙이 될 수 있어요.

모으는 게 좋은 것만은 아니에요. 공적연금에는 적립하는 방식도 있고, 부과하는 방식도 있거든요. 빠르면 2053년, 늦어도 2060년이면 국민연금 기금이 고갈된다고 하는데, 그 돈이 산술적으로 줄어드는 건 사실 별 의미가 없다고 봐요. 어차피 연금은 세대 간의 소득 이전, 즉 후속 세대가 이전 세대를 부양하는 제도잖아요. 이제는 스웨덴처럼 적립식과 부과식을 혼합 운영해야 지속 가능성이 높아집니다.

앞으로 40~50년 지나서 국민연금 기금이 고갈되면 못 받는 게 아닐까 우려하는 사람들이 있는데 그건 기우예요. 국가가 법적으로 연금을 주기로 되어 있으면 적자 재정을 편성하든 세금을 더 걷든, 어떻게든 국가가 책임을 집니다. 아마도 그때가 되기 전에 자연스럽게 부과방식으로 전환될 겁니다. 후속 세대의 소득에서 빼서 부양하는 식이 되는 거죠.

그런데 정말 중요한 것은 공적연금이 사각지대가 없는 실질적인 노후보장이어야 합니다. 지금 우리의 조건에서는 그게 불가능해요. 당장 국민의 30퍼센트가 연금 보험료를 안 내고 있는데, 상대빈곤 혹은 절대빈곤에 있는 사람들이거든요. 연금 보험료를 내라고 해도 못 내고, 내봤자 몇 푼 안됩니다. 또 노년에 수령할 연금이라고 해봤자 기초생계비에도 못 미치는 푼돈이에요. 별도의 방법을 강구해야 합니다.

김윤태 그래서 유럽에서는 국가가 직접 기초연금을 제공하는 경우가 많죠.

이상이 스웨덴에서는 공적연금이 최저보장연금과 소득비례연금의 2층 구조로 되어 있는데, 그 재원은 가입자인 국민이 직접 납부하는 소득의 7퍼센트와 고용주가 내는 사회보험기여금(고용하고 있는 근로자 소득의 31.42퍼센트)의 일부와 합쳐 자기 소득의 18.5퍼센트를 국가가 연금보험료로 징수하는 것으로 마련됩니다. 스웨덴에서는 노후소득 보장을 노인의 인권으로 간주하기 때문에, 65세가 넘은 스웨덴 국민이면 누구나 최저보장연금을 제공받죠. 정부가 독신노인에게는 1인당 월 126만 원, 부부 또는 동거세대 노인들에게는 1인당 월 112만 원을 지급합니다. 젊었을 때 보험료를 열심히 냈든, 한 푼도 안 냈든 상관없어요. 스웨덴 국민이라면 누구나 이러한 혜택을 받습니다.

　　물론 소득이 있을 때 꼬박꼬박 보험료를 납부했던 사람들은 낸 금액에 비례하여 연금을 더 받는데, 이게 소득비례연금입니다. 그런데 스웨덴의 공적연금은 소득대체율이 50퍼센트 정도밖에 안 돼요. 그래서 대부분의 근로자들은 노사 간의 단체협약을 통해 회사 측이 근로자 월급의 4.5퍼센트를 보험료로 내서 협약연금에 가입합니다. 또 많은 사람들이 개인연금에 가입하고 있고요. 그러니 협약연금과 개인연금이 국가의 개입 없이 민간수준에서 이루어지는데, 이게 3층을 이루죠. 그래서 스웨덴 연금은 3층 구조로 볼 수 있습니다.

그런데 우리나라에서는 당장 기초연금을 대폭 인상하기가 현실적으로 어렵죠. 그래도 가급적 빠른 시기에 월 30만 원 정도는 보장해야 합니다. 그래야 노인들의 자살 행렬을 조금이라도 줄일 수 있습니다.

우리나라도 지금의 적립식 국민연금을 부과식으로 바꾸어 나가야 해요. 부과식 기초연금으로 65세 이상의 모든 노인들에게 월 30만 원 정도를 나눠준다면, 그 위에 얹히는 소득비례연금의 금액이 비록 적더라도 최소한 1인당 월 60만 원 이상 받을 수 있거든요. 그 정도 금액이면 자기 집이 있다는 전제하에 기초생계비는 되죠. 부부 각자의 몫을 합산하면 100만 원 조금 넘을 테고요. 그런 취지로 만들어진 제도가 기초노령연금이에요. 기초연금을 약 30만 원 수준까지 끌어올리는 것이 관건입니다.

김윤태 그런데 현재 월 수령액은 최고 9만4,000원 정도에 불과하니 갈 길이 멀죠.

합리적인 연금개혁을 요구한다

[이상이] 현재 우리나라는 기초노령연금법과 국민연금법이 분리되어 있는데요. 이걸 통합해서 국민연금법 안에 1층의 기초연금과 2층의 소득비례연금을 두어야 합니다. 왜냐하면 지금은 정부가 돈이 없어서 월 30만 원씩의 기초연금을 지급할 수가 없거든요. 그러니까 15만 원은 세금으로 조성된 정부 재정에서 끌어오고, 15만 원은 국민연금에서 가져다 쓰자는 겁니다.

이러한 발상은 사실 노무현 정부 말기에 한나라당이 제안한 겁니다. 한나라당은 기초연금을 30만 원 정도로 보장하자고 주장하면서, 65세 이상 노인이면 누구든 자격이 되니까 이건희 회장에게도 기초연금을 지급해야 한다고 했습니다. 대신 2층의 소득비례연금은 소득대체율을 20~30퍼센트 수준으로 확 낮추자고 했죠. 그러면서 지금까지 적립된 국민연금의 돈을 기초연금으로 일부 가져다쓰자고 했어요.

아이러니하게도 그걸 진보 정권인 노무현 정부가 수용하지 않았어요. 정부 재정이 없다는 게 이유였어요. 당시 진보 성향 전문가들도 한나라당의 방안을 지지했지만, 국가 재정을 걱정한 유시민 전 보건복지부 장관이 소극적인 선택을 한 겁니다. 사실 당시 한나라당도 이걸 진짜로 할 의향은 없었던 것 같습니다. 이후 정권을 잡았지만, 이명박 정부는 연금개혁을 아예 못 본 척했거든요. 아마도 이명박 정권은 연금개혁과 관련하여 아무것도 하지 않은 유일한 정부일 겁니다.

사실 기초노령연금의 수령액을 정하는 문제는 매우 까다롭습니다. 소득에 따라 기준 금액이 다르거든요. 금액이 제각각이니 선별 비용이 많이 들고, 공정성 문제가 끊이질 않죠. 이런 건 보편주의가 아니에요.

2008년 1월 처음으로 기초노령연금이 지급될 당시에는 전체 노인의 60퍼센트에게만 지급되었어요. 최고금액은 월 8만4,000원이었죠. 이 최고금액은 소득인정액이 월 40만원 미만인 노인에게만 지급되었습니다. 나머지 대상자에 대해서는 소득인정액에 따라 월 2만 원에서 8만 원까지 지급했습니다. 이것이 조금씩 인상되다가, 2012년 7월 현재 만 65세 이상 노인의 70퍼센트에게 월 9만4,600원을 지급하고 있죠. 점차 나아지고는 있습니다.

김윤태 우선 기초노령연금의 급여액을 현실적으로 상향 조정해야 해요. 그리고 소득비례연금을 운영하는 건 불가피합니다. 그런데 연금 납부 비율이 OECD 평균보다 9~11퍼센트 낮다고 알고 있어요. 그럼에도 불구하고 지금 서울 강남에서는 국민연금에 가입하는 것이 인기를 끌고 있다고 하잖아요. 정부가 운영하는 연금은 망하지 않을 거라는 기대감이 있어요.

실제 국민연금 도입 초기에는 국민의 가입을 유도하기 위해 관대하게 설계한 측면이 있어요. 그래서 초기에 은퇴하여 수령한 사람들은 자기가 낸 액수보다 훨씬 더 많이 받아갔습니다. 그래서 최근 정부가 연금 부담률은 올리면서 연금 수령액은 낮추고 있어요. 저출산 고령화로 경제인구가 감소하는 현실을 감안한다면, 연금 수령액 수준을 처음 약속대로 유지하기는 어렵습니다. 이미 공무원연금은 적자거든요. 김대중 정부 이래 20년 가까이 국민 세금으로 적자를 보전하고 있어요. 국민연금과 형평성이 맞지 않는다는 점에서도 심각합니다.

이상이 유럽 국가들도 이미 연금제도 개혁에 나섰지요.

김윤태 관대한 연금으로 유명한 독일도 1990년대 후반 슈뢰더 사회민주당 정부가 집권하면서 연금개혁을 추진했어요. 연금수령액이 은퇴 이전 소득의 70~80퍼센트 수준이었는데 점점 줄어서 지금은 50퍼센트 정도입니다. 한국도 처음에는 60퍼센트였다가 40퍼센트로 내리니까 '용돈연금'이라는 말이 있잖아요. 실제로 소득비례연금으로도 받는 게 너무 적어요.

인구 고령화 속도를 계산해보았을 때 우리나라도 40~50년 뒤면 연금 재정이 고갈될 거라고 예측하고 있습니다. 국민연금의 재정 고갈이 우려되면 지금의 보험료율 9퍼센트(근로자와 사용자가 각각 4.5퍼센트씩 부담)를 선진국 수준으로 인상해야 할 텐데, 정부 여당도 국민연금을 더 걷자고는 못합니다. 지급액을 줄이자고 할 뿐이죠. 그러다 보면 공적연금 자체가 약화되어 개인이 각자 노후를 책임지는 사회로 후퇴할 우려가 있습니다.

연금 수령액을 하나의 비율로 제시하기는 어렵습니다. 제가 보기에 국민연금의 평균 소득대체율을 50퍼센트 수준으로 하고, 기초연금을 통합해 좀 더 관대하게 제공하는 것도 방법입니다.

한국에서는 기업연금이 오랫동안 퇴직금제도로 운영되어왔어요. 최근에는 퇴직금제도를 연금제도로 바꾸면서 조세 인센티브를 주려고 합니다. 과거에는 퇴직 이전에 개인이 원하면 중간정산을 통해 미리 받기도 했어요. 지금도 일부 노동계에서는 중간정산을 허용하자고 주장하지만, 장기적으로는 연금제도로 전환하여 노후 보장을 강화해야 합니다.

1990년대 이후 OECD의 연금제도 구조조정 계획이 공적연금 단일체제보다 공적연금, 기업연금, 개인연금 등 다층체제를 지지하기 때문에 신자유주의적 계획이라는 비판도 있어요. 그러나 개인연금을 활성화하고 개인연금에 대한 조세 인센티브를 확대하는 것은 불가피하다고 봐요. 다만 이런 제도가 너무 확대되면 결국 개인이 노후를 알아서 책임지게 되고, 소득 재분배 효과는 없어지고, 공적연금이 위축되어 실질적인 사회안전망이나 사회보호 장치의 기능을 상실할 수 있습니다. 장기적으로 연금제도는 공적연금(기초연금＋소득비례연금), 기업연금, 개인연금 등으로 균형적인 구조개혁이 이뤄져야 합니다.

이상이 연금제도와 관련해서 최근 세계적으로 퇴직 연령도 논란이 되고 있죠.

김윤태 '70세는 노인이 아니다. 70이 넘어야 노인이다'라는 말이 있죠. 실제로 노인들 대부분이 그렇게 생각하고 있습니다. 2011년도 노인실태 조사에 따르면, 우리나라 65세 이상 노인들의 59.1퍼센트는 70~74세를 노인이라고 생각한다고 답변했어요. 그리고 우리나라 노인들의 60퍼센트 정도는 일자리를 원해요. 그러니 노인 취업률을 높이는 게 정부의 연금 부담을 줄이는 하나의 방법이 될 수 있습니다. 따라서 장기적으로 조기퇴직을 줄이고 경제활동이 가능한 노인인구가 생산활동에 종사하도록 인센티브를 주면서 일자리를 창출해야 합니다.

연금 수령 기준을 2년 정도 늦춘다든지, 조기퇴직을 하더라도 연금은 정해진 시기부터 받아야 한다는 요구가 커지고 있는데요. 한편으로는 퇴직 연령이 늦어지면 청년실업률이 악화될 것이라는 우려도 있어요. 그래서 퇴직 연령의 조정은 딜레마에 처해 있습니다. 몇 년 전 프랑스 정부가 퇴직 연령을 늦추려 하자 수십만 명의 청년들이 거리에 나와 저항하지 않았습니까? 이런 문제들에 대해 충분한 사회적 합의가 있어야 해요. 워낙 저출산 고령화 속도가 빠르다 보니 제도의 변화가 미처 못 따라가고 있는데, 우리나라도 연금 개혁의 시기를 놓치면 안 됩니다. 다음 정부와 다음 세대에 큰 부담을 줄 수 있어요.

난마처럼 얽혀 있는 연금개혁을 위해서는 장기적으로 균형 잡힌 시각과 종합적인 정책이 필요합니다. 개혁 방향이 공적 책임을 줄이면서 개인의 책임만 늘리고, 소득 재분배 효과는 악화시키지 않도록 해야 합니다.

내 아이가 살아갈 행복한 사회

일곱 번째 대담

의료불안

의료민영화의 위험한 함정

이번 장에서는 한국의 의료불안을 살펴보고 새로운 대안을 논의한다. 한국의 민간의료보험 시장이 점점 커질수록 공공의료보험이 약화되는 원인을 분석하고, 이와 관련한 정부 정책이 어떻게 잘못되었는지를 지적한다. 김대중 정부가 조합방식의 의료보험제도를 하나로 통합하여 국민건강보험제도를 창설하면서 우리나라의 의료보장이 빠르게 발전했지만, 최근 수년간 지속되어온 의료민영화 시도가 어떻게 국민건강보험을 위협하는지를 논의할 것이다.

노무현 정부가 활성화한 실손형 의료보험이 어떻게 보험회사와 재벌의 배를 불리고 있으며, 국민건강보험제도를 어떻게 위협하고 있는지도 구체적으로 살펴본다. 또 국민건강보험의 보장성 비율을 올리고 공공성을 높이는 일이 바로 건강불평등을 줄이는 핵심 과제라는 점을 지적한다.

민간의료보험의 잘못된 등장

김윤태 최근 복지운동의 가장 뜨거운 쟁점이 의료개혁인데요, 그중에서도 '건강보험 하나로 운동'은 의료불안을 해결하기 위한 대표적인 시민운동 아니겠습니까?

이상이 2007년 7월에 공식적으로 발족한 복지국가소사이어티가 '국민의 5대 불안'을 지적했습니다. 보육과 교육, 의료, 일자리, 주거, 노후불안이 그것이죠. 그런데 당시 민주당의 정동영 후보 캠프에서는 이중에서 4대 불안만 받아갔어요. 제가 '왜 의료불안은 뺐냐?'고 물었더니 '의료불안은 국민건강보험제도 덕택에 상대적으로 불안이 많이 줄어들어서 그랬다'고 하더군요. 맞는 말이긴 하지만 여전히 우리네 민생에서 의료불안은 곳곳에 도사리고 있습니다.

고용보험이나 국민연금은 사각지대가 30퍼센트를 넘는 반면 국민건강보험은 국민기초생활보장 대상자 즉, 무상의료 대상자를 제외한 97퍼센트의 국민을 하나의 제도 틀에 묶어주고, 사회연대성의 범위가 전국적으로 미치는 보편적인 복지제도입니다.

그런데 한 가지 큰 결함이 있습니다. 국민건강보험의 보장성 수준이 60퍼센트밖에 안 된다는 겁니다. 환자의 자기부담 비율이 무려 40퍼센트나 돼요. 노무현 정부 말기인 2007년엔 64.5퍼센트까지 올라갔는데, 이명박 정부 들어 60퍼센트로 떨어졌습니다.

국민건강보험의 보장률이 떨어지면 의료불안이 커지고 민간의료보험을 택하게 됩니다. 현재 우리 국민의 70퍼센트가 민간의료보험에 가입했고, 월 보험료로 1인당 12만 원씩이나 내고 있어요.

김윤태 건강보험 보장성 수준이 떨어지면서 국민들의 의료불안 체감도가 높아졌죠. 민간의료보험은 '내 딸도 내 어머니도 아닌' 오직 나 혼자서만 보험의 혜택을 보는 겁니다. 국가적 연대성을 위하기는커녕 가족 간의 연대성도 보장하지 못하죠. 그래서 온 가족이 개인 단위로 민간의료보험에 가입하잖아요.

실제로 환급받는 비율은 40퍼센트 정도입니다. 보험회사는 공식적으로 70퍼센트 정도 된다고 말하지만, 계약을 계속 이어가는 사람들만 혜택을 받는 거고요. 민간의료보험의 특성상 중도에 해지하는 경우가 많습니다. 그런 요인까지 다 고려하면 실제로 환급받는 비율은 납부한 보험료의 40퍼센트 정도에 불과하고, 나머지는 보험회사가 사업비로 쓰거나 이윤으로 가져갑니다.

이상이 국민건강보험은 건강보험료를 고용주와 피고용주가 반반씩 부담합니다. **노동자가 건강보험료를 10만 원 내면, 고용주도 10만 원을 내고, 이 둘을 합한 금액의 20퍼센트인 4만 원을 국가가 정부 재정에서 부담하도록 국민건강보험법이 규정하고 있어요. 노동자가 건강보험료로 월 10만 원을 내면, 실제로는 월 24만 원의 건강보험료가 만들어지는 거예**

요. 그리고 이 돈을 우리 모두가 필요한 만큼 함께 사용하는 거죠. 10만 원이 24만 원으로 불어났으니, 내가 낸 금액의 두 배가 넘는 돈을 내가 돌려받는 거죠. 그런데 희한하게도 대한민국이라는 국가는 이 좋은 제도를 더 이상 발전시키지 않고 있어요.

김윤태 저 역시 국민건강보험의 힘이 약화되고 민간의료보험의 비중이 커지면, 국민 개개인의 부담은 커지고 보험회사만 이익을 얻게 되는데, 왜 굳이 정부가 이걸 하려는지 의문을 가졌어요. 노무현 정부 때 민간의료보험 시장을 키워서 재벌의 계열사인 생명보험회사들에게 큰 선물을 주었죠.

이상이 노무현 정부가 국민을 민간의료보험으로 내몰았던 거죠. 민간의료보험에는 실손형과 정액형의 두 종류가 있어요. 실손형은 실제로 발생한 손해를 보상해준다는 의미인데, 보험회사가 환자의 본인부담 의료비를 전부 책임지는 겁니다. 정액형은 사고가 발생할 경우 약정된 일정액을 주는 방식이죠. 가령 암에 걸리면 3,000만 원이든 5,000만 원이든 약정된 금액을 일시불로 주는데, 이 돈을 병원비로 쓰든 생활비로 쓰든 그건 수령자인 암 환자가 알아서 하면 됩니다.

여기서 의료민영화와 관련하여 문제가 되는 것은 실손형 민간의료보험입니다. 실손형 민간의료보험은 국민건강보험과 기능이 동일하기 때문에 국민건강보험의 보장성이 낮아질수록 호재가 됩니다. 이 실손형 의료보험 상품은 원래 손해보험회사들만 판매할 수 있었어요. 손해보험회사는 손해보험인 실손형 의료보험 상품을 팔고, 생명보험회사는 생명보험 상품을 파는 식이었죠.

그런데 이 규칙이 무너졌어요. 2005년 노무현 정부가 보험업법을 개정하면서, 삼성생명 같은 생명보험회사들도 실손형 의료보험 상품을 판매할 수 있게 해주었습니다. 그래서 지금은 생명보험 회사들이 경쟁적으로 실손형 의료보험 상품을 판매하고 있고, 매년 20~30퍼센트씩 시장을 확장하고 있어요. 저는 이것을 민간의료보험의 활성화 조치라고 정의합니다.

김윤태 이명박 정부도 출범하자마자 의료민영화를 시도했죠. 의료 분야를 산업화하고 영리화해서 영리병원도 짓고 민간의료보험도 활성화해서 경제성장률을 올리고 싶어 했죠. 하지만 촛불집회가 열리는 등 시민사회의 거센 반발로 진도는 거의 나가지 못했습니다. 저는 이게 우리 국민의 뜻이라고 생각합니다.

공짜 의료보장은 없다

이상이 상당수의 유럽 국가들은 제도적으로 국민의료를 거의 완벽하게 보장하고 있습니다. 사실상 무상의료를 하는 거죠. 즉, 환자가 의료서비스를 이용하는 시점에 직접적인 경제적 부담을 지지 않게 한다는 뜻입니다.

혹자는 무상의료를 사회주의 의료로 오해하는데요, 의료시설을 전부 국가가 소유한 상태에서 무상으로 환자에게 의료서비스를 제공하는 것으로 잘못 이해하는 학자들도 있다고 해요. 어처구니 없는 오해입니다. 그건 한때 존재했던 동구권의 사회주의 의료이지, 우리가 말하는 무상의료가 아닙니다.

김윤태 유럽 국가들은 대부분 보험료율 또는 국민 부담이 소득의 12~16퍼센트 정도 됩니다. 대신 이들 나라에서는 넓은 범위의 의료 혜택을 받아요. OECD 국가들의 평균 보장성 비율은 80퍼센트 수준입니다.

우리나라의 건강보험료율은 소득의 5.8퍼센트로 아주 낮은 편이죠. 그러니 보장성 비율이 평균 60퍼센트 정도로 낮을 수밖에 없죠.

그래서 건강보험료를 올려서라도 보편적 의료복지를 제공하자는 '건강보험 하나로' 시민운동의 주장에 공감이 가는 거예요. 모든 종류의 복지가 다 중요하지만, 특히 아픈 사람을 치료해주는 데 차별이 있어서는 안 되잖아요. 또 돈이 없어서 치료를 못 받는다는 건 문명사회에서 수치스러운 일이고요.

이상이 무상의료의 개념을 명확히 할 필요가 있어요. 예를 들어 유럽의 복지국가들을 보면, 입원비·수술비 등의 치료비를 환자가 내지 않습니다. 물론 하루에 우리 돈으로 1만 원, 2만 원씩 내는 경우도 더러 있어요. 의례적으로 내는 최소한의 금액인데, 병원 진료비가 아니라 입원 환자가 내는 일종의 숙박비 같은 개념이죠. 설령 환자가 병원 진료비용을 일부 지불하더라도, 그것이 입원 환자의 의료접근성을 훼손하는 정도가 되어선 안 됩니다. 의료접근성의 훼손은 절대 허용하지 않는다는 게 무상의료의 핵심입니다. 인권 문제와 직결되기 때문이죠.

대부분의 복지국가들도 외래진료비는 조금씩 받습니다. 한 건당 10유로 정도죠. 우리 돈으로 약 13,000원을 받는 거예요. 약값도 일부는 본인이 부담하고요. 대신 표준 약은 거의 무료로 지급하고, 비싼 약만 환자가 추가 부담합니다.

환자 본인부담의 연간 총액도 나라마다 다릅니다만, 스웨덴은 연간 40만 원 정도이고, 다른 나라들도 대개 연간 80만 원을 넘지 않아요. 우리나라에서 연간 본인부담의 상한선으로 100만 원 이야기가 나오는 게 바로 이 때문입니다.

김윤태 제가 영국 캠브리지대학에서 대학원 공부를 할 때 운동을 하다가 다리를 다친 적이 있는데요. 대학 부설 아덴부르크 병원에서 입원비며 수술비를 전혀 안 받더라고요. 그 후 깁스를 하고 다른 병원에서 재활치료를 받았지만 모두 무료였어요. 저는 외국인 학생이었기 때문에 세금도 안 냈는데 큰 혜택을 받은 셈이죠. 미국의 민간의료보험 체제와 달리 영국의 NHS는 외국인 학생에게도 무상의료 혜택을 제공합니다.

이상이 문제는 무상의료를 위한 재원 마련이겠죠. 영국과 스웨덴은 직접세인 소득세가 중심이 되는 일반 조세를 의료보장의 재원으로 삼아요. 당연히 소득 재분배 효과도 크죠. 프랑스나 독일

등 유럽 대륙의 복지국가들은 전통적으로 사회보험 방식의 의료보험제도를 운영하는데, 자기 소득의 일정률flat rate을 보험료로 냅니다. 이를 보험료율이라고 하는데, 누진성이 없는 비례적 방식 proportional tax이에요. 우리나라의 국민건강보험도 보험료율 5.8퍼센트의 일정률을 적용하는 비례적 방식입니다.

이러한 보험료는 세금과 동일한 강제성을 띠고 있어요. 즉, 형식은 보험료이면서 사회보장 또는 사회보험에만 사용하도록 목적이 명시된 일종의 목적세인 셈이죠. 이러한 목적세는 신축성 있게 재원을 조달하기 좋다는 장점이 있어요. 전체 세금을 올리기는 어렵지만 건강보험료를 올리기는 쉽잖아요.

영국이 NHS의 재정적자를 해결하기 어려웠던 이유는 목적세가 아니라 전체적으로 세금을 올려야 하는데, 여기에 국민적 합의를 모으기가 쉽지 않았기 때문입니다.

김윤태 영국에서도 세금 인상에 대한 거부감은 크지만, 교육과 NHS에 대한 재정 지출에 대해서는 동의하는 사람이 많습니다.

이상이 1997년 이후 블레어 정부가 교육과 의료를 현대화하겠다고 했다가 교육만 어느 정도 해결했죠. NHS를 현대화하려고 보니 돈이 없는 거예요. 그래서 현대화 방안으로 BTL 방식을 채택했어요. 부족하고 낡은 병원을 민간업자에게 새로 짓게 하고 이자와 원금을 영국 정부가 갚아 나가는 것입니다. 그런데 이자와 원금을 따져보니 어마어마한

> BTL 임대형 민자사업. 건설(Build), 이전(Transfer), 임대(Lease).

거예요. 그래서 블레어 정부가 욕을 많이 먹었습니다. 정부 재정으로 민간업자들 배만 불렸다고 말이죠. 이러한 민자 사업은 우리나라에서도 도로나 교량 등의 사회간접자본을 확충하는 데 빈번하게 이용되었고, 실제로 비슷한 논란을 불렀죠.

그렇다고 영국 정부가 의료 현대화를 위해 재정적자를 확대할 수도 없어요. 왜냐하면 유럽 연합에서 마스트리히트 조약Maastricht Treaty으로 재정적자 비율이 GDP의 3퍼센트를 넘지 못하도록 정했거든요. 그러자 영국 정부가 꼼수를 썼어요. 이자에다가 원금을 조금씩 상환하는 조건으로 민간을 끌어들여서 BTL 방식으로 의료시설의 현대화를 추진한 거예요. 그렇게 해서 영국의 NHS가 현대화되었습니다. 이 때문에 좌파들은 블레어 정부가 의료민영화를 추진했다고 거칠게 비판을 했죠.

김윤태 1980년대 영국의 대처 정부가 NHS를 민영화하려고 했지만, 국민들의 거센 반발로 뜻을 이루지 못했죠. 그리고 보수당 정부가 NHS 재정을 확대하지 않자 의료서비스의 질이 저하됐습니다. 이빨 하나 뽑으려면 6개월을 기다려야 했고 수술 대기기간도 3개월이 넘었어요. 국민의 불만이 매우 커졌죠. 그래도 NHS를 없애자는 의견은 소수에 불과합니다.

의료서비스의 질을 개선하고 대기시간을 줄이는 등 현대화를 추진하기 위해서는 그만큼의 재정이 필요합니다. 특히 고령화 사회가 될수록 의료 예산이 증가할 수밖에 없어요. 따라서 병원의 효율적 운영도 매우 중요합니다.

내 아이가 살아갈 행복한 사회

독일은 보험료율이 12퍼센트입니다. 과거에 보험료율이 지금보다 더 높았을 때는 온천에서 하는 목욕 치료까지도 보험을 적용시켜줬어요. 혜택이 아주 좋았죠. 프랑스도 보험료율이 소득의 16퍼센트까지 갔어요. 이들 나라는 의료보장제도가 고부담-고급여 체계입니다. 그런데 우리나라는 보험료율이 5.8퍼센트로 턱없이 낮아요. 전형적인 저부담-저급여 체계입니다. 이웃한 대만이나 일본도 8.5퍼센트거든요. 이제는 적정부담-적정급여 체계로 바뀌어야 합니다.

미국은 현재 국민의료비가 GDP의 18퍼센트까지 올라갔는데요, 이건 미국 국민들이 연간 벌어들인 총소득의 18퍼센트를 보건과 의료 관련 비용으로 지출한다는 겁니다. 이래서는 민생이 제대로 버틸 수가 없죠. 여기서 생각해볼 것이 있습니다. 어떻게 유럽 국가들은 GDP의 9~11퍼센트 정도로 국가의료체계를 멀쩡하게 유지하는데, 미국은 국민의 상당수가 의료혜택에서 소외되어 있으면서도 국민의료비가 GDP의 18퍼센트까지 올라갔을까요?

유럽 복지국가들은 의료분야가 시장 실패 영역임을 인정하고, 일찍이 정부가 전면적으로 재정을 투입했지만, 미국은 의료분야의 시장 실패를 인정하지 않았어요. 시장 원리에 맡겨버렸죠. 그 결과 시장 실패로 인한 시스템 전반의 비효율성 때문에 국민의료비가 폭증한 겁니다. 또 부자들은 값비싼 의료를 이용하고 가난한 사람들은 병원을 가지도 못하는 의료서비스 이용의 양극화가 일어났습니다. 미국에서는 결국 민간보험회사들만 돈을 벌었어요. 보험회사들과 병원이 담합해서 의료 단가를 정하는데, 국민에겐 선택의 여지가 없어요. 민간의료보험에 가입하지 않으면 돈을 더 내야 하니까요.

부자들의 건강만 보장하는 미국식 민간의료보험

김윤태 미국에서는 비싼 의료비 때문에 파산하는 사람도 많아요. 의료비 지출만 따지면 전 세계에서 미국이 최고입니다. 물론 그만큼 의료서비스의 질이 우수한 병원들도 많습니다. 심지어 미국 닭고기 식품회사 KFC도 영리병원에 투자할 정도로 산업화, 영리화되었죠.

한 달에 몇 백만 원씩 하는 고가의 민간의료보험에 가입한 부자들은 최고의 병원에서 양질의 의료서비스를 받습니다. 반면 보통 사람들이 가입하는 보험은 그 질이 확연히 떨어져요. 실업자나 소득이 낮은 사람은 의료보험에 가입조차 하지 못하고요.

이상이 미국의 4인 가족 중산층이 민간의료보험에 납부하는 월 평균 의료보험료가 우리 돈으로 약 150만 원이에요. 우리나라의 국민건강보험료는 가구당 월 평균 8만 원 정도입니다. 미국 의료보험은 거의 대부분 직장보험인데, 회사에서 직원들의 복지비용으로 의료보험료를 내주죠. 개인이 자기 돈으로 의료보험에 가입하는 경우는 많지 않아요. 너무 비싸니까요.

그래서 우리 재미 교포 중 약 80퍼센트가 보험이 없습니다. 4인 가족이 월 150만 원씩이나 내자니 아까워서 의료보험에 가입하지 않다가, 병이 나면 한국에 와서 친인척의 국민건강보험증을 빌려 병원에 가는 경우도 많아요. 물론 불법이죠. 하지만 우리나라에서는 의료비 전액을 본인이 다 부담해도 미국의 의료비와는 비교가 안 될 정도로 저렴하거든요. 미국은 우리나라보다 의료수가가 다섯 배 이상 높아요.

김윤태 미국은 의료 시스템의 효율성이 낮기 때문에 국민의료비 부담이 매우 큽니다. 그러면서도 사각지대는 넓고, 의료이용의 양극화로 인해 치료도 제대로 못 받는 사람이 허다해요. 의료보험 미가입자가 전체 국민의 15퍼센트, 약 5,000만 명 정도나 됩니다.

그런데 한국 정부가 민간의료보험을 활성화하고 의료민영화를 추구하자는 건 결국 미국식 모델로 가자는 건데, 이건 정말 뒤로 가는 거죠.

이상이 의료에 있어 가장 중요한 가치는 접근의 형평성입니다. 유럽 복지국가에서 환자는 누구든 병원에 갈 수 있어요. 그건 하나의 권리입니다. 그리고 의료서비스를 이용하는 시점에 돈을 받지 않으니 부담 없이 병원 진료를 받을 수 있어요.

반면 미국에서는 아픈데도 병원에 못 가는 사람이 수두룩하죠. 단, 메디케어Medicare라는 노인 의료보험제도가 있어서 65세 이상의 노인들은 별 문제가 없어요. 물론 진료비가 너무 많이 나오면 노인들도 30퍼센트 정도를 부담해야 합니다. 그 때문에 메디케어 환자들도 대부분 보충성 보험으로 별도의 민간의료보험에 가입해요.

또 메디케이드^{Medicaid}라고 해서 전체 미국인의 14퍼센트인 빈곤 층의 의료비를 지원하는 의료보호제도가 있어요. 그 덕분에 하위 소득 14퍼센트의 사람들은 비록 질이 떨어지는 의료서비스를 받을 지언정 지역 시립병원이나 공립병원을 무상으로 이용할 수 있어요.

김윤태 메디케어나 메디케이드는 1960년대 중반 존슨 행정부가 어렵게 도입한 것입니다. 원래는 전국민 의료보험을 도입하려 했지 만, 공화당과 보험회사의 반대로 실패했죠. 미국의 공적 의료보장 제도는 극빈층과 노인에게 제한적인 혜택을 주는 데 그쳤습니다.

이상이 문제는 노인 인구 14퍼센트와 가난한 사람 14퍼센트, 그 리고 군 병원을 이용하는 재향군인 3퍼센트를 제외한 70퍼센트의 보통사람들이에요. 정부가 이들을 방치한 거죠. 그러다 보니 너도 나도 민간의료보험에 가입하려고 애를 쓰는 것 아닙니까?

미국의 민간의료보험은 직장을 근거로 하기 때문에 많은 구직자 들이 민간의료보험의 혜택 조건을 보고 직장을 선택해요. 연봉도 중요하지만 우수한 의료보험 패키지도 결정적인 기준이죠. 좋은 기업은 4인 가족 기준으로 월 보험료 300만~400만 원까지 지원하 거든요. 중소기업이나 영세기업은 값싼 민간의료보험을 제공하거 나 아예 제공하지도 못합니다. 그런 경우에는 개인이 가입해야 하 는데 그럴 돈이 없잖아요. 월 50만 원 정도 내는 형편없는 민간의료 보험에 가입하든지, 아니면 아예 가입하지 못하는 거예요. 이게 오 바마 대통령이 의료보험 개혁을 시작한 이유죠.

김윤태 오바마 대통령이 100년 만의 의료개혁을 단행했습니다. 1930년대 루스벨트 대통령도 시도했지만 실패했어요. 실업보험과 연금보험은 도입했는데, 공적 의료보험의 도입은 좌절되었어요. 당시 의료보험회사와 의사협회에서 격렬하게 반대했죠. 후임 대통령인 트루먼도 시도했었고, 1960년대 케네디 대통령과 존슨 대통령도 연거푸 시도했지만 모두 실패했어요.

1990년대 클린턴 대통령의 부인 힐러리가 의료보험개혁위원장을 맡았지만, 1년 만에 또 실패했어요. 보험회사와 제약회사의 로비가 상상을 초월하는 거예요. 미국에서는 혁명이 일어나지 않으면 의료보험이 개혁되지 않을 거라는 말도 있어요. 결국 오바마 대통령의 의료개혁법도 반대파와 타협하는 과정에서 많이 후퇴할 수밖에 없었지요. 전 국민에게 민간의료보험 가입만 강제했을 뿐, 이는 공적 의료보장과는 거리가 멉니다.

이상이 의료보장제도는 접근성·효율성·서비스의 질이라는 세 가지 조건을 갖춰야 합니다. 미국은 의료보장제도의 세 가지 요건을 모두 충족하지 못하고 있어요. 첫째, 미국은 의료서비스의 양적·질적 접근성에 있어서 계급·계층 간의 불평등이 엄청나요. 민간 의료보험에 가입하지 못한 5,000만 명은 의료 접근성이 제로이고, 메디케이드의 무상의료 혜택을 받는 14퍼센트의 가난한 사람들은 제한된 수준의 진료에만 접근할 수 있죠. 반면 유럽 국가들은 의료서비스에 대한 접근성이 100퍼센트입니다. 전 국민에게 의료서비스가 열려 있습니다.

둘째, 의료 효율성은 '투입 대비 산출'로 평가합니다. 먼저 국민 의료를 위해서 정부가 돈을 얼마나 쓰는지 봐야 합니다. 이게 투입이죠. 미국이 국민의료비National Health Expenditure로 유럽 국가들보다 거의 1.5~2배 더 지출하고 있어요. 그러므로 양쪽 의료보장제도가 동일한 결과를 산출한다면, 유럽 복지국가의 의료 효율성이 압도적으로 높은 거죠.

의료보장의 목적은 건강하게 오래 사는 겁니다. 여기에 해당하는 국제적인 비교 지표가 영아사망률·건강수명·기대수명이에요. 여기에 의료보장제도에 대한 국민들의 만족도도 포함되는데, 미국은 모든 영역에서 유럽 국가들보다 만족도가 떨어져요. 결국 미국은 유럽 국가들보다 돈은 두 배 가까이 더 쓰면서도 의료보장의 성과 지표는 한참이나 떨어지고 있습니다.

셋째, 유럽 복지국가에서는 모든 사람들에게 양질의 의료서비스를 제공하지만, 미국에서는 의료서비스의 질이 극단적으로 양극화되어 있습니다. 민간의료보험 가입이 증가할수록 즉, 의료의 시장적 성격이 커질수록 의료보장 체계의 질과 효율성은 낮아지죠.

의료서비스 공급 주체의 공공성이 높아져야 합니다. 한국은 유럽 국가들에 비해 의료재정의 공공성 수준이 낮은데, 이게 바로 국민건강보험의 보장성 수준이 낮기 때문입니다. 우리나라의 국민의료비 중에서 공공의료 재정이 차지하는 비율은 53퍼센트 정도예요. 유럽 복지국가들은 85퍼센트인데, 30퍼센트는 엄청난 격차거든요.

하지만 과거의 영국과 스웨덴처럼 의료서비스의 100퍼센트를 공공이 직접 공급하게 되면, 의료공급체계의 관료적 비효율성이 초

내 아이가 살아갈 행복한 사회

래될 수 있습니다. 반대로 민간이 의료서비스를 100퍼센트 공급하면 의료공급이 완전히 시장화되는데, 여기서 시장 실패가 일어납니다. 의료이용의 불평등뿐 아니라 불필요한 의료자원의 낭비가 생겨요. 그러므로 적절하게 공공부문과 민간부문을 결합해야 합니다. 보건체제를 비롯해 복지체제는 적절한 공-사 혼합체제public-private mix로 가는 게 효율성도 높아요. 의료서비스의 질과 만족도도 높일 수 있고요.

김윤태 내부시장internal market의 논리인 거죠. 공공성을 유지하면서 복지체제 내부에서 선택과 경쟁이 이뤄지도록 하자는 겁니다.

이상이 한국의 공공병원 수는 전체 병원의 7퍼센트밖에 안 됩니다. 93퍼센트가 민간이에요. 의원급 의료기관은 보건소를 빼면 거의 100퍼센트가 민간이고요.

김윤태 과잉진료의 문제도 심각해요. 한번은 제가 비염이 생겨서 집 근처에 있는 제법 큰 병원에 갔는데 코 수술을 하라는 거예요. 깜짝 놀라 대학병원에 가서 상담하니 의사가 웃으면서 수술할 필요까지는 없다고 하더라고요. 중간 규모의 병원들이 경영수지를 좋게 유지하려다 보니 과잉진료를 하는 겁니다.

대학병원이 주로 대도시, 특히 서울에 집중되어 있어서 지방의 환자들이 서울로 많이 올라오는데, 그런 전달체계에도 문제가 있습니다. 의료공급체계의 공공성이 떨어지니까 시립병원, 도립병원, 국립병원은 수준 낮은 병원이라는 인식이 있어요. 그래서 무조건 삼성병원, 아산병원, 서울대학병원 같은 서울 소재 대학병원으로 환자가 집중되는 것 아닙니까?

이상이 해방 이후 일본이 소유했던 지방 의료원들이 공공병원이 되었죠. 민간부문에 병원은 없고, 의원 정도만 있었고요, 미군정이 끝나고도 1960년까지만 해도 지방 의료원은 상당히 좋은 병원이었습니다.

그런데 1970년으로 접어들면서 상황이 역전되기 시작해요. 당시에는 정부 재정이 한 푼이라도 있으면 전부 경제개발에 투입했기 때문에 공공의료에는 전혀 투자가 없었거든요. 당시 의료자원 개발은 전부 민간의 몫이었어요. 이게 당시 국가자본주의 모델, 즉 발전국가를 운영하던 박정희 정권의 중요한 특징입니다. 1880년대 독일 비스마르크 시대의 국가는 경제개발과 사회개발을 같이 추구한 반면, 박정희 시대의 국가는 경제개발에만 힘쓰고 사회개발 부분은 외면해버렸죠.

김윤태 지주 출신이었던 비스마르크는 노동운동과 사회주의자를 아주 싫어했죠. 그런데도 노동자를 위한 산재보험과 건강보험을 도입하지 않았습니까? 처음에는 사회보험이 아니라 아예 국가가 보험을 제공하려고 했죠. 그러나 기업들이 반대해서 직장 단위 사회보험을 만들었어요. 비스마르크는 독일의 생산 역량과 군사력을 강화하기 위해 노동자의 건강이 필요하다고 보았던 겁니다.

박정희 군사정부도 1963년 산재보험은 도입했지만 의료보험은 외면했죠. 당시 공장 노동자의 건강은 안중에도 없었어요. 오직 돈만 생각한 거예요. 물론 산업화의 진전을 위해 1977년에 법정 의료보험제도를 도입하지만요.

의료민영화를 요구하는 세력들

이상이 민주화 이후 1989년부터 전국적으로 의료보험이 도입되면서 의료수요가 폭증합니다. 그동안 돈이 없어 치료를 못 받던 사람들이 의료보험이 되니까 너나없이 몰려들었죠. 그래서 병원이 모자라던 차에 신자유주의 논리가 들어왔어요.

박정희 군사정부 때는 아무런 책임을 안 지다가, 전두환 군사정부 때 신자유주의 풍조가 들어오니 '민간이 해야 효율적이고 질도 높다'는 평계를 대요. 그래서 민간이 병원을 짓도록 유도했습니다. 민간이 돈이 없다고 하면 정부가 차관까지 빌려서 돈을 대줬어요. 그렇게 해서 전국 곳곳에 정부차관 병원이 들어섰죠. 경북 안동병원이 대표적이고, 제주도에 있는 한라병원도 차관 병원입니다.

1990년대 김영삼 정부 전까지만 해도 그나마 정부가 의료체계를 꽤 통제했어요. 병원을 짓거나 CT 한 대를 사더라도 정부의 허가를 받아야 했는데, 그 절차가 꽤 까다로웠어요. 그런데 신자유주의가 도입되면서, 세계화의 논리에 어긋난다는 이유로 보건의료 관련 규제를 거의 다 풀었습니다. 그러다 보니 병원마다 고가의 CT와 MRI

등 진단 및 치료 장비가 물밀듯이 밀려 들어왔고, 그 결과 지금 우리나라는 일본과 함께 전 세계에서 고가 의료장비가 가장 많은 나라가 되었죠. 또 병원의 병상 규제를 풀어버리는 바람에 서울과 수도권에 대학병원을 위시하여 각종 병원들이 우후죽순 들어섰어요. 그래서 우리나라는 지금 OECD 국가들의 인구 1,000명당 평균 병상 수인 3.8병상을 훨씬 초과하는 7.1병상입니다. 이것도 일본과 함께 세계에서 최고죠. 이런 게 다 시장 실패이고 낭비입니다.

김윤태 이런 사태를 수습할 수 있는 정책 수단이라고는 공적 의료보장제도인 국민건강보험밖에 없는데요. 그나마 이것도 진료비의 60퍼센트만 보장하고, 나머지 40퍼센트는 통제하지 못해요. 국민건강보험이 보장해주지 않는 비급여 영역이 너무 커서 저소득층에겐 감당하기 어려운 부담이 됩니다.

이상이 비급여 영역은 의료시장에서 의사(의료기관)와 환자 사이에 이뤄지는 거래이기 때문에 국민건강보험공단이나 정부가 내역을 파악하기 어려워요. 그러니 그 안에서 어떤 종류의 시장 실패가 일어났는지 알 수가 없습니다.

반면 국민건강보험이 보장하는 급여 영역의 진료에 대해서는 건강보험심사평가원이 진료내역을 정밀하게 심사하여 문제가 되는 부분에 대해서는 진료비를 삭감하거든요. 즉, 정부가 급여 영역에 대해서는 진료 내역을 파악할 수 있고, 진료비와 진료행위에 대한 심사와 평가를 합니다. 또 급여 영역의 진료행위에 대해서는 의료수가도 정부에서 정하는 방식으로 의료에 개입하고 있죠.

하지만 비급여 영역의 진료행위에 대해서는 정부가 끼어들 여지가 거의 없어요. 가령 '다빈치'라는 로봇을 이용해 수술을 하면 수술비가 1,000만 원이 넘어요. 부르는 게 값이고, 병원마다 가격이 다 달라요. 그런데 이건 어디까지나 환자와 병원 사이의 사적 계약 관계란 말이죠. 정부 입장에서는 해당 수술 기계가 안전하고 효과가 있다는 사실에 대한 보증(이건 식품의약품안전청 소관이죠)과 함께 불법 기계만 아니면 되는 거예요. 규제를 다 풀어버렸거든요. **따라서 지금 한국 의료시장에서는 비급여 영역을 중심으로 사실상 엄청난 미국식 시장 실패와 비효율이 초래되고 있습니다.**

그래서 '건강보험 하나로 시민회의'는 의학적 필요가 있는 모든 의료행위는 국민건강보험의 급여에 포함하자고 주장하는 거예요. 그렇게 하면 모든 의학적 진료가 건강보험제도의 틀 안으로 들어오게 되잖아요. 그리고 건강보험심사평가원이 모든 의료행위에 대해 정당성과 과잉진료 여부를 심사하고 평가할 수 있게 되죠. 또 평가 결과에 따라 벌금을 부과할 수도 있고 인센티브를 줄 수도 있습니다. 그렇게 하면 한국도 미국식이 아니라 복지국가 방식으로 가는 거죠.

영국에는 국립보건임상연구원National Institute for Health and Clinical Excellence, NICE이 있습니다. 우리나라 건강보험심사평가원 같은 곳인데, 나라 안의 모든 의료행위를 통제하고 가이드라인을 제시해요. 여기서 모든 의학적 진료를 공적 방식으로 통제하고 관리하는 겁니다. 이런 곳에서는 시장 실패와 '거시적 비효율'을 걱정할 필요가 없을 뿐더러 의료서비스의 질도 평균적으로 높아요. 이건 인권의 문제이자 복지국가 정부의 당연한 책임입니다.

김윤태 영국의 복지국가에 큰 영향을 미친 리처드 티트무스라는 학자가 있는데요, 그는 초등학교도 안 나왔지만 정치, 경제에 해박하고, 사회복지학과를 세계 최초로 만들어 교수가 된 인물입니다. 그는 공공서비스가 절대로 시장논리로 이뤄져서는 안 되고, 국가가 나서서 사회 공공서비스를 제공해야 한다고 주장하는데요, 그가 쓴《관계의 선물*The gift relationship*》이라는 책은 아주 유명합니다. 왜 우리들이 선물을 주고받는가라는 일상적 문제도 다루지만, 헌혈 사례를 가지고 영국과 미국을 비교하는 부분은 상당히 주목할 만합니다. 1950~60년대에 미국에서는 헌혈을 할 때 돈을 줬어요. 그런데 영국은 주지 않았지요.

이상이 왜 돈을 안 줬나요?

김윤태 우리나라도 헌혈하면 돈을 안 줍니다. 빵이나 문화상품권 등을 주죠. 미국에서는 헌혈을 상업화 즉, 매혈이라는 시장을 만든 겁니다. 1971년 티트무스의 연구에 따르면 시장에 나온 피는 병균이 있거나 질이 나쁜 피가 많았어요. 오히려 영국에서는 사람들이 돈을 안 받고 헌혈을 하는데도 훨씬 깨끗했고, 헌혈 인구의 숫자도 인구 비례당 많았습니다.

이러한 연구 결과 티트무스는 인간에게 이기심뿐 아니라 이타심도 있다고 얘기합니다. 피를 팔아 이윤을 얻겠다는 이윤동기만으로 헌혈을 하는 건 아니라는 거예요. 사람에게는 고통을 감수해서라도 죽어가는 사람을 살리겠다는 이타심이 있는데, 돈을 주고 파는 모양새가 되면 선의에서 헌혈을 하고 싶은 사람들이 오히려 외면합니다. 반면 헌혈할 자격이 안 되는 사람들이 감염된 피를 팔아 돈을 벌려고 하지요.

티트무스의 주장은 많은 논란을 일으켰어요. 통계 수집상의 오류가 있었다는 문제도 제기되었고, 영국의 제도만 긍정적으로 봤다는 비판도 있었죠. 그러나 많은 영국 사람들이 대가 없이 헌혈을 하면서 '내가 남과 연결되어 있다'는 연대의식을 갖고 더 큰 보람을 느낀다는 점은 상당히 중요한 사회학적·철학적 발견이라고 봐요.

즉, 인간에게는 공공의 목적을 위해 하는 행동들이 있다는 겁니다. 반대로 돈으로 보상을 하면 남을 속이려는 나쁜 행동이 늘어나면서 제도의 실패를 부를 수 있어요.

그래서 티트무스는 공공서비스, 가령 병원이나 학교, 노인 요양시설이나 간병시설 등을 시장논리에만 맡길 경우 사회 구성원들끼리 서로 연결되고 돕는 자발적인 공동체 정신과 협동정신이 사라질 거라 보았습니다. 그는 사회가 서로 긴밀하게 협력해야 하며, 인간이 가진 이타적인 성향을 발휘할 수 있는 제도를 만들어야 한다고 했습니다. 현금이 아닌 서비스를 제공함으로써 다양한 복지를 실현할 수 있다고 생각한 거죠.

의료서비스를 민간의료보험으로 한다면 보험회사와 병원은 속임수를 써서라도 더 큰 이익을 얻으려고 할 테죠. 또 개인은 아프지 않아도 병원에 가서 치료 받고 입원했다고 속이고 돈을 받아내려고 할 겁니다. 결과적으로 극단적인 이기심이 커질수록 의료서비스 지출은 늘어나겠죠. 이렇게 되면 국내총생산과 경제성장률은 증가하겠지만, 이게 과연 좋은 것입니까?

[이상이] '의료민영화'라는 말은 진보적인 학계나 시민사회가 사용하는데, 학술적 엄밀성을 떠나 이미 한국사회에서 정치·사회적 시민권을 획득한 용어입니다. 민영화privatization는 정부의 책임과 반대되는 개념 즉, 문제가 생겼을 때 정부가 아닌 민간이나 시장이 책임을 지게 한다는 말이잖아요.

의료민영화의 요체는 영리병원과 실손형 민간의료보험 두 가지입니다. 이 두 가지 요소가 금융자본과 경영계의 입장에서 굉장히 중요한 부분이죠. 의료분야에서 성장의 동력을 찾으려고 진출 방안을 부단히 모색하고 있어요. 철저히 이윤 추구를 목적으로 하는 주식회사 영리병원에 실손형 민간의료보험 상품을 판매하는 보험회사가 가세하면 경영계의 입장에서는 큰돈을 벌 수 있다는 기대가 있거든요.

현재 한국에서는 법적으로 영리법인 병원의 설립을 금지하고 있습니다. 의료법은 의료기관 설립 주체를 구체적으로 제한하는데, 의사면허 소지자·정부·비영리법인으로 명시해놨어요. 금융자본과 경영계가 영리법인 병원을 설립하려면 의료법을 수정해야 하는데, 이게 현실적으로 불가능할 것 같으니까 특별법을 만들려고 시도하는 겁니다. 제주특별자치도법이라는 특별법이 있는데, 여기에 '의료법의 규정에도 불구하고 제주도에서는 영리법인 병원을 허용

내 아이가 살아갈 행복한 사회

한다'는 내용의 문구를 삽입하려는 거예요.

김윤태 영리법인 병원의 허용을 주장하는 사람들은 싱가포르의 사례를 곧잘 이야기합니다. 싱가포르가 우수한 영리병원을 설립하고 돈 많은 해외 환자들을 유치해서 외화를 벌고 있다는 건데요. 그래서 싱가포르를 '의료 허브'라고 부르죠. 한마디로 병원도 영리 사업이고, 돈벌이라는 건데, 이러한 영리법인 병원과 현재 한국의 비영리 병원은 그 성격이 매우 다릅니다.

이상이 우리나라의 시민단체와 야당은 영리법인 병원 설립의 허가를 반대하는데, 정부와 여당은 이를 강하게 밀어붙이고 있어요. 만약 제주도에 영리법인 병원 설립이 허용된다면, 인천 송도처럼 제주도와 성격이 유사한 다른 경제자유구역●에도 잇따라 적용되겠죠. 제주도에만 배타적으로 허용하면 법률의 형평성 문제가 제기될 테니까요.

그러고 나면 '경제자유구역의 지정 및 운영에 관한 법률(이하 경제자유구역법)'을 개정할 겁니다. 지금도 경제자유구역에 외국인이 투자하는 병원은 들어설 수 있어요. 내국인이 주식회사 영리병원을 짓는 것을 금지해놓은 거거든요. 이명박 정부가 내국인의 영리법인 병원 설립을 허용하는 제주특별자치도법 개정안을 밀어붙이자 제주도 영리병원 반대투쟁이 일어났습니다. 개정안이 제주도에서 통과되면 머지않아 나머지 경제자유구

경제자유구역 해외 투자자본과 기술을 적극적으로 유치하기 위해 각종 인프라, 세제 및 행정적 인센티브 등을 제공하기 위해 선정된 경제특구에 속하는 하나의 제도

역으로도 확산될 테고, 곧 전국 각지에 영리병원이 들어서게 될 겁니다.

서울 시내 한가운데 영리법원이 들어서면 어떤 일이 벌어질까요? 삼성의료원, 아산병원 등 대기업이 출자한 대학병원들이 영리병원에 투자한다면? 재벌과 대자본이 투자한다면? 아마도 기존의 대학병원에 있던 최고의 의료진들은 대부분 영리병원으로 이동하겠죠. 사람들은 당연히 우수한 진료를 받기 위해 최고의 의료진이 있는 주식회사 영리병원으로 갈 테고요. 그렇게 되면 주식회사 영리병원은 더 이상 국민건강보험이 통제할 수 없는 의료 영역이 됩니다. 영리병원은 합법적으로 돈을 벌고자 설립한 회사이기 때문에 국민건강보험이 수가나 진료행위를 통제할 권한이 없어요. 정부가 통제하려고 들면 주식회사 영리병원들이 헌법소원을 낼 겁니다. 이 경우 논리적으로 당연히 그들이 이기죠.

`김윤태` 정부나 여당은 국민건강보험으로 주식회사 영리병원을 충분히 통제할 수 있는 것처럼 주장하지만, 현실은 간단하지 않습니다. 영리병원을 허용하는 순간 한국의 국민건강보험체계는 근본적인 변화에 직면할 것입니다.

`이상이` 주식회사 영리병원의 설립이 법적으로 허용되면, 의료서비스의 질은 현저하게 양극화될 겁니다. 돈 있는 사람들은 민간의료보험에 가입하고 영리병원을 이용하겠죠. 하지만 서민들은 값비싼 민간의료보험에 가입하지 못하고 국민건강보험에만 의존해야

내 아이가 살아갈 행복한 사회

합니다. 게다가 국민건강보험은 민간의료보험에 가입한 중상층 국민들의 반발로 보험료를 적기에 충분히 인상하지 못할 테고, 폭증하는 의료비를 감당하기도 어려워 재정불안에 시달리겠죠. 그러면 국민건강보험은 우수한 의료기관으로부터 양질의 의료서비스를 구입하기 어렵게 됩니다.

병원도 1부 리그와 2부 리그로 나뉘게 되고, 1부는 민간의료보험과 주로 짝을 짓고, 2부는 국민건강보험과 짝을 짓는 소위 '두 개의 의료체계-두 개의 국민' 현상이 초래될 겁니다. 이렇게 되면 보험회사들이야 좋죠. 1부 리그에 속한 주식회사 영리병원들과 직접 계약을 하면 돈을 많이 벌 수 있으니까요. 이렇게 될 경우 민간의료보험의 가입자가 아니면 주식회사 영리병원에서 진료를 받을 수 없어요. 진료비가 너무 비싸서 말이죠. 의료보험회사들이 다수의 영리병원들과 계약을 체결하면 사람들은 최고의 병원과 계약관계를 맺은 특정 보험회사의 의료보험에 가입하려 할 겁니다. 이러한 시나리오는 지금 실제로 미국에서 일어나는 일들입니다.

김윤태 한국 정부가 의료민영화를 추진하는 이유는 보험회사와 의료자본의 요구도 있지만, 기본적으로 의료비 지출이 확대되면 국내총생산을 증가시킬 수 있다고 보기 때문입니다. 한국의 부자들이 해외로 가는 대신 국내 영리병원에서 의료서비스를 받을 거라고 보는 거죠.

그런데 현재의 국민건강보험 의료시스템은 이미 외국인이 국내 병원에서 충분히 진료를 받을 수 있게끔 제도화가 잘되어 있어요.

이상이 이미 국내 모든 병원들에서 병상의 5퍼센트를 외국인 진료를 위해 열어놨습니다. 법적으로 외국인을 대상으로 한 영리적 진료를 충분히 허용하고 있는 셈이죠.

김윤태 의료민영화를 주장하는 사람들은 첨단 시설을 갖춘 병원을 설립하고 의료 허브를 만들어서 외국의 부자들, 중동이나 아시아 화교들을 유치하여 돈을 많이 벌 수 있다고 주장합니다. 그런데 지금의 건강보험체제로도 외국인이 진료를 받는 데는 아무런 문제가 없는 거네요.

이상이 그럼요. 지금까지도 외국인 환자를 잘 진료해왔습니다. 국민건강보험의 가입자가 아닌 외국인은 병원이 제시하는 일반수가 혹은 관행수가prevailing charge를 지불하고 있어요. 관행수가는 일반적인 건강보험 의료수가보다 조금 더 높은데, 크게는 두 배 정도 됩니다.

지금도 서울대학교병원에는 매일같이 외국인 환자가 방문하는데, 정부는 본격적으로 의료 비즈니스를 하자는 입장이죠. 돈을 벌려면 마케팅을 해야 하고, 마케팅을 하려면 환자를 유인하고 알선하는 업자가 따로 있어야 하잖아요. 그런데 한국 의료법에는 환자를 유인·알선하는 것을 불법으로 명시하고 처벌하도록 되어 있어요.

김윤태 제가 만나본 국내 체류 외국인 중에는 건강보험에 가입한 사람도 있고 가입하지 않은 사람도 있는데, 하나같이 한국의 의료비가 외국에 비해 저렴하다고 말하더군요. 특히 미국에 비하면 엄청 싸다는 거예요. 치료 기술은 세계적 수준인데 진료비는 저렴하니 외국인들에게는 더없이 좋죠.

이상이 그런데 병원들이 직접 외국인 환자를 유치할 수 없으니 대행업체를 통해야 해요. 이러한 역할은 관광업체가 맡기도 하고 별도의 알선업체가 하기도 합니다. 이들 에이전시는 미국으로 가서 유색인종, 가난한 사람, 보상수준이 낮은 의료보험 상품 가입자들을 대상으로 환자들을 모아 한국으로 데려옵니다. 한국의 진료비는 미국의 20퍼센트 수준으로 저렴하니까요. 한국 의료법상 외국인에 대해서는 유인·알선을 허용하기 때문에 아무 문제가 없습니다.

그런데 이러다 보니 유명한 종합병원의 경우에는 내국인을 치료할 병상도 부족한데 외국인들이 병상을 너무 많이 차지하는 문제가 우려되고 있어요. 병원들이 외국인을 대상으로 돈을 버는 건 좋지만 국민들의 불만이 커지겠죠. 그래서 외국인 환자의 진료를 허용하되 병상의 5퍼센트로 제한하고 있습니다.

김윤태 제가 알기로 민간의료보험 활성화 논의가 본격적으로 제기된 건 1990년대 김영삼 정부 때였어요. 우리 국민들이 '신자유주의'라는 말을 이해하기 어렵다고 봤는지 그 말은 빼버리고 '세계화, 삶의 질'이라는 근사한 개념으로 포장하고 온갖 규제들을 폐지했죠. 그때 보건의료 분야의 규제가 가장 많이 폐지되었습니다. 그래서 김영삼 정부 때 본격적으로 재벌이 설립한 병원들이 들어서기 시작하죠. 기존 병원들은 재벌 병원과의 경쟁에서 밀리지 않으려고 돈을 빌려서라도 병원을 증축·확장하고 첨단기기를 들여오는 등 무리를 했어요.

[이상이] 1991년에 삼성의료원, 1992년 현대아산병원이 설립 인가를 받았습니다. 노태우 대통령 때였죠. 그 후 인하대학병원(한진그룹), 아주대학병원(대우그룹)이 들어왔어요.

당시에는 의료보험제도도 굉장히 취약했어요. 조합별 의료보험이 약 420개 있을 때였는데, 공적 의료보험의 보장성 수준도 30퍼센트에 불과했어요. 나머지 70퍼센트가 민간 부담이었으니 의료수가에 대한 정부의 통제 효과가 많이 떨어졌지요.

당시 병원들은 돈을 벌기 위해 비급여 영역에 해당하는 CT나 MRI 같은 고가 의료장비들을 앞다투어 들여왔습니다. 지금도 과잉진료의 문제가 있지만, 예전에는 훨씬 심했어요. 그런 방식으로 병원들이 엄청나게 돈을 벌었죠. 하지만 그렇게 벌어들이는데도 과잉경쟁으로 인한 무리한 설비투자 탓에 병원자본 입장에서는 밑빠진 독에 물 붓기였어요. 예를 들어 당시 서울 소재 대학병원들이 저마다 콩팥의 돌 깨는 기계를 들여놓았는데요, 이 기계는 그 정도로 수요가 많지 않거든요. 기계값을 생각하면 날마다 돌을 깨서 돈을 벌어야 하는데 실제로는 일주일에 한 번, 한 달에 두 번 정도 쓰는 게 고작이어서 손해가 엄청났어요.

내 아이가 살아갈 행복한 사회

김윤태 어느 대학병원에 갔더니 의료시설은 잘해놨는데 환자가 없어서 적자라고 하더군요. 과잉투자 때문에 병원 적자가 점점 심해진 거죠.

이상이 그런데도 비싼 돈을 주고 경쟁적으로 기계를 들이는 겁니다. 그 기계가 없으면 소문이 나거든요. '저 병원은 첨단기계 하나 없는 구닥다리 병원이야.' 그러면 엉뚱한 진료과목에서도 환자가 막 떨어져 나가요. 그래서 병원 입구나 현관에 '콩팥 돌 깨는 기계 구입/구비'라고 현수막을 내거는 거예요. 이제 경쟁이 병원을 잡아먹는 시대가 된 거죠.

김영삼 정부 때부터 '의료보험 보장성 수준이 30퍼센트밖에 안 되니 중산층도 병원 가기 어렵다. 민간의료보험을 도입해야 한다'는 논의가 학계에 거세게 일었어요. 의료계에서도 요구하는 목소리가 높았고요. 그러자 대통령이 국무총리 직속으로 의료개혁위원회를 두었는데, 당시 국무총리가 고건 씨와 이수성 씨였죠. 두 총리 때 각각 의료개혁위원회가 활동하고 그 성과를 보고서로 작성했어요. 보고서를 보면 민간의료보험을 도입하자는 주장이 많이 등장합니다.

김윤태 지금은 국민건강보험이 하나로 통합되어 있지만, 당시에는 의료보험이 분산되어 있었기 때문에 민간의료보험을 확대하기에 좋은 조건이었죠. 민간의료보험이 활성화되어야 돈을 벌 수 있다는 계산에서 재벌 보험회사들의 입김이 거셌던 것 아닙니까?

의료부문에서 공유자의 비극을 막으려면

[이상이] 한국의 국민건강보험제도가 틀 자체는 굉장히 잘되어 있습니다. 의료재정 체계로써 전 국민을 하나의 틀에 포함하고 있으니까요. 다만 보장성 수준이 60퍼센트에 불과하다는 한계가 있지만, 이건 구조적 한계가 아니고 기능적 문제거든요. 따라서 기능을 보강하기만 하면 됩니다.

국민건강보험의 재정 규모를 키우면 보장성 수준을 높일 수 있어요. 그래서 건강보험료를 인상하자는 겁니다. 정부의 재정지원을 늘리라고 요구할 수도 있지만, 정부 재정도 국민의 세금이잖아요. **국민이 세금을 더 내고 그것으로 건강보험에 국고 지원을 더 하는 게 좋은지, 아니면 국민이 직접 건강보험료를 더 내는 게 좋은지 따져본 결과, 후자가 훨씬 진보적이고 국민에게 이익이 되면서도 실현 가능한 방법이라는 결론을 얻었어요.**

정부 재정은 대개 절반이 간접세이고 25퍼센트는 직접세인 비례세, 나머지 25퍼센트는 직접세인 누진세로 충당됩니다. 다시 말해 25퍼센트 정도만 누진적·진보적이고, 나머지 25퍼센트는 비례적이며, 나머지 50퍼센트는 소위 역전적인 간접세예요. 거기에 비하면 건강보험료는 소득에 대하여 비례적이거든요. 게다가 근로자의 경우 보험료의 50퍼센트를 고용주가 내주잖아요. 이건 대단한 누진성을 보여줍니다. 매우 진보적인 형태죠.

[김윤태] 우리나라는 애초에 의료보험제도를 설계할 때부터 의료

내 아이가 살아갈 행복한 사회

보험연합회의 관리운영을 위한 정부 재정 지출을 제외하고 의료보험 자체에 대한 재정지원은 고려하지 않았습니다. 그러다가 지역의료보험 재정에 문제가 생기고 농민들의 반발이 거세지자 김영삼 정부가 이를 정치적으로 무마하기 위해 지역의료보험에 대한 재정지원을 시작했죠.

2000년에 국민건강보험이 창설된 이후에는 법률을 개정하여 전체 재정의 약 20퍼센트를 국고로 지원하고 있어요. 장기적으로 재정 안정을 위해서는 건강보험료를 인상하거나 정부 재정의 투입을 확대하는 방법밖에 없습니다.

이상이 정부의 재정 지원을 늘리는 것은 실현 가능성이 떨어져요. 건강과 의료문제도 중요하지만 당장 빈곤문제를 포함한 복지 수요가 심각하거든요. 그래서 더 급하고 중요한 부문을 우선적으로 선택해야 하는데, 과연 국민건강보험이 정부 재정투입의 최우선순위 사업이냐는 겁니다.

우리나라는 GDP 대비 일반 정부의 재정규모가 33퍼센트 정도밖에 안 됩니다. OECD 국가 평균이 45퍼센트이니 매우 낮은 편이죠. 우리나라는 정부의 재정규모 자체가 워낙 작으니까, 상대적으로 복지예산을 늘릴 여유가 없어요. 그래서 2012년도 중앙정부의 예산 중 복지예산의 비중이 28.5퍼센트에 그친 겁니다. 유럽 선진국의 50퍼센트 수준에 비하면 정말 한심한 수준이죠.

결국 세금을 더 내서 재원을 조달하는 방법밖에 없습니다. 부자와 대기업이 더 내는 것도 가능하고요. 그런데 그 돈이 의료보장

분야로 온다고 보장할 수가 없어요. 4대강으로 갈지, 토건으로 갈지 누가 압니까? 하지만 건강보험료를 더 내는 건 건강보험에만 쓸 수 있는 것이니 의료보장 목적성이 뚜렷하거든요. 그래서 차라리 건강보험료를 더 내는 게 낫다, 그게 훨씬 진보적이고, 중산층과 서민층 모두에게 이익이 된다, 기업과 정부도 비례적으로 돈을 더 내게 되므로 정부 재정의 지원분도 커진다고 판단하고 있습니다.

김윤태 결국 '건강보험 하나로 운동'은 건강보험의 공공성을 강화하자는 운동인 거죠. 우리 모두가 수돗물의 질을 의심하면서 생수를 사먹는 돈의 일부만 모아도 상수도 시설의 위생수준을 대폭 개선할 수 있는 것처럼요.

민간의료보험을 늘리는 것은 개인적으로는 합리적인 행동인 것 같지만, 사회 전체적으로는 매우 어리석은 행동입니다. 결국 시장 실패로 돈이 낭비되고, 금융자본과 보험회사들만 돈을 버는 거죠.

이상이 우리나라 헌법 36조를 보면 건강권을 규정하고 있어요. 국민들이 '헌법에 나온 대로 건강권을 보장해' 달라고 요구하면서 필요한 돈을 더 내겠다고 운동을 하면, 정부가 거부하기도 어렵잖아요. '건강보험 하나로' 시민운동은 정직하고 실현 가능성이 높은, 사회정치적으로도 호소력이 큰 풀뿌리 시민운동입니다.

여기에 대해 일부 좌파 쪽에서는 '왜 보장성 확충에 필요한 추가 비용을 자본가들에게 물리지 않고 노동자와 서민에게까지 부담하도록 하느냐'면서 계급적 관점이 결여되어 있다고 비판해요.

내 아이가 살아갈 행복한 사회

저는 그 비판이 일부는 옳다고 생각합니다.
한국의 부자와 대기업이 세금을 너무 적게
내고 있잖아요. 하지만 그건 별개로 해결해

상병급여 질병·부상으로 인해 근로 또는 구직 활동을 하지 못했을 경우 그 기간 동안 평소 임금의 일정비율을 받도록 보장하는 제도

야 할 문제입니다. 민간의료보험이 해마다 시장 규모를 30퍼센트
씩 키워가고 있는데, 국민건강보험의 보장성은 수년째 떨어지고
있어요. 조금만 더 떨어지면 미국형으로 갈지 모르는 절박한 상황
에서 이념 논쟁을 하고 있을 시간이 없습니다. 당장 국민건강보험
의 재정확충 문제부터 해결해야죠.

그중에서도 가장 거센 반대세력은 자본입니다. 바로 금융회사와
보험회사들인데요. 건강보험이 하나로 통합되어서 사실상 무상의
료가 실현되면 실손형 의료보험이 안 팔리잖아요. 그러면 보험회
사들은 정액형 민간의료보험만 팔아야 하거든요.

한국에는 상병급여●가 존재하지 않지만, 유럽 복지국가들의 질
병보험은 소득보장 기능을 다 가지고 있어요. 그런데 한국의 의료
보험제도에 상병급여 제도를 도입하기란 불가능합니다. 국민이 원
하지 않아요. 그래서 사회연대 기능은 없지만, 정액형 민간의료보
험 상품이 이러한 기능을 일부 대신하도록 하는 것은 나쁘지 않다
고 봅니다. 문제는 실손형 민간의료보험 상품이죠.

김윤태 스웨덴과 독일에서 질병으로 입원을 하면 평소 받던 급
여의 70~80퍼센트 정도를 받습니다. 그래서 스웨덴 노동조합에 꾀
병을 부릴 수도 있지 않느냐고 물으니, 그런 일은 없다고 답하더군
요. 물론 기업 측에서는 꾀병의 우려가 있다고 불평하기도 합니다.

그래서 병가 급여 비율을 낮추자는 의견도 있어요. 요즘에는 꾀병 우려 때문에 아픈 첫날은 보상하지 않는다고 해요. 어쨌든 선진 복지국가에서는 아픈 사람들에게 일정한 급여를 제공해야 한다는 노사 간의 공감대가 오래전부터 제도화되어 있습니다.

이상이 물론 별로 아프지 않아도 동네 의원에 가는 경우는 있어요. 하지만 일부러 입원하는 사람은 없잖아요. 그래서 유럽의 선진국에서도 외래 진료에 대해서는 소액이나마 진료비를 받습니다. 도덕적 해이를 막기 위해 문턱을 설치한 거죠. 그런데 병원에서 이뤄지는 진료행위는 모두가 사실상 무상이잖아요. 우리나라도 입원에 대해서는 사실상 무상의료를 실시해야 합니다. 그러면 실손형 민간의료보험이 없어지겠죠.

물론 삼성생명 등 민간의료보험 회사들이 반대할 겁니다. 그 다음 반대세력은 고용주, 특히 대기업과 전경련입니다. 보통 국민들과 노동자들의 입장에서는 건강보험료의 30퍼센트를 더 내서 양질의 혜택을 누리자는 운동이 이득이지만, 대기업은 월급도 많이 주는데 직원들의 건강보험료를 기존에 내던 것의 30퍼센트나 더 내라고 하면 못마땅하겠죠.

결국 총 자본이 반대하니 경제기획부 같은 경제 관료들, 그리고 이들과 이해관계를 같이하는 보수 정치인들과 청와대는 당연히 반대합니다. 결국 추진하는 세력은 풀뿌리 민초들이고, 반대하는 세력은 거대한 자본과 기득권 세력인데, 이 상황에서 누가 이기는 게 정의로울까요? 답은 역사가 말해주겠죠.

내 아이가 살아갈 행복한 사회

김윤태 이 운동은 건강보험료를 더 올려서라도 보장성 비율을 올리자는 것이기 때문에 단순히 의료서비스를 제공받을 권리만 요구하는 게 아니라 시민으로서의 책임도 지겠다는 운동입니다. 따라서 단순한 이익집단의 운동이 아니라 진일보한 시민권 운동이라고 평가할 수 있어요.

이상이 이명박 정부와 여당을 비롯해 보편적 복지를 반대하는 사람들은 무상의료에 대해 도덕적 해이 문제를 많이 지적하는데요. 이에 대해 '건강보험 하나로 시민회의'는 사실상 무상의료를 하더라도 입원 의료서비스의 이용이 별로 늘어나지 않는다고 주장합니다. 왜냐하면 한국에서는 이미 국민 1인당 연 평균 입원일수가 14일이나 됩니다. 유럽 국가들의 평균은 7일이에요. 우리가 두 배나 깁니다. 게다가 우리나라는 병상 자원 자체가 유럽 국가보다 70퍼센트 정도 많은데, 병원에 병상이 있으면 반드시 환자들로 차는 법이죠.

아시다시피 우리 국민의 70퍼센트는 이미 민간의료보험에 가입했습니다. '건강보험 하나로' 운동의 핵심은 우리가 지금 민간의료보험에 내는 돈을 국민건강보험으로 돌리자는 겁니다. 국민 1인당 국민건강보험에 월 1만1,000원만 더 내면 사실상의 무상의료가 실현되는데, 지금은 민간의료보험에 국민 1인당 월 12만 원을 내고 있어요.

김윤태 환자들의 도덕적 해이에 의한 과도한 의료이용보다 의료공급자인 의사나 의료기관의 과잉진료가 더 문제가 될 것 같은데요.

이상이 맞아요. 이미 유럽 국가들보다 한국이 입원을 두 배나 많이 하고 있잖아요. 이러한 현상은 외래 진료에서도 마찬가지입니다. 의료공급이 주로 이윤 추구 성향이 강한 민간에 맡겨져 있고, 이를 국가가 적절하게 통제하지 못하니까 환자는 의료서비스 공급자가 요구하는 대로 응할 수밖에 없거든요. 소위 말해서 의사유인수요physician induced demand, PID 때문에 의료이용이 늘어나는 게 더 문제죠. 그래서 우리는 공급 측을 어떻게 관리하고 통제할거냐, 이 부분을 고민하는 겁니다. 의료서비스 분야에서는 시장 실패의 중요한 부분이 공급자 측에 기인한다는 게 전문가들의 대체적인 인식입니다.

김윤태 공적 의료보장으로 진료비를 해결해주는 유럽 복지국가의 방식대로 갈 수 있다면, 건강보험심사평가원이 의사유인수요에 의한 과잉진료를 상당 부분 통제할 수 있을 겁니다.

이상이 그렇습니다. 의사유인수요는 공공의료에서는 발생하지 않아요. 의사들이 무리해서 입원을 권할 이유가 없거든요.

영국의 주치의 제도가 좋은 본보기입니다. 영국의 의사들은 자기 지역에 등록된 1,500~2,300명의 지역사회 사람들을 1년 내내 돌봐줍니다. 의사는 정부와의 계약에 따라 기본적인 임금을 받아요. 관리하는 사람의 수에 따라 단가가 달라지지만 임금에 큰 차이

220

는 없어요. 임금이 70피센트, 나머지 30퍼센트는 성과급이에요. 환자를 얼마나 많이 진료했느냐에 따른 성과급이 아니라 '비만을 얼마만큼 줄였다', '흡연자를 얼마만큼 줄였다', '예방 접종률을 얼마만큼 늘였다' 같은 지표에 따라 30퍼센트의 성과급을 줍니다.

영국의 주치의는 전염병이 돌아서 환자가 많아지면 고통스럽고 힘들어져요. 월급을 많이 받는 것도 아닌데, 월급과 아무 상관없는 일에 고민해야 하고 시간을 뺏기거든요. 반대로 환자가 안 오면 너무 행복하죠. 그러니까 병이 안 생기게 하려고 예방하는 데 심혈을 기울입니다. 왕진도 하고 정기적으로 건강증진 교육도 하죠. 교육 횟수에 따라 인센티브를 받거든요. 반대로 환자가 많이 생기거나, 큰 병원으로 환자를 보내면 인센티브가 깎여요. 월급이 줄어드는 겁니다. 환자가 안 생기는 게 가장 좋고, 담배 끊고 비만 줄이고, 운동시켜주는 게 이익인 거예요. 히포크라테스 선서에도 맞는 일이죠.

그러니까 인센티브를 어디에 설치하느냐에 따른 겁니다. 영국의 경우는 시장 역행적으로 설치했죠. 왜냐하면 영국 정부는 의료 분야가 시장 실패 영역이라는 걸 알았거든요.

한국은 시장을 위한, 시장과 함께하는 방식이죠. 잘못 설계된 겁니다. 그래서 국민들이 의사들을 욕하잖아요. '돈 많이 벌려고 과잉진료한다'고요. 하지만 좋은 의사도 있어요. 젊은 의사들 중 일부가 환자들에게 주사 안 놓기 운동, 항생제 안 놓기 운동을 추진해요. 특히 의료생활협동조합 중심으로 해서 젊은 의사들이 노력합니다. 과잉진료를 당연시 여기는 환자들의 인식을 바꾸는 데 최선을 다하고 있어요. 환자들의 탓도 의사들의 탓도 아닌 잘못된 제도로 인한 결과란 걸 이해하는 거죠.

김윤태 의사들이 다 이기적이고 돈만 밝히는 건 아니죠. 의사도 문 닫고 망하는 사람들도 많아요. 과잉진료하고 주사 놓고 해서 살아남는 시장의 냉혹함이 무서운 것 아닙니까?

이상이 교수께서 주도하는 국민건강보험의 보장성 강화 운동은 공공 영역을 확대하여 비효율성을 막자는 사회제도 개혁 방안이라고 볼 수 있어요. 노벨상 수상자 엘리노어 오스트롬이 제기한 '공유지의 비극'을 해결할 방안을 찾아야 합니다. 누구나 양떼에게 풀을 먹일 수 있는 공유지는 아무도 관리하지 않기 때문에 황폐해질 수 있죠. 이때 서로 공유지를 지키기 위한 규칙과 사회적 합의를 토대로 제도적 장치를 만들고 공유지를 효과적으로 운영해야 합니다.

모든 사람들이 자동차를 타고 가면 길이 막히고 개인의 차량 유지비용도 많이 들지만, 대중교통을 이용하면 사회적으로 훨씬 적은 비용으로 길도 덜 막히고 효과적인 것처럼 국민들이 힘을 합해 의료불안을 낮춰야 합니다. 그러기 위해서는 제도적으로 건강보험의 공공성을 높여서 인종·연령·소득에 따른 사회적 지위의 격차와 관계없이 누구나 양질의 의료서비스를 동등하게 이용할 수 있어야 합니다.

내 아이가 살아갈 행복한 사회

여덟 번째 대담

보육불안

여성이 행복해야 미래가 있다

여덟 번째 대담에서는 왜 한국의 출산율이 낮아지는지, 고령화가 어떤 심각한
문제를 야기하는지에 관하여 이야기를 나눈다. 세계에서 가장 빠른 속도로 출
산율이 낮아지는 동시에 고령화가 진행되는 한국사회에는 엄청난 인구사회학
적 변화가 발생하고 있다. 이번 대담에서는 이러한 새로운 변화가 향후 한국 경
제에 크나큰 재앙을 일으킬 수 있음을 경고한다.
출산율 저하를 해결하기 위한 방안으로 보육서비스의 개선이 시급하다는 사실
을 지적하고, 이를 위한 새로운 정책 방향을 모색한다.

대한민국 여성들의 출산 파업

이상이 보육에 대한 정치사회적 논의가 노무현 정부 때 시작되었습니다. 사실 저출산 고령화 문제는 김영삼 정부 때부터 학계가 예측했음에도 불구하고 역대 정부가 아무런 대책을 세우지 않았어요. 김대중 정부 때는 외환위기라는 국가적 위기 탓에 저출산 고령화 문제를 살필 만한 여유가 없었습니다. 그러다가 노무현 정부에 와서 저출산 고령화 대책위원회를 대통령 직속으로 설치했죠. 그 결과 보육이 사회서비스 분야에서 처음으로 제도화되었어요. 소득 하위 50퍼센트 계층에게 보육료를 지원하고, 보육시설들을 평가하는 프로그램을 체계화했습니다.

저는 그게 노무현 정부의 최대 치적이라고 생각해요. 단지 복지에만 국한되는 게 아니라 경제사회 정책으로써 국가의 적극적 복지에 해당하기 때문이죠.

김윤태 노무현 정부 들어 정부 차원에서 복지예산을 많이 투입하고 보육 예산도 확대했어요. 그런데 노무현 정부 중반기에 접어들던 2005년 당시 한국의 합계출산율이 1.08명이었습니다. 전 세계적으로 최악의 상태였죠. '출산 파업'이라는 말까지 나올 정도였어요. 2011년에는 1.24명으로 조금 늘긴 했지만, 여전히 세계에서 가장 출산율이 낮습니다.

프랑스는 유럽에서도 대표적으로 출산율이 높은 국가입니다. 합계출산율이 2.1명 정도 됩니다. 프랑스는 보육과 관련한 복지가 아주 잘되어 있어요. 사회가 아이를 키운다고 해도 과언이 아닙니다. 그 다음은 스웨덴으로 합계 출산율이 1.91명이에요. 두 나라의 공통점은 출생부터 사망까지 생애 주기별로 각종 사회서비스 제도가 촘촘하게 짜여 있다는 겁니다. 특히 보육제도가 잘 갖춰져 있는 게 특징이죠.

이상이 저출산 국가들을 들여다보면, 대개 국가복지가 아닌 가족복지가 보육을 책임지고, 여성에게 과도한 역할을 요구하는 경우가 많습니다. 반면 **출산율이 높은 국가들은 여성의 취업 등 사회활동을 장려하고, 보육을 사회화하여 여성의 권리를 신장시킨 양성평등 사회죠. 국가복지 차원에서 보육문제가 원만하게 해결되기 때문에 여성은 가정생활과 사회생활을 병행할 수 있고, 자아실현도 추구할 수 있죠. 그러니 출산을 기피할 이유가 없습니다. 이런 나라들은 출산율과 여성의 사회참여 수준이 비례해요.**

2012년 6월 현재, 한국은 남성의 경제활동참가율이 74.1퍼센트입니다. 반면 여성은 51.3퍼센트에 불과해요. 세계적으로 그 격차가 가장 큰 편이죠. 스웨덴 남성의 경제활동참가율은 77퍼센트입니다. 한국보다 약간 높은 수준이에요. 반면 스웨덴 여성의 경제활동참가율은 73퍼센트로 한국 남성의 경제활동참가율과 비슷합니다. 한국의 여성 경제활동참가율은 스웨덴과 비교 자체가 안 되는 거죠.

그러면서도 출산율은 스웨덴이 우리보다 압도적으로 높고요.

김윤태 우리나라의 출산율 저하는 개인적 문제가 아니라 사회적 문제입니다. 정부가 지나치게 늦게 인식한 거예요. 저출산은 가족 구성원의 수가 감소하는 차원을 넘어, 우리나라 경제성장에 커다란 재앙이 될 것입니다.

이상이 이명박 정부가 잘한 것이 하나 있습니다. 노무현 정부가 소득 기준 하위 50퍼센트에게 제공하던 보육서비스 혜택을 70퍼센트까지 확대했어요. 그리고 이것을 집권 후반기에 들어 더욱 확대하죠. 0세부터 2세까지의 영유아와 5세 아이에 대해서는 대상자의 100퍼센트에게 무상보육 혜택을 주고, 3세와 4세 아이들에 대해서는 소득 하위 70퍼센트에게 무상보육 혜택을 준 겁니다.

저는 차기 정권이 무상보육과 관련해서 다음 두 가지를 했으면 좋겠습니다. 하나는 무상보육 대상자를 100퍼센트로 확대하는 겁니다. 그리고 현재의 무상보육에서는 부모가 보육시설에 지불하는 금액의 70퍼센트 정도를 지원하고 있는데, 이것을 90퍼센트 수준으로 높여야 합니다.

그리고 정부가 정한 보육료도 현실화해야 해요. 그래야 보육의 질이 적정하게 유지될 수 있습니다. 보육료 단가가 지나치게 낮게 책정되면 보육서비스 근로자의 고용을 악화시키게 돼요.

현재 우리나라의 국공립보육시설은 전체 보육시설의 5.5퍼센트에 불과하고 아동의 수를 기준으로 하면 11퍼센트입니다. 이러한 차이가 나는 것은 국공립보육시설이 민간에서 운영하는 보육시설보다 규모가 크기 때문인데요. 국공립보육시설에 근무하는 교사들의 월 평균 임금은 150만 원입니다. 전체 보육시설의 94.5퍼센트를 차지하는 민간보육시설에서는 교사들이 100만 원을 채 못 받거나, 많아야 120만 원 정도를 받고 일합니다. 이래서는 누가 보육교사라는 직업을 택하겠습니까?

김윤태 저출산에 대한 원론적인 이야기를 해보죠. 한국사회에서 저출산 문제가 제기된 건 사회학자인 제 입장에서 볼 때 굉장히 중요한 역사적 변화라고 봅니다. 1960년대만 해도 인구가 많아서 '둘만 낳아 잘 기르자'고 했어요. 청량리 시계탑에 인구를 나타내는 숫자 표지판이 있었는데 매일 숫자가 올라갔죠. 그때는 인구 통제가 중요했습니다. 예비군 훈련을 나가면 정관수술한 사람들에게 돈이나 빵을 줄 정도였으니까요. 아이를 셋 이상 낳으면 야만인 취급을 받았습니다.

남녀가 결혼을 하고 아이 몇 명을 낳아야 인구를 계속 유지할 수 있느냐를 인구대체율population replacement rate이라고 하는데, 2.14명 정도 됩니다. 한국이 2.14명 이하로 내려간 게 1980년대 중반이에요. 점진적으로 출산율이 낮아지는 추세였지만 그때만 해도 심각하게 여기지 않았어요. 2000년대 중반에 와서야 저출산 문제의 심각성을 우려하는 목소리가 제기되었죠. 출산율이 급속히 떨어지면서 다른 나라들이 50~70년 걸린 문제가 한국에선 30년 사이에 대두되고, 65세 이상 노인인구가 빠르게 늘어 10퍼센트를 훌쩍 넘겼

내 아이가 살아갈 행복한 사회

습니다. 지난 수년간 하향곡선을 긋던 출산율은 1.08명으로 최저점을 찍었어요. 인구통계학자들의 연구보고에 의하면 출산율이 지금처럼 유지되면 50년 뒤 한국은 전멸합니다.

일각에서는 인구가 줄어드는 대신 노동생산성을 높이면 큰 문제가 없지 않느냐, 인구 많은 게 뭐가 좋냐, 집값만 오르고 차도 너무 많지 않느냐고 하는데요, 해마다 65세 이상 인구가 4만 명씩 증가하는데, 태어나는 아이는 1만 명에 불과하다고 생각해보세요. 거의 4 대 1 비율로 고령화가 가파르게 진행되고 있어요. 더 이상 생산성만으로 해결할 수 없는 사회문제입니다.

[이상이] 고령화 사회가 등장한 것은 기대수명이 상승한 영향도 있어요. 의학이 발달하고 건강이 좋아졌죠. 그러나 저출산 문제는 자연적 변화나 의료적 영향이 아니라 정치사회적으로 바라볼 문제입니다.

[김윤태] 저출산의 원인에 대해서는 학자마다 주장이 달라요. 먼저 일부 학자들은 가치관의 변화를 가장 중요하게 지적합니다. 꼭 아이를 낳아야 할 필요성을 못 느낀다는 거죠. 요즘에는 30세 이전에 결혼하겠다는 대학생이 거의 없어요. 자녀도 하나나 둘을 낳겠다는 대답이 많고요. 출산·육아보다 개인 생활을 즐기며 자아실현이나 자기만족을 추구하겠다는 젊은이가 많습니다. 하지만 이런 가치관의 변화 자체를 잘못으로 볼 수는 없죠.

과거 농경사회, 가부장사회나 개발도상국에선 출산율이 높았습니다. 농경사회에서는 아이가 곧 노동력이고, 자녀를 통해 노후를 보장받았으니까요. 그래서 인도나 아프리카에서는 인구보건기구가 나서서 산아제한 교육을 하고 콘돔을 나눠주기도 하지만 출산율이 여전히 높아요.

그런데 탈산업사회인 한국은 자녀에게 부양받기를 기대하는 중년이 굉장히 적단 말이죠. 출산 기피 현상은 경제적 이유뿐 아니라 심리적 만족이라든지 행복을 추구하는 데서 비롯되는데, 그런 여성들의 가치관을 바꾸기 위해 막대한 정부 예산을 편성하려는 시도는 오류입니다.

둘째, 다른 학자들은 기회비용opportunity cost을 지적합니다. 선진국에서도 생활수준과 교육수준이 높아질수록 기회비용이 커지면서 자녀를 적게 낳는 경향이 나타납니다. 노벨경제학상을 받은 시카고대학교 게리 베커 교수의 연구 결과인데요, 중산층과 저소득층 중 어느 쪽이 아이를 더 적게 낳을까요? 소득이 높을수록 아이를 더 적게 낳는다고 합니다. 아이를 키우느라 시간을 뺏기기보다 돈을 많이 버는 쪽을 택한다는 거죠.

그러나 한국의 경우는 다릅니다. 한국의 출산율은 저소득층보다 중산층 가정에서 더 높아요. 저소득 가정에게는 양육비·교육비가 너무 큰 부담이거든요. 6세 미만의 아이를 보육시설에 보내는 비율도 세계 최고 수준이고, 사교육비는 가계경제를 넘어 국가경제까지 위협할 정도입니다.

이상이 직장여성들이 아이를 늦게 낳거나 적게 낳는 데는 여러 요인이 복합적으로 작용합니다. 맞벌이 부부라도 주로 여성이 가사와 양육까지 부담하거든요. 요즘 젊은 남편들이 과거에 비해 가사를 많이 분담한다고 하지만, 아직까지는 여성이 가사의 대부분을 떠맡고 있는 게 현실이죠.

김윤태 저는 20세기 한국사회의 가장 놀라운 변화가 고령화보다도 여성의 지위 상승이라고 생각합니다. 그러나 대졸자 고용률을 살펴보면 여전히 여성이 남성보다 낮아요. 이는 여성의 자아실현뿐 아니라 국가경제 차원에서도 엄청난 손실입니다. 여성의 고용률이 높은 북유럽 국가들이 경제성장률도 높다는 점을 간과해서는 안 됩니다.

OECD나 유럽연합은 이미 아이를 낳아 기르는 여성을 위해 여성 친화적 사회정책을 시행하고 있죠. 핵심 목표가 '일자리-가정 양립Work Family Balance'입니다. 직장여성이 보육 때문에 직장을 그만두게 하지는 말자는 거죠.

한국의 직장여성들은 아이가 초등학교에 들어가면 직장을 많이 그만두는데요, 약 10년 정도 집에서 아이를 돌보다가 중년이 되어 아이들 학원비라도 벌어볼까 생각하지만 갈 곳이 없어요. 학습지 교사, 할인점 판매직, 식당 직원 등 민간서비스 분야의 시간제, 비정규직과 저임금 노동밖에 없습니다.

여성의 경력 단절을 방지하고, 사회 · 경제적으로 여성이 기여할 수 있는 보육정책 마련이 시급합니다. 또한 출산휴가, 육아휴직 등의 복지혜택을 늘려야 합니다.

국가가 아이를 함께 키워주는 사회

이상이 보육정책이라고 하면, 사람들은 대부분 '보육시설을 많이 지어서 보육을 사회화하면 되지 않느냐'라고 얘기합니다. 저는 두 가지로 이야기하겠습니다. 첫째, 보육의 사회적 책임성 강화예요. 지금 보육이 개별 가정, 특히 여성에게 책임을 과도하게 지우지 않습니까? 보육 관련 비용의 대부분을 국가가 실질적으로 부담함으로써 사실상의 무상보육을 실현해야 합니다.

둘째, 양질의 서비스를 제공할 수 있도록 국가가 보육시설을 관리해야 합니다. 민간보육시설에만 의존해서는 목적의 달성, 비용의 통제, 적절한 질을 보장하기가 어려워요. 공공보육시설을 적절한 수준으로 확보해서 민간보육시설과 경쟁하게끔 하면 문제점을 서로 보완하면서도 전반적인 보육비용의 통제와 질적 향상을 기대할 수 있습니다.

김윤태 그런데 보육문제를 개선한다고 해서 과연 사회가 바라는 만큼 출산율이 상승할까요? 출산 파업을 과감히 철회하고 열심히 출산할까요? 저는 아니라고 생각합니다. 정책을 바라볼 때는 종합적으로 바라봐야 합니다. 정책 하나로 모든 문제를 해결할 수는 없어요. 여러 정책이 조합되어야죠. 직장에서 여성이 일하는 조건이 달라지는 것도 중요합니다.

이상이 그렇죠. 저는 이것을 여성 노동이라는 측면에 방점을 찍어야 한다고 생각해요. 여성이 경제활동에 참가할 수 있도록 양성 협력 체제를 구축하는 것이 지금의 시대적 요구입니다. 국가가 다양한 일자리를 창출하는 제도적 노력을 기울여 여성의 사회 진출을 유도하고, 기혼여성 근로자가 출산 때문에 일을 그만두지 않도록 하는 대책이 시급합니다.

지금도 3개월의 출산전후 휴가를 법적으로 보장하고 있지 않느냐고 되묻는 사람들이 있는데요, 출산 후 석 달 이내에 직장에 복귀한다는 게 결코 쉬운 일이 아니에요. 출생 후 최소 1년 반 정도는 아이가 엄마를 절실하게 필요로 하기 때문이죠. 한데 한국 여성들은 그 어려운 일을 감행합니다. 시어머니나 친정어머니, 여의치 않으면 도우미나 보모를 고용해서라도 아이를 맡기고 직장으로 복귀하고 있어요.

김윤태 그렇다고 신생아를 보육시설에 맡기기도 곤란해요. 국제적 관행을 보더라도 선진국들은 생후 1년 미만의 영아들을 부모가 직접 키우도록 장려합니다. 스웨덴의 육아휴직은 부모 합산 480일(총 16개월)이고, 휴직 기간에는 월급의 77.6퍼센트가 보장돼요.

물론 한국도 법적으로 고용보험이 부담하는 육아휴직을 보장합니다. 그럼에도 국가기관을 제외하고는 대부분 육아휴직 제도가 작동하지 않아요. 그나마 대기업은 대체 인력을 구하기 어렵지 않지만, 중소기업은 임시계약직을 채용하여 별도로 교육해야만 업무 공백을 메울 수 있어요. 그런데 1년 계약직을 채용하면 보통 교육하는 데만 3~6개월이 허비되죠. 회사는 이런 절차와 상황에 부담을 느끼기 때문에 임시계약직을 활용하기보다는 퇴사 압박을 하게 됩니다.

이상이 현재 한국의 육아휴직제도는 유명무실하다고 해야겠죠. 육아휴직을 하면 1년 동안 고용보험에서 매월 통상임금의 100분의 40을 지급하고 있어요. 전에는 월 50만 원씩 지급하던 것을 2011년 1월 1일부로 통상임금의 40퍼센트를 지급하기로 바꾸었습니다. 그러나 상한액이 월 100만 원, 하한액이 월 50만 원밖에 안 됩니다. 유럽 선진국의 절반 수준이죠.

이론적으로 선진 복지국가에서 육아휴직은 개인과 국가 사이의 문제입니다. 원칙적으로 중간에 회사가 끼어들 수 없어요. 그런데 한국에서는 회사가 중간에 버티고 서서 여성 근로자에게 눈치를 준단 말이에요. 그래서 제도가 잘 작동하지 않는 겁니다.

스웨덴은 여성의 휴직 문제를 개인과 국가 차원에서 처리하고, 회사의 빈자리는 보조 인력으로 대체합니다. 자연히 고용도 늘지요. 출산과 육아휴직을 마치고 1년 뒤 복귀하여 보조 인력과 교대하면 그만입니다. 업무 공백이 생기지 않을 뿐더러 육아휴직으로 인해 발생하는 비용도 회사와는 아무런 상관이 없어요. 평소 급여의 80퍼센트를 받으면서 1년 2개월을 휴직할 수 있습니다. 그중에서 2개월은 남편이 씁니다. 2개월 동안은 부부가 함께 아이를 키우라는 거죠. 우리도 이런 정책을 최대한 빨리 도입해야 합니다.

김윤태 OECD 국가 중 스웨덴의 보육정책이 가장 여성 친화적

내 아이가 살아갈 행복한 사회

이죠. 2009년 스웨덴을 방문했을 때 사회민주당 여성위원장인 닐린 캘런 전 의원을 만난 일이 있는데요, 간호사 출신인 그녀는 다음 선거를 준비하고 있었습니다. 선거 공약을 물었더니 육아휴직 기간을 18개월로 늘리고 부부가 9개월씩 공평하게 나눠 쓰도록 하겠다는 거였어요. 굉장히 논란거리가 됐죠.

스웨덴의 노동시장은 성별로 분절되어 있어요. 민간시장은 주로 남성이 맡고, 공공시장 및 보육, 요양 등의 사회서비스 분야는 여성이 70~80퍼센트를 차지합니다. 임금이나 소득은 남성이 더 높지만, 차이가 크지는 않아요. 반면 한국은 여성들이 주로 저임금의 민간서비스 일자리에 비정규직으로 몰려 있기 때문에 남녀 간의 임금 격차가 100 대 60 정도로 매우 불평등하죠.

스웨덴 남성들은 육아휴직 9개월을 어떻게 생각할까요? 젊은 세대는 대체로 긍정적으로 평가하는 분위기였어요. 문제는 여성과 장모였죠. 남자들이 어떻게 9개월씩이나 아이를 키우냐는 거죠. 스웨덴에서도 육아가 여성의 몫이라는 인식이 아직 남아 있는 것 같아요. 남자의 소득이 더 높으니까 가계 수입을 위해 남성이 노동을 하는 게 유리하다는 이유도 있겠죠.

이상이 일하는 여성들에게 육아휴직을 최소한 1년은 보장해야 일과 가정의 양립이 가능해집니다. 무상보육을 잘하는 것도 중요하지만, 출산 후 첫해에는 육아에 최선을 다하고, 여기에 아빠도 참여하도록 하는 제도를 마련해야 합니다. 임신과 출산은 남성이 아닌 여성이 결정합니다. 모든 가임여성들에게 육아휴직 1년과 휴직 후 업무 복귀 기회를 보장해주어야 합니다.

> **김윤태** 최근 아동학자들의 연구에 따르면 유아가 생후 3년까지는 부모의 표정을 보고 목소리를 들으면서 감성과 두뇌를 발달시킨다고 해요. 따라서 법적으로 부모의 양육을 적극적으로 보장하고 그로 인한 부담은 국가나 기업이 부담해야 합니다.

그런데 우리나라의 기업들은 어떻게든 부담을 안 지려고 해요. 육아휴직을 잘 시행하는 기업에 인센티브를 준다든지, 대리로 채용한 계약직 직원에 대한 교육비를 지원한다든지 하는 현실적인 혜택을 주어야 하지 않겠습니까?

아이의 인권을 존중하는 보육서비스

> **이상이** 이명박 정부가 0세에서 2세까지의 영유아를 보육시설에 맡기지 않고 집에서 키우는 극빈계층과 차상위계층의 엄마들에게 현금으로 양육수당을 주는 정책을 신설했어요. 정부 여당은 장차 이것을 전 계층에게 확대해 5세 이하의 아이가 있는 엄마들에게 선택권을 주는 안을 검토하고 있습니다. 말하자면 보육시설 이용에 대한 지원금과 아이를 스스로 돌보는 데 대한 양육수당 중 하나를 택하도록 한다는 발상입니다. 저는 이게 잘못된 정책이라 생각합니다.

아이의 인권 차원에서 따져보자는 거예요. 아이는 보육시설 등에서 교육받을 권리가 있어요. 부모 밑에서 따뜻하게 양육을 받을 권리도 있지만, 이건 주로 출산 후 첫해 동안 제공할 수 있도록 지원체계를 확립하면 되고요. 아이를 보육시설에 보낸다고 하더라도 24시간 있는 게 아니잖습니까? 아침에 갔다가 저녁에 돌아오면 부모와 접촉할 수 있으니까요. 아이에게도 사회적 접촉이 필요해요. 어려서의 사회적 교육이 굉장히 중요합니다. 친구들과 어울려 놀아야 해요.

교육에 대한 다양한 철학들이 있지만, 하나같이 **아이가 사회적 교육을 받고 사회화하는 게 아이의 인권이라고 주장합니다. 엄마가 하루 종일 끼고 있으면 아이의 인권과 교육권을 침탈하는 거예요.**

양육수당을 선택하도록 하겠다는 발상은 아이들의 교육받을 권리를 빼앗고 아동 발달에 역행할 가능성이 있다는 점에서 문제가 크다고 봅니다. 결론적으로 저는 24개월까지의 영유아에 대해서 선택권을 주는 정책에는 반대하지 않습니다. 하지만 그 후부터는 정부가 보편적 무상보육에 대해서만 지원해야 하고, 선택적인 양육수당은 인정해선 안 된다는 거죠.

김윤태 저도 아이가 만 3세를 넘으면 공동생활을 경험할 수 있도록 보육시설에 보내는 것이 좋다고 생각해요. 유럽 국가들은 이미 정책적으로 실시하고 있죠. 이명박 정부가 내놓은 양육수당 정책은 결국 가난한 집 아이는 가정에서만 키우라고 조장하는 것과 같은 거죠. 아이는 보육시설에 맡기고, 엄마에게는 일자리를 제공해야죠. '가난한 엄마와 아이는 집에서 너희끼리 살아라. 국가가 돈을 좀 줄 테니까 그걸로 살아라.' 이건 잔혹한 철학입니다.

이상이 정치인들은 표를 얻기 위해 복지정책을 포퓰리즘 정치에 악용합니다. 단적으로 새누리당은 양육수당에 대한 선택권을 왜 차상위계층에게만 제공하느냐며, 누구에게나 선택권을 주어야 한다고 주장합니다. 보육시설에 보내든, 양육수당을 받고 집에서 아이를 키우든 부모가 결정하게 하자는 건데요. 이건 철학 자체가 잘못되었을 뿐만 아니라 경제적으로도 무식한 생각이에요.

그럼에도 상당수의 국민들은 즉각적으로 호응합니다. 집에서 아이를 키우는 여성에게 돈을 준다니까 반기는 거예요. 지금껏 아무런 혜택도 못 받다가 돈을 준다니 표를 찍을 작정인 거죠. 이거야말로 나라를 망치는 포퓰리즘에 돈을 쏟아붓는 일입니다. 그런데 그 일에 민주당이 동참하겠다고 나섰습니다. 민주당이 내놓았던 '3+1 정책'●을 보십시오. 보육시설에 가지 않고 집에서 아이를 키우면 양육수당을 주겠다는 겁니다. 이건 인센티브가 잘못 걸린 거예요.

출산 후 1년 동안은 부모가 육아에 전념할 수 있도록 제도를 정비하고, 스웨덴처럼 24개월 이후에는 보육시설에 아이를 보낼 때만 인센티브를 줘야 합니다.

급식문제도 중요하죠. 이것 역시 아이의 인권문제입니다. 그래서 아동수당 제도를 도입하는 데 중요합니다. 보육시설에 가는지의 여부와 상관없이 일정 연령 이하의 모든 아이들에게 매달 일정 금액을 지급하자는 겁니다. 매달 10만~30만

> **3+1 정책** 2011년 민주당이 보편적 복지정책으로 내세운 '3무 1반' 공약으로, 급식·보육·의료를 무상으로 제공하고 반값 등록금을 보장하겠다는 내용을 담았다.

원을 아동수당으로 지급하는 유럽 국가들처럼요. 얼마 전까지만 해도 주요 국가들 중에서 일본과 한국에만 아동수당이 없었는데, 이제는 한국만 아동수당 제도가 없어요.

김윤태 스웨덴은 1910년대에 이미 아동수당을 도입했고 영국은 1940년대 노동당 정부 때 아동수당을 지급했죠. 우리나라도 아동수당을 도입할 때가 되었다고 봅니다.

보육은 비즈니스가 아니라 복지여야 한다

이상이 한국은 보육시설을 대부분 민간이 운영합니다. 개인이나 소규모 사업자가 사업 차원에서 보육시설을 운영하는 거죠. 일부 사회복지법인, 종교법인이 운영하는 비영리 보육시설도 있지만 전체의 10퍼센트밖에 안 돼요. 엄밀하게 따지면 그것도 민간이라고 할 수 있죠.

스웨덴은 지방정부가 보육시설의 75퍼센트를 운영하고, 영리 민간과 비영리 민간을 모두 포함한 민간이 25퍼센트를 운영합니다. 이것도 1990년 이후 신자유주의 세계화에 따른 복지국가의 구조조정 과정에서 민간이 확대된 거예요. 공공에 서비스 공급을 다 맡기다 보면 정부 실패 현상, 즉 효율성과 서비스의 질이 낮아지는 문제가 나타날 수 있거든요. 스웨덴뿐 아니라 유럽의 복지국가들 대부분이 서비스의 질적 정체를 우려해서 공공과 민간의 혼합모델

welfare mix을 추구합니다. 현재 스웨덴은 7.5 대 2.5로 공공 우위의 복지혼합이 이루어지는 데 비해 한국은 5.5 대 94.5 수준으로 민간의 압도적 우위죠.

김윤태 한국 부모들이 공공보육시설을 선호하는 데는 그만한 이유가 있어요. 대부분 구립시설을 선호하는데요, 대기자가 많아서 한참을 기다려야 합니다. 오죽하면 개그프로그램에서 개그맨 최효종이 '여자친구를 사귈 때 미리 구립유치원 예약하세요'라고 했겠어요? (웃음)

이상이 우리나라의 민간보육시설은 대부분 규모가 작고 시설도 형편없어요. 더욱이 보육단가를 정부가 통제하잖아요. 낮은 보육료를 받아서 독자적으로 경영해야 하는데 현실적으로 어려운 거예요. 보육시설을 짓는 데 돈이 들어갔으니 이자를 충당해야 하고, 투자금도 환수해야죠. 그러다 보면 결국 보육서비스의 질이 떨어질 수밖에 없습니다.

김윤태 일부 사업체는 양질의 서비스를 제공하지만 가격이 너무 비싸서 보통 사람들은 이용하기 어렵습니다.

이상이 그런 곳은 보육시설이라기보다는 특별시설이죠. 제가 말하는 보육시설은 정부의 인가를 받아 정부의 통제를 받는 시설입니다. 보육료가 지나치게 낮기 때문에 민간보육시설의 보육교사

내 아이가 살아갈 행복한 사회

임금이 보통 80만~120만 원 수준이에요. 그러나 공립은 정부가 국유지에 시설을 지어서 환경도 깨끗하고 조용할 뿐만 아니라 기본적으로 공공 인프라가 좋아요. 교사 임금도 월 150만 원 정도로 적정 범위에서 지급되고요. 이러다 보니 결국 불공정 경쟁처럼 되어버립니다. 공립에는 유리하고 민간에는 불리하게 시스템이 짜여있으니까 하나같이 공공을 선호하죠.

스웨덴은 과거 100퍼센트 지방정부 소유로 보육시설을 운영해오다가 복지국가의 조정 과정을 거치면서 25퍼센트를 민간에게 넘겨주었지만, 보육료는 지방정부가 똑같이 통제합니다. 그래서 사람들은 복잡하게 생각할 것 없이 대개 집과 가까운 보육시설을 선택하죠. 민간이든 공공이든 철저하게 시 당국이 보육료를 지원하고 관리하니 믿을 수 있거든요.

우리나라는 현실적으로 민간보육시설을 공공으로 전환하려면 비용이 많이 듭니다. 단계적으로 이행하되, 현재 5.5퍼센트인 공공보육시설의 비중을 30퍼센트 수준으로 확충하자는 게 시민사회 단체와 전문가들의 요구입니다. 또 보육료 단가를 현실화해서 민간보육시설에 종사하는 사회서비스 인력, 즉 보육교사의 임금 수준을 정상화하고, 인력의 채용도 늘려야 합니다.

김윤태 민간보육시설의 근무조건이 열악하니 보육교사의 사기도 떨어지고 이직율도 높아요. 보육교사의 직무만족도가 낮으면 양질의 보육서비스를 기대할 수가 없죠. 보육교사의 급여와 처우 개선이 시급합니다.

이상이 사회서비스 분야는 기술혁신이 잘 일어나는 것도 아니고, 논리적으로 저임금 노동일 가능성이 높습니다. 대학을 졸업하고 희망에 부풀어 사회로 나왔는데 80만~90만 원 하는 일자리에 들어간다면 얼마나 끔찍합니까? 보육의 중요도와 기여도에 비해 임금 수준이 떨어지니 우수한 인력 공급이 수요에 못 미칠 수밖에 없어요. 이게 바로 시장 실패입니다.

북유럽은 공무원이 사회서비스 분야를 맡습니다. 민간업자도 정부가 정한 임금 기준에 맞춰 인력을 채용하고요. 공공과 민간 종사자 사이에 불평등이 생기지 않도록 철저히 공공에 맞춥니다. 정부의 개입으로 민간 보육교사의 근무 환경이 좋아지면 서비스의 질이 좋아지고, 공급도 늘겠죠. 선순환이 이뤄지는 겁니다.

김윤태 지금이라도 민간보육시설의 임금과 근로 조건을 개선하면, 좋은 일자리로 만들 수 있습니다. 아동 보육 및 교육에 대한 기대치가 높고 수요는 급증하는데, 현재 민간시장에서는 사회서비스가 충분히 제공되지 못하고 있어요. 보육이 개인이나 부모의 문제가 아니라 사회의 문제라는 인식의 대전환이 절실한 시점입니다.

여성이 행복한 사회

김윤태 어떤 점에서 보면 출산 장려 문제와 여성 친화적 정책은 조금 다른 영역이기도 합니다. 인구통계학자들의 전망으로 보았을 때 이상적인 인구 대책 기준인 2.14명 출산은 OECD 국가 중에서도 드물거든요. 아동 보육·교육을 적극 지원하고 잘하는 나라들도 출산율이 줄고 있어요. 스웨덴이나 프랑스도 과거에 비해 늘었을 뿐이지 아직 2.14 수준은 안 됩니다.

가치관의 변화도 있어요. 요즘 시대에는 임신과 보육이 여성의 행복이라고 가르치기도 민망하죠. 오히려 인구 감소가 정말 심각한 문제라면 OECD에서 인구가 줄지 않는 유일한 국가인 미국을 참고해 이민을 많이 허가하는 방법밖에 없어요. 최근 동남아 출신 이주 노동자가 없으면 한국의 노동시장에는 심각한 문제가 발생할 수 있습니다. 이미 저출산 문제는 이민 문제와 맞물려 벌어지고 있어요.

한국은 현재 1.08명에서 1.2명까지 올랐어요. 양육·보육 정책만 개선되어도 1.78명까지 전망해볼 수 있겠죠. 그동안의 사회보험은 남성 위주로 설계되었거든요. 여성은 전업주부로 일하고 남성은 가장으로서 살림을 책임졌기 때문에 연금은 주로 남성의 몫이었죠. 그런 정책들이 이제 여성 친화적으로 바뀌어야 합니다.

이상이 스웨덴은 보육시설을 100퍼센트 가까이 국공립으로 운영하기 때문에 정부 예산을 지원하는 전달체계가 어렵지 않아요. 그러나 한국은 이미 90퍼센트를 민간이 운영하기 때문에 이제 와서 국유화하기도 쉽지가 않습니다. 국가가 예산을 확보한다고 해도 보육비용을 완벽하게 통제하기가 현실적으로 어렵고요. 김대중 정부 때 하위 20~30퍼센트를 도왔다가 노무현 정부 때 70~80퍼센트까지 확대했는데, 이때 과감하게 100퍼센트까지 강행했다면 좋았을 텐데 많이 아쉽죠.

김윤태 최근 10년 동안 남녀 간 교육격차가 상당히 줄어들었죠. 사법고시나 공무원 시험에 여성 합격자가 월등히 많아졌어요. 그러나 기업 등 민간시장에서는 여전히 여성들의 유리천장이 심각한 수준입니다. 또 간호사나 초등교사는 여성이 많지만 엔지니어나 의료 분야에는 적지 않습니까? 여성이 소득 및 부가가치가 높은 직종에서 일할 수 있는 사회적 분위기가 마련되어야 합니다.

이상이 여성 친화적 정책을 펴는 것은 단순히 인구를 늘리기 위해서가 아니라 여성의 경제활동이 국가경제성장에 도움이 되기 때문입니다. 여성이 가정과 일을 병행하면서 삶의 만족도를 느낄 수 있어야 합니다.

아홉 번째 대담

교육불안

반값 등록금 요구는 정당하다

9장에서는 교육 분야에서 문제시되는 지나친 경쟁과 사교육비 부담의 원인을 진단하고 새로운 교육개혁의 방안을 논의한다. 현재 한국의 현실은 사회의 지나친 불평등이 결국 과잉경쟁을 유발하고, 이것이 터무니없이 높은 사교육비 지출의 원인이 되고 있다.

교육은 모든 사회 구성원들에게 기회의 평등을 보장하는 가장 중요한 사회제도이며, 사회적 계층 이동의 중요한 통로가 되어야 한다. 이번 대담에서는 이를 위한 보편적 교육복지의 중요성을 강조하며, 그 방향을 모색해본다.

비인간적인 경쟁교육, 비상식적인 교육비

이상이 최근 대학생들도 복지에 대한 관심이 커졌습니다. 반값 등록금을 요구하는 거대한 시위가 벌어졌고요.

김윤태 대체로 청년세대는 복지국가에 긍정적인 편인데, 특히 반값 등록금과 일자리불안에 민감하게 반응합니다. 이제 대학등록금 1,000만 원 시대 살고 있어요. 세계에서 미국 다음으로 비쌉니다. 연간 5,000만 원이 넘는 미국에서는 사립대학보다는 싸지만, 주립대학보다 더 비싸요. 미국 대학생의 70퍼센트가 주립대학을 다니는데, 한국 대학생은 80퍼센트가 사립대에 다닙니다.

유럽 대부분의 국가는 국민소득이 한국의 두세 배인데도 불구하고 대학등록금이 없거나 매우 낮죠. 스웨덴, 핀란드, 아일랜드는 등록금이 무료입니다. 덴마크, 노르웨이, 체코에서도 국공립대는 무료이고, 사립대학은 그 수가 매우 적죠. 프랑스에서 대학등록금은 약 40~50만 원 수준으로 한국의 10퍼센트도 안 됩니다.

이상이 교육받을 권리는 사회권을 충족시킨다는 의미에서 중요한 복지정책이에요. 또 공공교육 강화에 국가재정을 투입한다면 이건 경제정책이기도 합니다. GDP의 4퍼센트에 불과한 공공교육 부분을 대폭 확충할 수 있다면, 이것은 곧 인적자본을 고도화하는 경제정책이고, 나아가 복지의 확충이거든요.

이처럼 교육은 경제와 복지가 만나는 접점으로써 중요한 의미를 지닙니다. 그래서 교육을 경제학적 가치재라고 하죠. 투자비용이 상당하지만 전체적으로 환원되는 편익이 더 크거든요.

김윤태 그래서 유럽 복지국가들은 아동보육부터 대학원까지 보편적으로 무상교육을 제공했어요. 그런데 1979년 영국에서 보수당 정부가 집권하면서 대학등록금 유료화 정책을 추진했어요. 1997년 이후 토니 블레어 노동당 정부가 집권하면서부터는 저소득 가정 30 퍼센트에 대해서만 등록금을 면제해주고 상위소득 가정 30퍼센트는 50만 원을 내도록 했죠.

그러다 2008년에는 영국이 금융위기를 겪으면서 자유민주당과 보수당이 연정해서 한꺼번에 300만 원까지 올리는 바람에 대규모 대학생 시위대들이 보수당 중앙당사를 찾아가 파괴하는 등 거세게 반발했어요. 영국 대학원생들은 한 해 1,000만 원을 납부합니다. 하지만 영국은 환율도 높고 한국보다 국민소득이 높으니 한국의 1,000만 원과 동일하게 생각해서는 안 되죠.

이상이 OECD의 '2011년 교육지표 조사결과'에 의하면, 우리나라는 대학등록금 등을 포함한 공교육비 비율이 GDP 대비 7.6퍼센트입니다. 이는 OECD 평균인 5.9퍼센트를 크게 웃도는 수치예요. 여기에 조사항목에서 빠져 있는 사교육비까지 더하면 민간이 부담하는 교육비는 훨씬 더 올라가겠죠.

문제는 전체적인 공교육비의 비율이 높은 것보다 교육비의 대부분을 민간이 부담하고 있다는 사실입니다. 한국의 공교육비 중 정부의 부담비율은 GDP 대비 4.7퍼센트로 OECD 평균인 5퍼센트보다 낮은 반면, 공교육비 중 민간의 부담비율은 GDP 대비 2.8퍼센트로 OECD 평균인 0.9퍼센트보다 훨씬 높아요. 공교육비의 민간 부담률이 세계 1위입니다.

김윤태 정부의 교육재정이 과거에 비해 늘긴 했지만, 내용 면에서는 여전히 열악합니다. 사실 OECD는 교사 1인당 학생 수 등 교육환경에 더 주목해요. 그러다 보니 외환위기 당시 구조조정했던 교사를 다시 긴급하게 채용하기도 했죠. 60명이었던 학급당 학생 수를 40명으로 줄이고 학교 건물도 많이 지었어요. 그런데 갈수록 취학 인구가 줄어들어서 지방에서는 폐교가 늘어나고 있어요. 치밀한 진단과 계획 없이 학교 건물만 늘리다 보니 우수한 공립학교 교사를 육성하지 못했고, 입시 위주의 교육 프로그램을 전인교육으로 개혁하지 못했습니다.

이상이 미국 오바마 대통령이 "한국의 교육을 배워야 한다"고 해서 화제를 모았는데, 정확한 내용을 모르고 한 말입니다. 국제평가기구에서 한국 학생들이 꽤 좋은 성적을 거두고 있지만, 그 이면에는 전반적인 경쟁구조나 학부모의 높은 교육열이 작용했죠. 투자 규모에 비해 한국 교육의 포괄적 성과는 기대 이하입니다.
　과거에는 소수정예·엘리트 교육을 강조했지만 지금은 그게 경제적으로도 바람직하지 않아요. 핀란드나 스웨덴은 전인교육을 실시하는데요, 전반적으로 교육 수준이 높아지고 엘리트가 더 많이 나타나더라는 겁니다. 창의적 발상에도 유리하고요.

한국은 교육격차를 인정하는 가운데 소수의 똑똑하고 공부 잘하는 아이들이 국가발전에 이바지할 미래 인재라는 그릇된 인식을 갖고 있어요. 이 논리가 과거에는 설득력이 있었고, 실제로도 그랬는지도 모릅니다. 그러나 지금 상황에는 적합하지 않아요. 교육에 대한 접근의 평등을 완전히 보장하는 노력이 필요합니다.

그러기 위해서는 현실적인 정책 수단을 강구해야 하는데, 저는 무상교육 정책이 대표적인 방법이라고 생각합니다. 접근의 평등성을 확보하는 가장 좋은 길은 경제적 장벽을 없애는 거예요. 총체적으로 평등교육을 보장해줄 수 있는 제도적 접근이 필요합니다.

김윤태 교육이 사회적 신분을 대물림하는 수단이 되고 있다는 게 정말 심각한 사회문제입니다. 이제 부모의 경제력에 따라 교육 수준이 대물림되고, 교육이 사회경제적 지위 및 소득 수준까지 결정하고 있어요. 이런 사회 분위기 때문에 어려서부터 지나친 경쟁으로 내몰리는 악순환이 되풀이되고 있습니다.

이상이 소위 '스카이SKY' 대학에 외국어고 등 특목고 출신 비율이 급증했어요. 특목고 졸업생은 5퍼센트 미만인데, 스카이 대학 입학생의 25~30퍼센트를 차지합니다. 지방 학생은 줄고 수도권 출신, 특히 강남 출신 학생 비율도 급증했어요. 이는 교육격차가 부모의 경제력과 밀접하게 관련된다는 증거입니다.

김윤태 2011년도 사교육비 규모가 21조를 넘었다는 발표가 있었죠. 역시 세계 최고입니다. 사교육비 증가는 표면적으로는 경쟁이라든지 대학 서열화의 영향도 있지만, 사회 전 분야의 불평등 구조와 복잡하게 연결되는 현상이에요.

한국은 공교육비 부담만 해도 세계 주요 국가들 중에서 가장 높은데, 왜 사교육에 그토록 많은 돈을 쓸까요? 어떻게든 좋은 대학을 보내 상위 10퍼센트 안에 드는 대기업·공기업에 취직시켜야 성공할 수 있다는 신분상승 욕구에서 비롯된 현상입니다. 한국은 신분상승할 수 있는 사다리가 교육 말고는 없거든요.

이상이 우리나라 교육이 비인간적인 과도한 경쟁으로 내몰리는 이유는 결국 노동시장과 밀접한 관련이 있습니다. 10퍼센트의 좋은 일자리를 놓고 서로 경쟁을 벌이는데, 경쟁 기한이 너무 길죠. 초등학교 들어가기 전부터 이미 경쟁에 돌입하잖아요.

김윤태 1980년대 민주화운동을 경험한 소위 '486세대'도 자녀교육에 올인하고 있어요. 심지어 '기러기 가족'이 되기를 불사합니다. 기러기 가족이야말로 가정 파괴의 주된 원인인데 말이에요. 486세대 중에 노후를 준비하는 비율은요? 50퍼센트도 안 됩니다. 노후 준비도 뒷전으로 미룬 채 자녀 교육에 과도하게 투자하고,

> **486세대** 30대의 나이에 80년대 학번, 60년대생을 지칭하는 386세대가 40대가 되자 컴퓨터 발전에 빗대어 수정한 용어

대출받아서 집을 사는 거예요. 이게 결국은 사회 불안을 가져오고 개인의 행복감을 떨어뜨리는 중요한 요인이 됩니다.

한국에서 주거와 교육은 공공성이 가장 취약한 부문입니다. 전부 시장논리로 운영되죠. 의료(건강보험)와 연금(국민연금)은 부실하나마 공적 제도가 존재하잖아요. 주거와 교육은 완전히 무한경쟁이에요. 시장통이나 진배없죠. 할아버지의 재력, 아빠의 무관심, 엄마의 정보력이 아이의 대학을 좌우한다는 웃지 못할 말도 있습니다.

이상이 과거에는 공부 잘하는 지방 학생들이 명문대에 많이 진학했지만 이젠 드물다고 해요. 중·고등학교 때 이미 서울 대치동 학원 가까이로 이사 와야 한다는 거죠.

사교육의 함정에 빠진 합리적인 바보들

김윤태 그렇다면 전두환 정부 때처럼 학원을 다 폐지해야 할까요? 국민투표를 해서라도 사교육을 없애야 한다는 사람도 있어요. 그런데 학원 강사, 학습지 교사 등 사교육 시장에 고용된 인력이 약 100만 명입니다. 사회적 충격을 최소화하는 방향에서 사교육 시장을 서서히 줄여가야 합니다.

지금처럼 대기업과 중소기업의 임금 격차가 100 대 50인 이상 한 달에 500만 원을 써서라도 사교육에 투자하는 게 합리적인 선택이에요. 그래야 명문대학교에 진학하고, 대기업에 입사할 수 있을 테

내 아이가 살아갈 행복한 사회

니까요. 그러나 만약 임금 격차가 100 대 80으로 줄어든다면 사교육 시장도 서서히 줄어들고, 학부모는 그 돈으로 안정된 노후를 준비할 수 있겠죠.

스웨덴 같이 소득격차가 적은 사회에서는 경쟁이 살벌하지 않아요. 결국 경제와 산업, 그리고 고용 구조에서 양극화와 소득격차를 줄여야겠죠. 미국이나 영국에서도 상위 1~2퍼센트들은 사교육을 받습니다. 한국은 미국 모델을 따르면서도 70~80퍼센트가 사교육을 받는다는 게 문제죠. 이런 경우를 '합리적 바보'라고 하겠죠.

전문가들은 상위 30퍼센트만 사교육 효과를 얻을 수 있다고 말합니다. 나머지는 남 좋은 일만 하는 거죠. 차라리 사교육비로 지불되는 21조 원을 고스란히 공교육에 쓰거나 다른 공공재 부문에 투자한다면 훨씬 많은 사람들에게 혜택이 돌아갈 겁니다. 공존을 통해 개인적으로도 더 이익이 되는 게임을 하자는 거예요. 제로섬 게임zero sum game을 하지는 말아야죠. 노후 준비를 방해하고 온갖 사회 불안을 야기하는 사교육 근절을 위해 정부는 획기적인 대책과 사회적 합의안을 만들어서 국민을 설득해야 합니다.

이상이) 신자유주의 경제체제 아래서는 교육도 시장만능의 경쟁체제일 수밖에 없어요. 제가 전교조 선생님들을 상대로 강연을 할 때 "교육 예산을 많이 늘려주면 스웨덴처럼 전인교육을 하실 수 있겠습니까?"라고 물어본 적이 있는데, 선생님들도 이게 불가능하다는 사실을 알고 있었어요. 왜 그럴까요?

교육 예산을 대폭 늘려 학교를 좋게 만들고, 공교육 프로그램을 전인교육 중심으로 바꾸고 싶어도 한국에서는 금방 한계에 부딪칩니다. 시장만능국가, 승자독식구조, 노동시장의 양극화 등이 근본적으로 변화하지 않으면 교육이 바뀔 수 없거든요. 선생님이 아이를 붙잡고 아무리 전인교육을 강조해봤자 집으로 돌아가면 부모님이 학원에 가라고 등을 떠밀고, 친구들을 밟고 올라서라고 다그치잖아요. 1등만 존중하는 사회 아닙니까? 저는 복지국가운동이 교육운동과 같이 가야 한다고 생각합니다.

또 교육이 경제 전반과 상호작용을 할 수 있도록 직업교육·평생교육·대학교육 시스템을 재편해야 합니다. 전문 직업인을 양성하는 데 집중해야 하고, 학문을 위한 대학교육은 줄여야 해요. 특히 대학을 재정립하는 문제는 한국사회가 총체적으로 고등교육의 재정립을 위해 고민해야 할 부분이에요. 경제와 교육이 밀접하게 연결되어 있다는 것을 인정해야 합니다.

김윤태 한국 학생들은 명문대학에 들어가기 위한 경쟁이 너무 치열해요. 교실과 학원에 가둬두고 토론과 문제해결을 위한 창의적인 교육 대신 주입식과 암기식의 입시교육만 하고 있어요.

성적은 상대평가로 매겨지니까 남보다 잘하기 위해서는 너나 할 것 없이 과외와 학원을 선택합니다. 학원에서는 선행학습을 하죠. 이쯤 되면 학원을 다녀도 아무 효과가 없어요. 남들이 안 다닐 때 공부해야 상대적으로 효과가 있는 거지, 모두가 다닌다면 어차피 제자리걸음이거든요. 결국 공부 시간만 길어지고, 학원비 부담만 커지는 겁니다.

내 아이가 살아갈 행복한 사회

공부 잘하는 소수의 학생들은 견뎌내겠지만, 대다수 학생에게 학교는 지루한 곳입니다. 일부 학생은 과잉경쟁과 비인간적 교육 풍토에 못 이겨 스스로 목숨을 끊기도 합니다. 그래서 청소년 자살률이 세계 1위예요. 슬픈 현실이죠.

이상이 1995년 김영삼 정부의 '5·30 교육정책' 이후 대학교가 갑자기 많아졌어요. 과학고나 외국어고 역시 많이 생겼죠. 이러한 특목고의 등장은 평준화 정책 이후 가장 극심한 입시경쟁을 촉발시켰습니다. 중·고등학교 교육이 입시전쟁으로 바뀌면서 사교육 시장이 거대하게 성장했어요.

김윤태 지옥 같은 과잉경쟁은 고스란히 개인과 가정에 부담이 됩니다. 일단 학원비 부담이 너무 크죠. 대학도 마찬가지예요. 국립대학의 수는 너무 적고, 대학등록금은 해마다 물가상승률보다 빠른 속도로 7~8퍼센트씩 증가했어요.

저는 대학생들이 여기에 순응하고 고액의 등록금을 내는 것이 안타까워요. 국가로부터 받은 것도 없는데 왜 학비를 내야 하느냐고 따져야죠. 교육은 국가의 책임이라고 헌법에 되어 있는데, 왜 헌법을 안 지키느냐고 분명한 목소리를 내야 해요. 등록금 인하든, 등록금 후불제든, 국가장학금제도든, 전액 무상교육을 요구하든 국가의 정책 변화를 요구해야 합니다. 다행히 2011년 박원순 서울시장의 반값등록금 공약 이행으로 서울시립대학교의 등록금이 대폭 낮아졌습니다.

기술과 협력을 존중하는 문화

이상이 사실상 대학이 취업과 노동시장을 고려하지 않고 숫자만 늘어나다 보니 대졸 실업자만 양산하고 있는 게 우리 사회의 큰 문제입니다.

김윤태 부유한 유럽 국가들을 봐도 대학생 비율이 우리만큼 높지 않아요. 스위스나 독일도 대학 진학률이 30퍼센트 수준입니다. 이미 열두 살, 열세 살에 진로를 결정해서 30~40퍼센트가 실업계로 진학하거든요. 직업학교를 나와 기술자가 되면 임금수준도 괜찮고 사회적으로도 존중을 받습니다. 대졸자가 4년 공부하는 동안 4년 근무하면서 전문성을 높이면 임금수준도 비슷해져요. 독일에서는 기술자로 10년을 일하면 마이스터(장인)가 될 자격이 생기는데, 급여 등에서 상당한 보상을 받을 수 있어요.

이상이 그런데 한국에서는 고졸자가 대졸자의 임금을 영원히 따라갈 수 없어요. 뿌리 깊은 학력차별, 학벌주의 때문입니다. 그러니 모두 대학에 가려고 애쓰는 거죠.

김윤태 제가 만난 독일 학자 가운데 한국사회를 잘 아는 사람이 있어요. 그 사람은 한국 사람들이 왜 그렇게까지 자식을 대학에 보내려고 하는지 이해하기 어렵다고 하더군요. 그리고 나서 오랜 시간이 지나니 한국에는 노동자와 기술자를 존중하는 문화가 없다

내 아이가 살아갈 행복한 사회

는 것을 알았다고 해요. 독일의 장인 문화와는 하늘과 땅 차이죠.

현대자동차에서 6,000만 원을 받는 생산직 노동자도 자기 자식은 '기름밥' 대신 '펜대 굴리는 일'을 시키겠다고 다짐합니다. 그러나 현실은 대학 나와도 100만 원도 못 받는 비정규직만 기다리고 있죠.

이상이 실업계 고등학교가 점점 사라지고, 대학에서도 이공계 출신자들이 대접을 못 받는다는 불만이 커지고 있습니다.

김윤태 1998년 외환위기 이후 민간 기업의 구조조정, 명예퇴직, 자영업의 몰락을 지켜보면서 온 국민이 고용안정을 최우선의 가치로 생각하게 됐죠. 그래서 초등학생들이 가장 좋아하는 직업이 공무원이라잖아요. 공부 좀 하는 학생들은 모두 의대에 가려고 난리입니다.

그러나 경제와 사회의 장기적인 발전을 위해서는 과학자, 기술자, 기업가가 더 많이 필요합니다. 사회적 약자를 돕는 사회적 기업도 필요하고요. 새로운 일에 도전하는 젊은이가 있어야 해요. 그러기 위해서는 정규직 고용을 강화하는 한편, 격차를 줄이고 실패자의 재기를 돕는 사회적 장치가 필요합니다.

이상이 시장주의자들이 교육을 자꾸 강조하는 이유가 경쟁교육을 했을 때 우수한 인재가 많이 배출되고 교육의 경제적 효과가 커진다는 건데, 사실은 그렇지 않아요. 현재 시대적 요구는 창의성입니다. 창의성은 한국식의 치열한 경쟁교육으로는 길러지지 않아요. 오히려 팀워크와 협력의 결과물이죠.

한국의 아이들은 학교와 집에서 '만인의 만인에 대한 적대적 경쟁관계'를 강요받습니다. 핀란드나 스웨덴의 아이들은 '만인은 만인에 대한 협력자'라고 배우죠. 서로가 서로를 가르치고 아이디어를 공유합니다. 물론 아이디어의 성과는 모두의 것이고요.

교육은 적절한 경쟁과 협력이라는 두 개의 가치가 유기적으로 조응되고 통합되어야 하는데, 지금 시장만능주의 한국의 교육에는 경쟁만 있고 협력은 없어요. 이는 인적자원의 고도화라는 측면에서 보더라도 비경제적입니다.

김윤태 교육이 바뀌지 않으면 희망이 없습니다. 숙련기술자와 과학기술자를 우대하지 않으면 어떻게 제조업의 경쟁력을 키울 수 있겠습니까? 창의적 인재를 키우지 못하면 어떻게 창조산업을 강화할 수 있겠습니까? 교육혁명이 필요합니다. 기성세대가 바꾸지 못하면 학생들이 들고 일어나야 합니다. 자신들의 목소리를 내야 해요.

내 아이가 살아갈 행복한 사회

열 번째 대담

세금과 복지에 관한 지독한 편견

이번 장에서는 단순한 복지의 확충이 아니라 경제정책과 사회정책이 유기적으로 결합된 보편주의 복지국가를 요구해야 하는 이유에 대해 설명한다. 경제와 복지는 양자택일의 문제가 아니라 서로 긴밀하게 연결되어 있으며, 사회복지가 경제성장에 긍정적인 효과를 미친다는 사실을 재확인한다.

세금을 많이 내고 국가복지를 잘 갖춘 스웨덴이 세금을 적게 내고 국가복지가 형편없는 미국보다 삶의 질과 행복감이 높을 뿐 아니라 산업의 생산성과 경제의 경쟁력 또한 우월한 이유는 무엇일까? 세금을 얼마나 많이 내느냐가 문제가 아니라 다른 나라들이 어떻게 세금을 걷으며, 그 세금을 어떻게 어디에 지출하는지를 자세하게 살펴보며 비교한다. 결국 세금을 많이 낸다고 해서 경제에 나쁜 영향을 미치는 것이 아니라 보육과 교육, 의료, 직업훈련 등의 보편적 복지를 위한 복지지출의 획기적인 확대가 산업과 기술의 혁신과 경제성장을 도울 수 있음을 강조한다.

한국의 성장주의와 복지의 불편한 관계

[이상이] 2011년에 김윤태 교수는 범야권의 정치 지도자들을 만나 복지에 대한 철학을 들어보셨잖아요. 복지에 대한 우리 정치권의 정책 방향을 총괄할 수 있을 것 같은데요. 이 자리에서 총론을 들려주시죠.

[김윤태] 복지 담론이 학계와 시민사회의 차원을 넘어 정치권에서도 주요 쟁점이 되었는데, 이는 놀라운 변화입니다. 그동안 김대중 정부의 '생산적 복지', 노무현 정부의 '참여복지'처럼 국가가 주도하는 복지담론도 있었죠. 참여연대의 국민기초생활보장제도 쟁취 운동 같은 풀뿌리 복지운동도 있었고요. 그러나 지금처럼 복지담론이 널리 확산된 적은 없었어요.

결정적 계기는 2009년 9월 김상곤 경기도교육감의 선거 공약이었던 '무상급식'이었습니다. 그 후 2010년 6월 지방선거를 앞두고 '무상급식을 위한 시민단체 네트워크'가 만들어졌어요. 여기에 야당인 민주당과 각 정당이 참여했고, 이 시기를 전후해서 복지국가 소사이어티가 '보편적 복지'와 '역동적 복지국가'라는 복지국가 담론을 확산시키는 데 큰 역할을 했죠.

이제 우리 국민들 사이에서도 복지국가를 만들기 위해 뭔가 해야 하지 않느냐는 여론이 형성되고 있어요. 이런 변화는 저절로 생긴 게 아닙니다. 많은 시민운동가와 학자들의 노력이 있었고, 정치인들이 복지국가에 대해 이야기하면서 인식을 확산시켜온 덕분이죠.

다만 몇 가지의 논쟁이 있습니다. 첫째, 보편적 복지냐 선별적 복지냐의 문제인데, 진보세력은 보편적 복지를 선호합니다. 둘째, 미국식 모델보다 유럽식 모델, 구체적으로 북유럽 모델을 선호하는 경향이 있어요. 그런데 우리에게 중요한 것은 한국형 모델입니다. 다른 나라의 복지모델을 그대로 수입하는 것은 불가능해요. 과연 우리 현실에 맞는 한국형 모델을 어떻게 마련할지, 이에 대한 논의가 필요합니다. 셋째, 재원 마련을 위해 증세를 할지 말지도 쟁점이에요. 부분적이긴 하지만, 그와 관련해서 부유세를 도입하느냐 마느냐의 논쟁도 있었죠.

복지라고 하면 대부분 정책 방향이나 복지모델, 세금 같은 이야기만 나오는데, 사실 복지야말로 굉장히 정치적인 문제거든요. 사회적으로 다양한 이해관계를 가진 세력들이 힘의 역학관계를 통해, 혹은 선거를 통해, 또는 협상과 타협을 통해 세금과 사회보장의 비용, 급여 형태, 서비스의 형태 등을 결정합니다. 복지는 곧 정치라고 봐도 무방할 정도예요. 그런 면에서 복지 공약을 내걸고 국민을 설득하고 이끌어낼 수 있는 정치인 또는 정당, 정치연합 세력이 절실합니다.

이상이) 외환위기 후 지난 15년 동안 한국의 정치·경제 패러다임을 지배해온 게 바로 성장주의와 신자유주의 선진화 담론인데요.

내 아이가 살아갈 행복한 사회

여기서는 복지와 경제의 관계를 대립적인 이분법으로 봅니다. 복지를 강화하면 경제성장이 저해된다는 논리죠.

사실 김대중 정부도 신자유주의 경제정책을 옹호했어요. 구조조정하고 민영화하고 노동을 유연화했죠. '생산적 복지'라는 이름을 보면 김대중 정부가 추구한 복지의 신자유주의적 또는 최소주의적 성격을 파악할 수 있죠. 이것이 그대로 노무현 정부로 이어집니다. 그 당시에 보수진영의 성장주의 담론에 저항하기 위해 만들어낸 것이 '경제와 복지의 선순환' 논리였어요. 복지가 어느 정도 발전해야 경제에도 유익하다는 케인스주의 경제학의 논리였죠. 참여정부는 이것으로 보수진영의 선진화 담론을 격퇴할 수 있다고 믿었습니다.

그런데 2007년 대선 때 무슨 일이 벌어졌습니까? 530만 표 차로 대패했어요. 선순환 논리로는 한국사회에 견고하게 박혀 있던 성장주의 담론을 넘어설 수 없었던 거죠.

김윤태 2007년 대선 당시, 진보도 보수 못지않게 성장을 잘할 수 있다는 '사람 중심' 성장론이 등장했죠. 그게 바로 문국현 패러다임이었습니다. 그리고 정동영 후보가 '성장 친화적 진보'를 추진하겠다고 이야기했고요.

이상이 하지만 우리 국민들은 이런 것들을 성장주의의 아류로 받아들였던 거죠.

저는 복지 확충론에 그치는 것을 반대합니다. 복지를 확대하는 건 누구라도 어느 정도까지는 할 수 있어요. 보수주의자들도 선별적 복지라든지, 일부 보육·교육 문제는 보편적 복지 수준까지 할 수도 있습니다. 저소득층을 돕는 기존의 복지도 온정적으로 더 강화할 수 있고요. 그러나 정말 중요한 것은 신자유주의를 넘어 공정한 경제체제를 만들고, 일자리의 양극화를 극복하고, 금융과 산업 사이의 괴리를 제거하는 등의 근본적인 대책이거든요.

따라서 저는 복지 확충론이 아니라 '복지국가론'이어야 한다고 주장합니다. 복지를 얼마나 확충할 것인가를 놓고 경쟁하기보다는, 시장만능국가를 그대로 유지할 것이냐 아니면 패러다임을 전환해서 역동적 복지국가 혹은 보편적 복지국가로 전환할 것이냐를 놓고 새로운 프레임을 확립해야 한다고 봐요.

김윤태 어떤 사람들은 복지국가의 개념을 '좌파다', '사회주의다', 또는 '포퓰리즘이다'라고 하는데, 복지국가야말로 자본주의 체제가 가장 발전했을 때 등장했어요. 영국의 사회학자 이안 고프가 '복지국가 없는 자본주의 없고, 자본주의 없는 복지국가 없다'고 지적한 것처럼, 복지국가는 자본주의 발전에 상당히 기여했습니다. 자본주의 안에서 형성된 사회 불평등을 완화하고, 교육이나 의료 등에 사회투자를 확대한다는 논리는 결국 생산활동에 참여하는 다양한 노동력을 강화한다는 거잖아요. 따라서 모든 생산수단을 국유화한 소련 같은 국가에서는 복지국가가 아무런 의미도 없죠.

1930년대 스웨덴 사회민주당의 최고 이론가였던 군나르 뮈르달도 복지는 '인적자본에 대한 투자'라고 주장했어요. 경제와 복지를 밀접하게 생각했던 게 스웨덴 복지국가 이론의 출발점입니다.

역사적으로 보면 독일에서 혁명을 바라던 많은 사람들은 대중의 빈곤화로 사회주의 혁명이 다가오고 있다고 예측했어요. 그러나 독일 사민당의 에두아르트 베른슈타인은 '사회주의는 대중의 빈곤에서 오는 게 아니라 대중의 복지에서 온다'고 반박했죠. 나중에 독일 사민당은 계급투쟁과 프롤레타리아 독재를 포기하고 기독교민주당의 사회적 시장경제의 노선에 따라 복지를 늘리고 경제에 개입하는 좌우의 합의를 만들어냅니다.

1950년대 프랑스의 드골 대통령이나 독일의 아데나워 총리도 복지 예산을 늘렸어요. 영국도 노동당이 패하고 처칠의 보수당이 집권했지만 영국의 복지국가를 허물지 않습니다. 스웨덴도 마찬가지예요. 40여 년 동안 사민당의 집권에 이어 1990년대에 우파가 정권을 잡았지만, 세금을 좀 낮추었을 뿐 보편적 복지국가 자체에는 손을 대지 않습니다.

유럽에서는 좌파든 우파든 복지국가의 제도 자체는 거의 건드리지 않았어요. 대부분의 나라에서 여야의 거대 정당들이 복지국가에 동의했기 때문입니다. 그래서 정치학자들은 1940~70년대 좌파와 우파의 합의를 '합의의 정치consensus politics'라고 말합니다.

이상이 성장과 복지는 오랫동안 같이 설계되어오다가 1970년대에 들어오면서 변화가 생겼어요. 자본주의의 황금기를 구가하던 복지국가가 오일쇼크와 재정적자 등으로 어려움에 처할 무렵 신자유주의 사조가 등장한 겁니다. 오스트리아 경제학자 프리드리히 폰 하이에크와 미국 경제학자 밀턴 프리드먼의 통화주의 경제학과 신자유주의 이데올로기가 세계를 지배하게 됩니다. 그들의 논리는 정부가 세금을 더 걷어 복지혜택을 주는 것이 기업에 부담이 되고 기업 경쟁력을 떨어뜨려 경제에 악영향을 미친다는 것이었죠. 또 정부가 가난한 사람들에게 복지를 주면, 이들이 일을 하지 않는 복지의존welfare dependency이 나타난다고 보았습니다.

김윤태 그러나 실제로 저소득층 중에 복지에 의존하려는 사람은 그리 많지 않았죠. 대다수의 사람들이 빈곤에서 벗어나기 위해 일자리를 원한다는 사실이 많은 연구 결과들로 증명되었어요. 복지의존은 신우파의 이데올로기 공격일 뿐이지, 학문적·객관적 사실에 근거한 주장이 아니에요.

그런데 복지를 공격하는 또 다른 이론으로 공급중시 경제학supply-side economics이 인기를 끌었습니다. 부자들에게 세금을 줄여주면 투자가 확대되어 일자리가 생기고 경제가 발전한다는 주장이에요. 일종의 낙수효과라는 거죠. 그런데 부시 행정부가 부자의 세금을 줄였을 때 과연 투자가 늘었던가요? 전혀 안 늘었어요. 공급중시 경제학은 이론적으로 완전히 파산했습니다. 그런데 이명박 대통령이 그걸 한국에 끌고 와서는 부자감세 정책을 추진한 거예요.

복지를 원하지만 세금은 아깝다?

이상이 미국과 일본은 조세부담률이 약 20퍼센트로, OECD에서도 가장 세금이 적은 나라입니다. 한국의 조세부담율은 2011년도에 19.3퍼센트였죠.

만약 세금이 경제에 나쁜 영향을 준다면, 조세부담률이 30퍼센트를 넘는 유럽의 주요 복지국가들보다 미국이나 일본, 우리나라의 경제가 더 좋아야 하는데, 전혀 그렇지가 않아요. 참고로 OECD의 평균 조세부담률은 25.8퍼센트입니다. 그럼 점에서 본다면 경제성장에서 세금과 복지가 문제는 아니라는 겁니다.

김윤태 의료복지도 장기적으로 보면 생산적인 투자죠. 건강해야 생산성이 올라가니까요. 당연히 스웨덴의 기대수명과 교육수준은 매우 높습니다. 삶의 질과 만족도도 미국보다 월등히 높죠.

스웨덴은 세금을 걷는 구조도 기업에게 부담을 적게 주는 방식이에요. 스웨덴의 법인세가 OECD 평균 수준이 채 안 됩니다. 스웨덴은 '고부담-고복지'체제인데, 세금을 많이 낸 만큼 복지혜택을 충분히 받고, 기업은 투명하게 경영하고 고용을 보장하도록 사회적 합의가 이루어졌기 때문에 기업 경쟁력이나 산업생산성이 상당히 높습니다.

사실 스웨덴은 독점자본을 철저히 보호하고 있는 나라예요. 공기업의 비중도 낮고, 민간기업의 사적 소유 집중도가 유럽에서 가장 높습니다. 발렌베리 가문이 소유하는 에릭슨 등 주요 계열사들이 스웨덴 주식시장에서 차지하는 비율은 무려 25퍼센트 수준입니다. 삼성도 한국 주식시장에서 시가총액의 20퍼센트 수준이거든요. 심지어 외국자본에 비해 국내자본을 보호하는 차등의결권 제도를

가처분 소득 국민소득 통계상의 용어로 개인소득 중 소비와 저축을 자유롭게 할 수 있는 소득

두어 발렌베리 가문이 경영권을 방어할 수 있도록 도와주고 있어요. 이런 점에서 스웨덴 모델은 '복지국가와 독점자본의 결합'이라고 볼 수도 있습니다.

이상이 미국은 직접세 비율이 90퍼센트, 간접세의 비율은 10퍼센트밖에 되지 않죠. 그런데 주목해야 할 것이 시장소득의 격차, 직접세를 내고 난 다음 실제로 수령하는 임금소득, 즉 가처분 소득입니다. 가처분 소득의 격차가 크지 않으면 빈부격차가 적은 거예요. 이런 경우에는 부가가치세를 더 높이더라도 사회적 합의가 쉽게 이뤄질 수 있어요.

그러나 한국과 미국, 일본에서는 가처분 소득의 격차가 매우 큽니다. 최근 일본에서 민주당 정권이 간접세인 부가가치세를 인상하려다가 큰 정치파동을 겪었잖아요. 양극화 사회에서는 정치적 저항 때문에 간접세를 인상하기가 매우 어렵죠.

스웨덴은 기업이 직접 내는 세금(낮은 법인세)이나 노동자에게 지급하는 임금의 수준(낮은 수준의 연대임금)이 그리 높지 않아서 기업의 부담이 비교적 낮은 편입니다. 이건 많은 사람들의 생각과 다소 다른 부분인데요, 사실입니다. 대신 기업이 부담하는 사회보장 기여금이 높아요. 고용한 근로자 임금의 31.42퍼센트를 내는데, 스웨덴 정부는 이 돈으로 질병보험, 육아휴직보험, 공적노령연금, 유족연금, 산재보험, 실업보험 등을 운영합니다. 사회보장 기여금이 크기 때문에 법인세를 낮춰준 측면도 있어요.

그런데 이와 같은 기업의 사회보장 기여금 부담은 궁극적으로는 기업하는 데 훨씬 유리합니다. 이를 통해 제도적으로 노동이 안정화되면서 기업의 생산력이 높아지고, 창의적 혁신이 가능해지기 때문이죠.

김윤태 세금을 많이 걷으면 경제가 나빠진다는 얘기처럼, 세금을 적게 내면 투자가 확대돼서 경제가 좋아진다는 것도 터무니없는 얘기죠. 스웨덴에서 볼 수 있듯이 낙수효과와 반대되는 '분수효과'가 있어요. 부자들은 이미 수입이 많기 때문에 세금을 깎아준다고 해서 특별히 더 소비하지 않아요. 반면 가난한 사람들은 세금 몇 십만 원을 깎아주면 곧바로 씁니다. 분수효과이자 '펌프효과'인 셈이죠.

한국의 내수시장이 침체된 것은 노동시장의 양극화나 고용시장의 양극화, 대기업과 중소기업의 차이, 비정규직 및 자영업자의 실질소득 감소 등 다양한 원인이 있지만, 정부의 복지지출이 너무 적은 것도 주요 원인입니다. 아이들 사교육 시키고, 대출 받아 집 사고 이자 내고, 부모님 아프면 병원비 내고…. 그러고 나면 다른 데 쓸 돈이 없어요. 만약 교육·주택·의료 복지가 제도적으로 발전하면 사람들은 더 많은 돈을 소비할 것이고, 내수시장도 좋아지겠죠.

이상이 보수진영에서는 한국의 법인세율이 낮은 게 아니라고 주장하는데요, 사실은 조금 낮은 편에 속합니다. 우리나라의 법인세 최고세율은 지방세 포함 24.2퍼센트인데, 이는 OECD 평균 최고세율인 25.6퍼센트보다 약간 낮은 수준이죠. 스웨덴의 법인세 최고세율은 26.3퍼센트입니다. 법인세의 실효세율을 보더라도, 우리나라와 OECD 평균이 각각 15.1퍼센트와 15.9퍼센트로 우리나라가 좀 낮아요.

그런데 2010년도에 삼성전자의 경우 실제로는 11.9퍼센트의 법인세만 납부했단 말이에요. 여러 가지 명목으로 세금 감면을 받았기 때문입니다. 이건 문제가 있어요.

김윤태 한국 재벌은 많은 세제 혜택을 받습니다. 그래서 결과적으로는 중소기업과 대다수 중산층의 월급 생활자보다 오히려 세금을 더 적게 내고 있어요. 재벌들이 국민과 중소기업으로부터 세금지원을 받고 있는 것이나 마찬가지죠.

산업용 전기만 해도 가정용의 절반 수준으로 저렴합니다. 이처럼 대기업에 혜택을 주는 나라도 드물어요. 이제 기업도 근로자와 국민을 위해 일정하게 기여를 해야 합니다. 사회공헌과 기부만으로는 한계가 있단 말이죠. 우리나라의 기업들도 세금과 사회보장 기여금을 더 부담하여 복지국가 건설을 지원해야 합니다. 그게 결국 기업을 위해서도 좋은 길이에요.

이상이 선진국일수록 모든 세금은 투명하게 개인에게로 귀속됩니다. 스웨덴에서는 각 개인이 자기 소득의 31퍼센트를 지방정부에 소득세로 납부하고, 특히 소득 상위 20퍼센트의 고소득자들은 소득의 최대 25퍼센트까지 누진 소득세로 중앙정부에 납부하죠. 스웨

내 아이가 살아갈 행복한 사회

덴에서는 모든 국민들이 노령연금과 실업보험 등의 사회보험 급여를 포함한 거의 모든 소득에 대해 공정하게 세금을 부담하고 있습니다. 그리고 정치사회적 합의에 따라 국가복지의 혜택을 모든 국민이 보편적으로 받을 수 있도록 제도를 만들었죠.

김윤태 중산층과 가난한 사람들도 각자 능력에 따라 세금을 납부하고, 보편적 복지 혜택을 누리는 시스템이 중요합니다.

부자들이 세금을 더 내야 하는 이유

김윤태 현재 복지 재원 마련을 둘러싸고 두 가지 논쟁이 있습니다. 한편에서는 우선 부유층에게 세금을 많이 걷고, 노조나 시민의 몫은 추후에 논의하자고 하는데요. 그런 발상은 역사적 과정에 대한 몰이해에서 비롯되었다고 봅니다. 복지국가의 발전은 사실 세금 확대와 연결되거든요.

역사적으로 세금제도는 20세기에 와서야 본격적으로 발전했습니다. 세금은 주로 재산세로 매겼는데, 집이 얼마나 크고 창문이 몇 개인지를 기준으로 삼았죠. 수백 채의 큰 건물들을 소유해 임대업을 하는 런던의 대지주들은 어떻게든 세금을 덜 내려고 창문 수를 줄였다고 해요.

문제는 세금을 많이 내게 된 역사적 배경인데요. 소득세는 전쟁 때문에 만들어졌습니다. 두 차례에 걸친 세계대전으로 막대한 돈이 필요해졌고, 한때 소득세의 최고세율이 80퍼센트를 넘기도 했죠. 그때 사회보장제도도 많이 만들어졌어요. 결국 전쟁이 복지에 큰 영향을 준 셈이죠. 장교든 사병이든 공평하게 대해줘야 조국을 위해 몸 바쳐 싸울 테니까요. 식량, 의료 등을 차별 없이 공급하려면 어마어마한 예산이 필요했죠. 그래서 2차 세계대전 당시 영국에서는 배급제를 실시해 설탕, 밀가루, 버터의 그램까지 할당해서 나눠주었죠. 부자든 빈자든 다 똑같은 병원을 이용하게 했고요. 대신 세금은 부자가 최대 80~90퍼센트씩 냈습니다.

독일에서 여러 사람이 성냥 하나로 불을 피우면서 절약한 것도 전쟁을 치르는 동안 '하나로 뭉쳐야 한다, 우리는 운명 공동체다' 라는 의식이 만들어졌기 때문입니다.

전쟁이 끝난 뒤에 민주 정부가 등장하고 대중의 욕구가 결합하면서 국민들의 세금을 올렸는데, 특히 능력 있는 사람이 더 내는 누진세는 사회통합을 촉진하는 중요한 장치가 되었습니다. 누진세가 본격적으로 확대되면서 사회민주주의와 복지국가의 경제적인 토대가 마련되었어요.

한국도 누진세를 도입했고, 부자가 세금을 더 내는 것을 당연하게 생각합니다. 그러나 실제로는 소득이 있는데도 세금을 전혀 안 내는 사람이 절반이나 됩니다. 근로자의 40퍼센트는 소득공제와 환급을 통해 세금을 한 푼도 내지 않고, 자영업자도 절반 가까이가 영세사업자로 사실상 면세 대상입니다. 반드시 바로잡아야 합니다.

이상이 복지국가의 경제 원리는 공정한 경제체제입니다. 경제의

내 아이가 살아갈 행복한 사회

양극화가 해소된 '동반성장'이어야 하죠. 조세야말로 기업과 산업의 양극화와 노동시장의 양극화를 해소하는 주요 수단입니다.

[김윤태] 한국은 세금도 적게 내고, 사회보장 기여금도 OECD 국가들 중에서 가장 적게 내는 나라입니다. 그래서 국가복지인 사회서비스의 수준이 낮고, 연금이나 고용보험 같은 소득보장도 외국의 절반이거나 혹은 3분의 1 수준에도 못 미쳐요. 아예 사회보험 혜택을 받지 못하는 사각지대도 많고요.

그런데 만약 복지를 확대하기 위해 부자들에게만 세금을 더 내라고 요구하면 어떻게 될까요? 오히려 불필요한 계급 갈등이나 적대감을 낳아 정치적 합의가 더 힘들어질 겁니다.

기업 운영도 마찬가지입니다. 복지국가를 위한 누진소득세 혹은 자본소득세, 부동산 양도소득세를 더 낼 테니, 당신들도 파업을 자제하고 임금 인상 요구하지 말고 생산성을 높이는 방향으로 나가자, 이렇게 노사가 합의하면 서로에게 이득이 될 겁니다. 마르크스는 노동과 자본이 영원히 타협하지 못할 거라고 봤지만, 복지국가는 노동과 자본의 타협을 지지하거든요.

1930년대 영국사회도 계급사회로 심각하게 분열되었습니다. 조지 오웰은 노동자의 편이든 자본가의 편이든 어느 한편만 있지 중간은 없다고 말했을 정도예요. 그러나 1939년 독일과 전쟁을 하면서 상황이 달라졌어요. 영국이 하나가 되지 못하면 전쟁에서 패배할 거라는 위기감이 생겼거든요. 전시 거국내각이 만들어지면서 1942년 복지국가의 청사진으로 베버리지 보고서가 발표되고, 이후 계급타협과 사회적 합의가 만들어집니다.

이상이 자유주의 경제학자들은 세금의 누수를 막아야 한다며 조세개혁을 강하게 주장합니다. 그 논거로 우리나라는 탈세가 굉장히 많고, 음성적인 거래가 일어나는 지하경제의 비중도 OECD평균의 두 배, GDP의 20퍼센트에 이를 것이라 추측하고 있어요.

또 조세의 투명성을 높이고, 조세정의를 바로 세우기 위해 자영업자의 소득을 정확하게 파악해야 합니다. 실제로 자영업자 소득파악 위원회를 범정부적으로 만들기도 했죠. 소득을 제대로 파악해야 일반 조세 및 사회보험 기여금을 정확하게 매길 수 있으니까요. 하지만 국세청의 노력에도 불구하고 여전히 미흡하고 개선 속도도 느립니다.

이런 상황에서 고소득자와 자산가에게만 세금을 징수해서 저소득층에게 복지를 제공하면 징벌적 세금과 선별적 복지에 그치게 됩니다. 보편적 조세 원리를 채택한 유럽 복지국가들처럼 국민 모두가 세금을 분담해야죠. 소득에 따라 세액은 다르지만, 저소득층도 납세의 책임을 다하기 때문에 권리를 주장할 수 있는 거예요. 책임과 권리를 동시에 충족하는 사회인 겁니다.

김윤태 누진적 소득세는 인류 문명의 중요한 발명품이자 사회통합을 위한 효과적인 장치입니다. 능력 있는 사람이 돈을 더 내는 제도가 20세기 문명사회에서는 상식으로 여겨지지만, 저는 이것이 수천 년 동안 내려온 인류의 지혜라고 생각해요.

1920년대 폴란드 출신 인류학자 브로니슬라프 말리노프스키가 남태평양의 트로브리앤드 제도에서 원주민들과 생활하면서 기록한 보고서에서도 이런 사실을 확인할 수 있습니다. 섬의 한 마을 사람들이 옆 마을 사람들에게 '쿨라'라는 조개껍질을 선물하면, 그것을 받은 사람들은 또 다른 사람에게 답례를 해요. 그런 방식으로 말도 안 통하고 서로 얼굴도 모르는 섬 주변의 모든 사람들 사이에 선물이 도는 겁니다. 선물을 주고받는다는 건 불필요한 갈등이나 무력적인 충돌을 완화하고 통합하는 수단이에요.

또 섬에 살고 있는 모계사회의 한 부족은 아이가 태어나면 아빠가 아닌 외삼촌이 어린 조카를 돌봅니다. 곡물을 수확하면 자기 집보다 먼저 누이와 조카가 있는 집으로 가져가서 여러 사람들이 볼 수 있도록 집 앞에 쌓아놓습니다. 곡물을 많이 쌓아놓는 사람은 지역사회에서 좋은 평판과 명망을 얻게 되죠. 그런 방식으로 사회가 나눔과 도움을 실천하는 겁니다.

이런 인류의 지혜가 누진적 소득세나 사회복지를 만들었다고 봐요. 그런 점에서 고소득층과 저소득층이 똑같이 세금을 20퍼센트만 내는 것은 정의롭지 않아요. 부자가 세금을 더 많이 내서 어려운 사람들을 돕는 게 옳죠. 그게 문명사회가 가지고 있는 정의에 대한 관념이고 감정 아니겠습니까?

이상이 저는 지금 우리나라에서 부자증세야말로 사회정의의 기본적 전제라고 생각해요. 그런데 이명박 정부는 부자감세를 주장했죠. 그뿐 아니라 재벌과 부자들의 탈세가 여전히 큰 사회문제가 되고 있어요. 대기업과 고소득자와 고자산가에게는 누진적 증세를 해야 합니다. 한국사회가 감당할 수 있는 최대 지점까지 정치사회적 합의를 통해 단계적으로 누진적 증세를 단행해야 해요. 그래서 소통과 합의, 그리고 민주정치가 중요한 겁니다.

세금과 복지를 위한 사회대타협

김윤태 재미있는 사례인데, 독일에서는 정부에서 나눠준 계산기로 세금을 계산해서 지불해요. 심지어 근로자들의 회식비는 월급과 별도로 이익을 얻는 것이라고 해서 세금이 붙습니다. 회사에서 커피 한 잔 마셔도 세금이 나가고요. 움직일 때마다 세금을 내는 셈인데, 독일 사람들은 이것을 당연하게 여깁니다. 그만큼 정부가 세금을 투명하게 이용하고, 복지를 통해 국민들에게 돌려준다는 걸 믿거든요.

스웨덴 복지국가를 만든 알빈 한손 총리는 "국민의 세금을 엉뚱한 데 집행하는 것은 도둑질이다"라고 했죠. 한국 사람들은 자기가 세금을 얼마나 내는지, 사회보장 기여금으로 얼마를 내는지 잘 몰라요. 단지 월급에서 얼마쯤 빠져나가는 것으로 알죠. 그러다 보니 권리 의식도 약합니다. 독일에서는 가장 큰 시민단체가 '납세자동맹'인데요, 회비 1만 원, 2만 원씩 내는 수십만의 국민이 공익변호사나 회계사를 고용해서 정부가 예산이나 재원을 투명하게 쓰는지 감시합니다. 단체장의 판공비, 기업 접대비 등 세세한 항목까지 공개하라고 요구하죠.

이상이 한국의 복지국가가 발전하려면 최소한 OECD 평균 수준의 정부 재정 규모를 갖춰야 합니다. 그러려면 세금과 사회보장 기여금을 순차적으로 늘려야 하는데, 중앙정부와 지방정부를 합쳐 우리나라 일반정부의 재정 규모는 GDP의 33퍼센트 정도에서 묶여 있어요. 그런데 경제사업과 국방 등의 재정지출 비중은 다른 나라에 비해 상대적으로 높습니다. 이런 조건에서는 정부의 재정지출에서 복지재정의 비율을 더 늘리자는 논의는 별 의미가 없어요. 2012년도 우리나라의 정부 재정에서 복지재정이 차지하는 비율이 28.5퍼센트인데, 이게 유럽 복지국가 수준인 50퍼센트로 절대 올라갈 수가 없어요. 그렇게 되려면 GDP 대비 일반정부의 재정 규모 자체를 획기적으로 늘려야 합니다. 즉, 우리가 세금과 사회보장 기여금을 더 내야 하는 거죠.

지금의 시장만능국가를 그대로 둔 상태에서 미미한 수준의 '복지 확충'을 가지고 마치 대단히 큰 의미가 있는 것처럼 홍보하는 건 국민을 기만하는 일이에요. 1987년 6월 항쟁에서 정치적 민주주의가 비롯됐다면, 이제 우리 국민은 제대로 된 사회경제적 민주주의, 즉 역동적 복지국가로 가기 위한 '제2의 민주주의 혁명'을 바라고 있는 겁니다.

김윤태 OECD 평균 수준의 복지를 받고 싶으면, OECD 평균 수준의 세금을 내야 하지 않겠습니까? 그런데 국민들에게 물어보면, OECD 수준의 복지혜택을 달라고 하고, 국민의 70퍼센트가 북유럽 복지국가 모델이 좋다고 말하면서도 정작 세금을 올리는 문제에 대해서는 절반 정도가 반대합니다.

그러니 정치적으로 정당이나 대선 후보들이 증세 공약을 내놓기가 상당히 어려워요. 1980~90년대에 영국 노동당이 증세 공약을 내놓았다가 보수당에게 네 번 연속으로 패배했어요. 제가 1990년대 영국에 있을 때 '정치인에게 증세는 자살 유서다'라는 농담을 들었어요. '세금을 걷어서 복지를 늘리자니, 가난한 사람들만 도와주자는 거냐? 도대체 경제를 어떻게 하겠다는 거냐'라는 중산층들의 비판적 인식 때문이었죠.

이상이 영국의 경우는 1980년대 이후 이미 복지국가 해체적 정서가 유포되고, 선별적 복지가 확산되면서 중산층의 증세 반대 기조가 강했습니다. 하지만 스웨덴에서는 보편주의를 하다 보니 중산층도 복지국가를 위한 증세에 동의했던 거였죠. '어떤 복지국가인가'라는 것이 증세에 대한 국민적 동의와 밀접하게 연관되어 있다고 봅니다.

우리나라는 복지국가로 패러다임을 전환하기 위해 반드시 증세를 해야 합니다. 2010년 말 기준 한국 국민의 조세부담률은 19.3퍼센트입니다. OECD 평균이 25.8퍼센트예요. 그렇다면 지금 내는 세금보다 약 3분의 1 정도를 더 내야 합니다. 그것도 소통과 사회적 합의를 통해서 말이죠. 쉽지 않겠지만 이것을 해내는 게 '복지국가 정당정치'의 사명이라고 생각합니다.

내 아이가 살아갈 행복한 사회

김윤태 저는 개인적으로 부유세는 실현하기 어렵다고 봅니다. 현재 국민의 80퍼센트가 지지한다고 하지만, 오래가지 않을 겁니다. 스웨덴이나 프랑스도 결국 폐지했어요. 스웨덴에서도 부자들이 재산을 해외로 빼돌린다든가 하는 문제가 발생해서 결국 사민당 정부가 부유세를 폐지하고 말았죠. 실제로 걷히는 돈도 얼마 되지 않았고요. 오히려 소득세 누진율을 강화하여 필요한 재원을 얻는 게 더 현실적이라고 봐요.

특히 자본소득, 금융소득, 부동산 양도소득 등의 불로소득에 대한 과세를 강화해야 합니다. 예를 들어 이건희 삼성그룹 회장이 2010년 삼성전자의 배당으로 30억~40억 원 정도 받았는데, 그에 대한 자본소득세를 15퍼센트밖에 안 냈어요. 박지성 선수가 영국 맨체스터 유나이티드 클럽에서 뛸 당시 연봉 50억 가운데 25억을 세금으로 냈습니다. 50퍼센트를 소득세로 낸 거죠. 이건희 회장이 박지성 선수보다 세금을 적게 낸다니, 이게 말이 됩니까? 한국의 중상층 직장인들도 근로소득세를 그것보다는 더 냅니다.

한국과 미국은 자본소득세가 상당히 낮은 편이에요. 주식시장에 과도한 특혜를 주고 있죠. 주식 거래에 대한 비과세 혜택도 많고요. 그런데 워런 버핏이 자기가 내는 세금 15퍼센트보다 비서가 내는 소득세율이 더 높다면서 자본소득세를 인상해야 한다고 주장했어요. 양심적인 거죠. 그는 미국에서 상속세를 없애는 것도 반대하고 있습니다. 한국에도 그런 부유층이 필요해요.

이상이 저소득층은 근로장려세제 또는 역소득세를 통해 환급을 하거나 세율을 낮춰주고, 최고소득 구간은 등급을 나눠서 소득세를 누진적으로 더 올려야 해요. 2012년 현재, 과세표준이 8,800만 원을 넘어가면 3억 원까지는 8,800만 원을 초과하는 금액에 대해 35퍼센트의 세율을 적용하잖아요. 3억 원을 초과하는 사람들에게는 그 이상의 소득에 대해 38퍼센트의 세율을 적용하고요. 저는 현재의 최고소득 구간인 3억 원을 1억2,000만 원으로 낮추고, 40퍼센트 정도의 최고세율을 적용하는 게 적절하다고 봅니다.

우리나라는 건강보험료·연금보험·고용보험·산재보험 등의 사회보장 기여금 부담률이 GDP의 5.9퍼센트인데, OECD의 평균은 9퍼센트입니다. 우리나라가 OECD 평균 수준의 사회보장 기여금을 부담하려면 지금보다 약 35퍼센트 정도를 더 내야 합니다. 가령 지금 사회보장 기여금으로 100원을 내고 있다면, 135원을 내야 OECD 수준의 사회보장 기여금을 내게 된다는 거죠. 그래야 경제와 복지의 선순환과 유기적 성장이 이루어지는 역동적 복지국가를 건설할 수 있어요.

'건강보험 하나로' 운동뿐 아니라 '공적노령연금 하나로' 운동도 필요합니다. 국민연금 같은 공적노령연금을 믿고 안심할 수가 없으니까 우리 국민들이 각종 생명보험에 경쟁적으로 가입하잖아요. 그걸 사회연대성의 원리에 따라 온 국민이 능력에 따라 나누어 부담하자는 겁니다.

사회보장 기여금을 올린다 해도 우리 국민의 70퍼센트는 올라가는 금액이 미미해요. 상위 30퍼센트는 누진적으로 더 부담할 테고, 특히 상위 5퍼센트는 훨씬 많이 내겠지만 그건 감수해야죠. 그리고 이러한 사회보장 기여금을 가장 크게 부담하는 쪽은 주로 대기업들이어야 합니다. 중소기업에 대해서는 정부가 일부 지원을 해주면 될 테고요.

김윤태 세금을 낮추면 경제가 좋아진다는 이야기는 끝났어요. 그러나 세금 징수 방식에 대해서는 나라마다 사정이 다릅니다. 사회적 합의가 있어야 하니까요. 스웨덴은 부자들이 최고소득세율로 55퍼센트까지 감당하는 걸 당연하다고 생각하는 반면, 영국이나 미국은 복지혜택을 받는 게 없으니 50퍼센트는커녕 35퍼센트도 아까워해요.

한국에서도 부자들에게 돌아가는 혜택이 별로 없으니 35퍼센트가 아깝다고 생각할 수 있어요. 그러나 모든 사람들에게 보편적 복지혜택을 제공한다면 더 낼 용의가 생기겠죠. 오히려 역누진세로 소득이 일정 수준 이하인 사람들이나 근로장려세제를 통해 일하는 사람들에게는 인센티브를 줘야 한다고 생각해요. 그리고 복지 재원 마련을 위해 필요하다면 간접세인 부가세를 인상하는 방안도 고려할 수 있습니다. 실제로 유럽 복지국가들의 부가세는 20퍼센트 수준인데, 아직 한국은 10퍼센트 수준이거든요. 물론 이에 대해서는 국민적 합의가 필요하겠죠. 그래서 정치 지도자들의 비전과 설득력이 중요한 겁니다.

궁극적으로 조세정책은 개인의 근로 동기를 격려하고 기업의 생산성과 투자를 촉진하여 사회정의를 강화하는 동시에 경제성장의 밑거름이 될 수 있도록 설계해야 합니다.

이상이 복지국가가 발전하기 위해서는 공정한 경제가 중요합니다. 여기에는 경제민주화 조치들뿐만 아니라 누진적 조세정책이 중요한 역할을 수행하죠. 앞서 김윤태 교수도 말했듯이, 공정하고 누진적인 조세정책과 적극적 재정정책이 복지국가의 분수와 펌프의 역할을 해야 합니다. 이것이 바로 복지국가소사이어티가 주장하는 '역동적 복지국가'의 핵심 내용입니다.

내 아이가 살아갈 행복한 사회

열한 번째 대담

오늘보다 내일이 행복한 사회

국가복지의 확대가 성장동력을 약화시킨다는 주장이 사실일까? 이번 장에서는 다른 나라의 사례를 분석하고 평가하면서 복지확대와 성장동력의 관계를 살펴본다.

교육과 직업훈련을 통해 개인의 역량을 강화하는 적극적 노동시장 정책은 장기적으로 노동생산성을 높이고 기업의 경쟁력을 강화할 수 있다는 주장을 평가한다. 특히 일찍이 적극적 노동시장 정책을 도입한 스웨덴의 사례를 소개하고 경제성과에 대한 사례를 검토한다.

성공적인 스웨덴 모델

김윤태 스웨덴은 지난 20년간 경제성장과 사회 형평성의 기준에서 긍정적 성과를 가장 많이 만들어낸 나라입니다. 2008년 금융위기 이후 미국을 비롯한 많은 나라들이 심각한 위기를 겪었고 OECD 국가들의 경제성장률이 1.8퍼센트에 불과한데, 스웨덴은 2.4퍼센트를 유지하고 있습니다. 고용률은 가장 높고 빈곤율은 가장 낮은 수준이죠.

이상이 스웨덴의 적극적 노동시장 정책이야말로 경제와 복지가 함께 가는 주요한 사례입니다. 역사적으로도 스웨덴 모델은 매우 독특해요. 다른 나라의 제도와 정책을 도입하기도 했지만, 자기 나라에 맞는 새로운 제도를 창안했거든요. 그리고 새로운 조건에 맞춰 지속적으로 변화했어요. 저는 이러한 역동성을 높게 평가하고 있습니다.

김윤태 1950년대에 스웨덴은 소련식 공산주의와 미국식 자본주의가 아닌 제3의 길 즉, 사회민주주의를 선택했어요. 1990년대 금융위기 때는 전통적인 사회민주주의 모델을 다시 바꿨고요. 그러나 높은 수준의 조세부담과 보편적 복지국가를 계속 유지했습니다.

그런데 높은 복지지출이 경제에 부담이 될 것이라는 전문가들의 우려가 끊이지 않았죠. 1998년 하버드대학교의 정치학자 아이버센과 렌이 발표한 논문 〈서비스 체제의 트릴레마*trilemma of service economy*〉에 따르면, 에스핑 앤더슨이 말한 세 가지 복지국가 모델 어디에도 고용·사회형평성·재정 안정이라는 세 가지 문제를 다 해결한 나라가 없다고 해요.

실제로 미국을 보면 그 말이 맞아요. 세금을 줄이고 노동시장의 규제를 풀고 기업에 해고의 자유도 주어서 고용은 늘렸지만, 비정규직이 늘어나고 임금 불평등이나 경제적 격차는 커졌죠. 물론 정부의 재정 부담은 크지 않았습니다. 공공부조의 최대 수급기간도 최대 5년으로 제한해버렸으니까요.

[이상이] 영국의 토니 블레어 정부도 제3의 길을 받아들여서 근로연계복지workfare를 주장했죠. 스웨덴의 적극적 노동시장 정책을 차용한 듯 보이지만, 사실은 상당히 미국식으로 변했어요.

[김윤태] 1998년 블레어 정부가 제안한 '일자리를 향한 복지welfare to work' 정책은 가급적 생산이나 경제활동을 유도하는 방향으로 복지정책을 운영하고, 실업자에게 구직 기회를 적극 지원한다는 취지였죠. 그래서 청년실업률도 낮아지고 빈곤율도 어느 정도 감소했습니다. 그러나 전반적으로 경제 자유화와 금융의 탈규제가 진행되면서 경제적 불평등이 커지는 현실을 막기에는 역부족이었어요. 그래서 이제는 제3의 길이 자유시장의 부정적 효과를 과소평가

했다는 비판도 많아졌습니다.

이상이 1990년대 후반 등장한 미국과 영국의 근로연계복지는 2000년부터 김대중 정부가 생산적 복지를 추진하면서 국민기초생활보장 수급자에게 자활을 유도하고 지원한 것과 비슷해요. 하지만 이후 한국의 불평등도 한층 심해졌죠.

김윤태 이에 비해 독일의 보수주의 복지국가 모델은 사회 불평등도가 낮아요. 다만 기업이 정규직에게 복지혜택을 많이 주는 반면, 신규 노동자를 채용하지 않아서 청년실업이 20퍼센트까지 올라갔죠. 프랑스도 청년실업이 10퍼센트가 넘자 파리에서 폭동이 일어나지 않았습니까?

그래도 스웨덴은 성과가 가장 좋은 편입니다. 정부가 재정을 투자해서 사회서비스를 보편적 방식으로 확충하고, 이 분야에 좋은 일자리도 많이 늘렸기 때문에 고용이 개선되고 불평등도 상당 부분 해결되었거든요. 전문가들이 재정 부담을 우려했지만, 고용 확대로 인해 세수도 안정되었고 재정적자도 크게 악화되지 않았어요. 고용·사회형평성·재정 안정을 모두 해결한 셈이죠. 아이버센과 렌의 이론은 스웨덴의 사례에는 맞지 않았던 거죠.

이상이 스웨덴은 경제와 복지의 선순환으로 정책을 운용하여 2008년 금융위기 이후에도 건재합니다. 경제위기에 대한 대응능력도 탁월하고, 미국·영국·독일보다 실업률과 빈곤율도 낮아요. 보편주의 복지국가 모델은 경제위기에도 강하고, 안정적인 성장과 분배라는 두 마리 토끼를 다 잡은 거죠.

김윤태 네덜란드의 사회학자 안톤 헤이머레이크가 쓴《네덜란드의 기적*A Dutch Miracle*》을 보면 사회개혁의 독특한 성공 모델을 확인할 수 있어요. 1980년대 네덜란드 경제가 심각한 위기였거든요. 그런데 노조 간부 출신 윔콕이 총리가 되어 노사정 협약을 맺고, 임금 인상을 자제하고 적극적 노동시장 정책을 도입한 결과, 국민소득이 올라가고 실업률은 떨어지는 등 경제와 사회가 안정되었죠.

이상이 한국에서 대기업은 크게 성장하고 수출도 증가했는데, 왜 국민경제는 더 나아지지 않는 걸까요? 수출 대기업과 국민경제를 연결하는 파이프라인이 끊겼기 때문입니다. 이걸 연결해야 합니다. 수출 대기업의 수익이 중소기업과 저임금 노동자들에게도 돌아가서 전체적으로 임금 격차를 줄이고, 산업 간 유기적 연계성을 높이면 경제와 산업 전체가 발전할 수 있습니다.

김윤태 지금 한국의 경제 규모가 세계 13위예요. 그러나 이에 걸맞은 사회안전망과 복지체제를 갖추지 못했습니다. 복지제도가 부실하면 지속 가능한 경제성장도 어려운데 말이죠.

이상이 복지지출이 단기간에 OECD 평균 수준에 도달하지 못한다면 한국 경제는 뒤처지고 말 겁니다. 이게 걱정이죠. 경제성장을 위해서라도 시장만능국가를 복지국가 체질로 바꿔야 합니다.

앞으로 새 정부가 들어서면 5년 안에 OECD 평균 수준의 복지국가를 달성해야 해요. 물론 어려울 겁니다. 하지만 그러한 목표로 임해야죠. 그러면 늦어도 10년 안에는 어떻게든 해내지 않겠습니까? 노동시장 정책, 경제와 산업의 양극화 극복, 좋은 일자리의 창출, 진보적 산업정책, 그리고 사회서비스 영역의 확충 등에 정부 재정을 대담하게 지출해야 합니다.

특히 사회서비스 일자리의 확충에 심혈을 기울여야 합니다. 보육·교육·의료 등의 사회서비스는 보편적 복지이자, 인적자본을 강화하는 적극적 복지 영역이에요. 보육교사가 많아지고, 학교에 선생님이 많아지고, 병원에 간호사와 간병 인력이 많아지면 양질의 서비스가 가능해지고, 그렇게 해서 우리 국민은 더 똑똑해지고, 더 창의적이 되고, 더 건강해지겠죠.

보편적 복지가 경제의 활력을 부른다

이상이 미국은 가난한 사람들만 선별해서 복지서비스를 제공하죠. 그러니 선별적 복지를 확충하기 위해 세금을 더 거두면 당연히 경제에 부담이 갑니다. 그래서 미국에서는 복지와 경제가 대립적인 개념이에요. 세계경제에서 차지하는 독특한 위상에도 불구하고 2008년 경제위기 이후 미국 경제는 매우 어렵습니다.

복지와 경제를 대립적 이분법으로 보면서 복지를 선별주의에 머물게 하면 경제가 더 이상 성장할 수 없다는 게 미국이 주는 교훈이라고 봐요.

김윤태 그런데 아직 우리나라에서는 '보편적 복지 대 선별적 복지'의 논쟁이 너무 추상적인 차원에 머물러 있어요. 당장 보편적 복지가 어렵다면 어떤 정책부터 보편적 복지를 확대할 것인지, 언제까지 실행할지, 재원은 어떻게 마련할지 구체적인 계획을 세워야 합니다.

특히 공공보육, 아동수당의 보편적 적용이 시급하죠. 저출산 대책이자 여성의 경제활동 지원 대책이 될 중요한 사회정책에 대해서는 보편주의가 시급합니다. 아동수당, 산전후 휴가수당, 기초노령연금, 무상보육, 공교육, 무상급식, 직업훈련, 건강보험, 장기요양보험 등도 마찬가지죠.

이상이 저는 원칙적으로 복지국가는 보편주의라야 한다고 생각해요. 보편주의가 아닌 복지국가는 사실 복지국가가 아닌 거죠.

노동시장에서는 자기의 노동력으로 뭔가를 해결하는 게 가장 바람직합니다. 그게 일자리 복지잖아요. 그런데 실업자나 노인처럼 일자리에서 어쩔 수 없이 탈락되는 사람들이 생깁니다. 그때 보편주의 복지제도가 일생에 걸친 기본적 소득을 보장해야 합니다. 경제에서 탈락되면 바로 복지가 받쳐주고, 다시 이것이 경제의 활력에 영향을 미치게 되죠.

여기서 강조하고 싶은 것은 복지국가는 보편주의를 기본으로 하

내 아이가 살아갈 행복한 사회

되, 빈곤 상태에 있는 일부 계층에 대해서는 공공부조라는 선별주의 복지를 통해 보완하는 게 옳다는 거예요.

김윤태 복지가 늘어나더라도 세입 및 재정지출 구조를 잘 봐야 합니다. 성장 친화적 사회정책을 하는 경우에는 경제와 복지가 선순환하거나 상호 긴밀하게 통합되어 있어요.

1950년대 스웨덴 노동조합의 유명한 경제학자인 고스타 렌과 루돌프 마이드너가 '연대임금' 제도를 제시해요. 동종업종에 종사하는 노동자에게는 임금을 동일하게 지급하자는 건데, 노조가 워낙 강하니까 실현할 수가 있었어요. 대기업에 다니든 중소기업에 다니든 업종이 같으면 근무연수나 직급에 따라 동일한 임금을 받는 거죠.

스웨덴은 또 기업의 해고 자유를 수용하는 대신 관대한 실업급여와 직업훈련, 직장알선 같은 적극적 노동시장 정책을 폈어요. 따라서 노동자 해고에 대한 저항이나 경기불황으로 인한 구조조정에 대한 저항이 구조적으로 적죠. 노사협력 문화를 유지하면서도 기업의 생산성을 효과적으로 유지할 수 있었던 겁니다.

이상이 수출 주도 산업구조인 스웨덴도 1990년대 금융시장의 불안정으로 인해 경제 불황을 맞습니다. 그래서 사민당 정부가 선거에서 패배하고 처음으로 우파 정부가 등장했죠.

김윤태 경제 자유화를 수용하면서 우파 정부가 도입한 내부시장의 논리가 전달체계에 큰 영향을 미쳤죠. 즉, 국가가 교육·보육·

요양·의료에 재정을 지원하지만, 개인에게 선택권을 주고 경쟁을 유도함으로써 시민들의 복지수요에 대한 만족도를 높이고자 했어요. 국민들에게 선택권을 부여해서 공급자들 간의 경쟁을 유도했죠. 그 결과 만족도와 효율이 모두 좋아졌어요.

그러나 스웨덴의 좌파 정치인들이 우려하듯이 여기에도 병폐는 있습니다. 생활수준이 높고 인맥이 좋은 중산층이 유리하니까요. 그래서 스웨덴이나 핀란드는 인기 없는 학교, 평가가 떨어지는 병원의 수준을 올리기 위해 더 많이 투자합니다. 사실 이게 정부의 역할이죠. 그런 면에서 본다면 스웨덴의 선택권과 내부 경쟁은 더 나은 평등으로 가는 과정입니다.

미국은 무한경쟁의 자유시장논리에 철저히 따르기 때문에 성적 나쁜 학교에 대해 교사를 해고하거나 폐쇄해버린다잖아요.

이상이 교육·보육·의료·노인요양 같은 사회서비스 영역은 시장에 맡겨놓으면 굉장히 비효율적이고 질이 낮아지는, 불완전 시장 내지는 시장 실패의 영역입니다. 이걸 '경제적 가치재'라고 부르는 것도 사회서비스 영역 자체가 복지이면서 동시에 경제영역이기 때문에 투입한 재원보다 결과적인 편익이 훨씬 크기 때문이죠.

김윤태 1990년대 후반 영국 사회학자 앤서니 기든스는 복지와 의료를 사회투자 대상으로 규정했습니다. 그 후 영국 노동당 토니 블레어 총리가 그대로 이어받아 정책으로 만들었고요. 한국에서는 '사회투자 전략'이라는 말을 썼죠.

내 아이가 살아갈 행복한 사회

이상이 사회서비스는 기본적으로 사회적 인권의 개념입니다. 돈이 없다고 해서 기회를 박탈당하거나 질 나쁜 서비스를 받아서는 안 되고, 돈이 많다고 해서 최고 수준의 서비스를 독점하는 것을 묵인해서도 안 됩니다. 누구에게나 필요에 따라 공평하게 제공되어야 해요.

김윤태 흔히 복지제도를 공공부조·사회보험·사회서비스로 구분하죠. 그런데 복지국가의 핵심 제도가 발전하던 1940~50년대만 해도 사회서비스의 중요성을 잘 몰랐어요. 당시에는 저출산과 고령화를 예측하지 못했고, 여성의 경제활동이 확대되면서 지금처럼 보육과 교육에 대한 요구가 커질 거라고도 예상하지 못했죠. 이러한 사회서비스를 요구하게 된 것은 1980~90년대부터입니다.

영국은 최근 국가돌봄서비스National Care Service를 도입했어요. 노인장기요양, 중환자 간병, 보육, 교육 등을 개인이나 가정에 떠넘기지 말고 사회가 같이 분담하겠다는 인식에서 출발했어요. 일자리 창출에도 도움이 되었어요. 이미 1990년대에 독일과 일본은 노인요양보험을 도입했죠. 우리나라도 2008년부터 노인장기요양보험 제도를 실시하고 있습니다.

이상이 저는 우리나라의 사회서비스 공급체계에서 공공 공급자가 많이 늘어났으면 좋겠어요. 우리나라는 공공 공급자가 보육 분야에 5.5퍼센트, 의료 분야에 7퍼센트 정도에 그치고 있어 일방적인 민간 우위의 체계죠. 이래서는 서비스의 질과 효율성을 담보하기 어렵습니다.

공공과 민간이 적정하게 혼합되어 서로의 장점은 극대화하고, 단점은 극복하는 방식으로 서로 감시·협력·경쟁하면서 적정한 가격을 유지하고 서비스의 질을 높여야 합니다. 공공과 민간의 책임 있는 혼합을 강조하는 거예요. 공공과 민간이 50 대 50이면 좋겠지만, 우리나라는 현실적으로 이게 불가능하죠. 그래서 30퍼센트까지라도 확대하자는 정책적 의지를 표현하고, 단계적으로 노력하자는 겁니다. 민간과 공공이라는 성격이 다른 두 공급방식을 보고 국민이 선택하게 하는 거죠.

김윤태 스웨덴의 페르손 사회민주당 총리가 1990년대 말 2000년대 초에 집권했을 때 학교 선택권을 도입했어요. 노동자들도 그걸 지지했죠. 자기가 원하는 유치원이나 초등학교, 중·고등학교를 선택하는 게 좋다고 생각했으니까요. 그러다 보니 잘사는 동네에 좋은 선생님들이 더 많이 가고 학생들도 몰렸어요. 자연스럽게 거주지에 따라서 차이가 커졌죠. 이러한 격차를 해소시켜 더 나은 평등을 추구하는 것이 바로 중앙정부의 역할입니다.

스웨덴 사민당 내부에서 좌파는 비판을 많이 합니다. 강경하고 완고한 일부 좌파들은 시장논리 자체에 거부감이 있기 때문에 공사 혼합 복지체제에 대해 신자유주의에 타협하고 투항했다며 비판을 한 거죠. 하지만 노동자들이나 저소득층은 선택과 경쟁을 더 지지하거든요. 노동자의 구성 자체가 개인화되고 취향도 다양화되면서 라이프스타일이나 의식, 가치관들이 변했기 때문입니다.

내 아이가 살아갈 행복한 사회

이런 점에서 사회서비스 전달체계를 획일적으로 평준화하자고 주장한다면 정치적으로 지지를 받기 어렵습니다. 그렇다고 스웨덴이 사회서비스를 국가가 관리한다는 원칙을 포기한 것은 아니에요. 복지국가의 보편적 성격은 유지하면서도 선택권과 경쟁의 논리를 체제 내부에 일부 도입한 겁니다.

적극적 복지국가의 '사회투자'

김윤태 1950~60년대만 해도 전 세계적으로 보수나 진보 모두 복지국가를 지지했어요. 전후 유럽과 북미에서 복지국가는 그야말로 시대정신이었습니다.

그러나 1970년대 초중반부터 유가파동과 경제위기로 인해 중산층의 경제적 지위와 고용이 불안해지자 세금으로 가난한 사람들을 돕는 것에 대한 거부감이 커지기 시작합니다. 이어 1980년대 미국에서는 레이건, 1979년 영국에서는 대처가 집권하면서 복지를 공격하는 신우파 이데올로기가 득세하게 되죠. 긴축이 핵심 경제정책으로 떠올랐어요. 세금을 낮춰야 경제가 살아난다, 영국이 복지병 때문에 망했다며 연일 신문과 방송에서 떠들어댔어요. 결국 중산층도 복지에 등을 돌리고 감세를 지지하게 되었죠.

그래서 미국 민주당이나 영국 노동당이 중산층의 지지를 되찾기 위해 전통적 정치노선을 바꿉니다. 클린턴 정부는 균형재정, 경제자유화, 탈규제 등 공화당의 신자유주의 정책을 수용하여 적절하게 타협했어요. 심지어 공공부조 수급기간을 5년간 제한한다든지, 복지를 줄인다는 식으로 작은 정부를 추진했죠. 또 개인에게 복지의 권리뿐 아니라 책임도 있다고 주장합니다. 즉, 복지를 제공받기 위해서는 근로활동에 참여할 의무가 있다는 거죠. 예를 들면, 정부가 소개하는 일을 세 번 이상 거절하면 실업수당을 지급하지 않는 식입니다.

그래도 상대적으로 유럽에서는 복지국가에 대한 공격이 약했어요. 프랑스에서는 예외적으로 좌파인 미테랑 정부가 등장했고, 독일의 콜은 보수적이지만 노사 합의나 대연정의 경험이 있어 급격하게 복지예산을 줄이지는 않았습니다.

이상이 1990년대 중반 이후 영국뿐 아니라 독일, 네덜란드 등 유럽 국가들도 노동시장으로의 재진입을 촉진하는 제도를 점차 도입했죠. 일할 수 있거나 일하길 원하는 사람들은 일을 하도록 해줘야죠. 이것이 활성화 정책입니다. 과거에는 실업자에게 현금을 지급하는 소극적 복지가 주를 이루었는데, 점차 직업훈련을 통해 노동의 이동성을 높이고 기술력을 높이는 적극적 복지로 전환되었죠. 동시에 직업훈련이나 취업을 계속 거부할 경우 복지수당의 제공을 중단하는 등의 조건부 수급제도 강화됩니다.

김윤태 기업이 파산하면 유한회사법에 의해 자기 재산을 보호받듯이 근로자가 해고되면 실업급여나 적극적 노동시장 정책으로 생존을 보호받아야 합니다. 영미권에서는 '사회안전망social safty net'이라는 말을 좋아하죠. 유럽에서는 사회안전망을 신지유주의 경향이라고 해서 '사회보호social protection 장치'라고 하는데요. 어쨌든 노사 갈등을 줄이기 위해서라도 적극적인 복지가 필요하다는 인식이 커졌어요.

그런데 중산층 대부분이 세금 올리는 것을 싫어한단 말이에요. 노인을 위한 병원이나 아이들 위해 초등학교에 복지예산을 쓰는 것에는 동의하지만, 실업자들에게 급여의 80퍼센트를 수당으로 지급하는 데는 강력하게 반대합니다.

이상이 영국·독일·프랑스·스웨덴 등의 유럽 국가들이 케인스 경제학의 영향으로 지향한 복지국가는 완전고용을 모델로 합니다. 그런데 1970년대 들어 실업자 구제를 위한 정부의 재정적자는 계속 누적되어만 갔습니다.

1970년대의 경제 불황이 계속되면서 1980년대부터는 기업 구조조정의 광풍이 붑니다. 미국 대학의 경영대학원에서는 다운사이징downsizing, 리엔지니어링reengineering, 재구조화restructuring 같은 말들이 유행했어요. 결국 기업이 인건비를 줄이기 위해서는 근로자를 해고해야 한다는 겁니다. 당연히 실업률이 계속 높아졌죠. 이와 반대로 스톡옵션 성과급으로 기업 고위 임원들의 연봉은 치솟았어요. 정부의 적극적 노동시장 정책이 부재한 미국과 영국에서 실업자들은 실업수당을 받는 것 말고는 사실상 속수무책이었죠.

김윤태 미국과 영국에서는 적극적 노동시장 정책에 대한 관심이 적었습니다. 1950년대 스웨덴이 적극적 노동시장 정책을 도입할 당시 영국 노동당은 국유화에 집착하면서 완전고용에만 주력했죠. 1980년대 대처 정부가 생산성을 문제 삼아 국영 탄광회사를 폐쇄했잖아요. 이에 대해 노동당은 국영기업으로 전환해서 정부가 세금으로 적자를 메우더라도 노조 조합원을 보호해야 한다고 주장했지만, 대처 총리는 근로자의 재취업에 거의 관심이 없었습니다. 오히려 실업의 증가는 자연스러운 현상이고, 임금이 낮아지면 기업의 인건비 부담이 줄어들 테니, 기업의 경쟁력이 회복될 거라고 보았습니다. 그러나 수만 명의 실업자가 쏟아져나오면서 노숙자 수가 급증했고, 범죄가 증가하는 등 사회문제가 심각해졌어요.

결국 1990년대 후반 영국의 중산층도 대처 정부가 지나치게 복지국가를 공격했다고 생각하기 시작합니다. 그러자 영국 사회학자 앤서니 기든스가 적극적 복지를 강조하고 스웨덴 모델을 받아들이자고 주장했어요. 그는 《제3의 길》에서 복지국가 대신 '사회투자국가'를 이야기해요. 그런데 '사회투자'의 관점은 원래 스웨덴에서 먼저 썼던 거예요. 교육과 직업 훈련을 강조하는 적극적 노동시장 정책이 그 핵심적 내용이고요.

영미권에서는 우파가 좌파를 공격할 때 '조세와 지출^{tax and spend}'이라는 말을 많이 써요. 복지예산을 가리킬 때도 주로 '사회지출 social spending'이라고 하죠. 하지만 경제에 득이 된다는 의미로 '사회투자'라는 용어를 쓰면서 적극적 복지국가를 지향한 겁니다.

이상이 우리나라에서도 참여정부 때 사회투자국가론을 주장한 사람들이 있었어요. 그들은 "한국에서는 정부가 복지재정을 확충하기가 어렵다. 특히 경제 관료들이 완고하게 반대한다. 그러므로 '복지재정의 확충'이라는 말보다는 생산적이고 투자적인 의미가 강한 '사회투자'라는 용어가 더 설득력이 있다"는 논리를 내세웠지요. 가령 보육 재정을 확대할 때 '보육은 복지지출이 아니라 사회투자다'라고 경제 관료들을 설득하자는 식이었습니다. 이렇게 해서 참여정부는 사회투자국가론을 정당화했고, 어느 정도 성과도 거두었어요.

김윤태 노무현 정부 때 유시민 전 장관이 사회투자국가론을 제기해서 관심을 끌었죠. 경제정책과 복지정책을 통합한다는 의미였는데, 사실상 복지정책이 경제정책에 예속되거나 종속적인 위치로 전락한 느낌이 있어요. 예컨대 노무현 정부 집권 초기에 법인세를 2퍼센트나 줄인 건 복지 재원을 확충하기 위한 노력이 부족했다고 볼 수 있습니다. 물론 집권 말기에 종부세를 만들긴 했지만요.

재원 없는 사회투자는 많은 한계를 가지고 있습니다. 블레어나 클린턴 정부는 세금을 올리지 않는 대신 다른 예산을 절약해서 복지 예산을 차츰 확대하지만, 그런데도 빈부격차는 계속해서 커졌어요.

더 평등한 사회로 가는 길

이상이 1990년대 신자유주의가 확산된 이후 빈부격차와 불평등의 심화가 전 세계적인 현상이 되었죠.

김윤태 저는 복합적인 이유가 있다고 보는데요, 나라마다 차이가 있지만 가장 큰 문제는 실업률이 궁극적으로 해결되지 않았기 때문이에요. 정규직과 비정규직의 차이가 커졌고 특히 학력이나 성별에 따른 임금격차가 과거보다 커졌습니다. 또 1980년대 이후 최상위층의 소득이 비약적으로 늘었어요.

프랑스 경제학자 제라르 뒤메닐은 《자본의 반격*Crise et sortie de crise*》에서 '신자유주의의 등장은 철저하게 정치적 동기에서 시작된다'고 주장해요. 화폐 공급을 줄여 인플레이션을 줄이자는 통화주의 이론도 정치적 기획이고, 자본가들이 감세로 이익을 얻거나 스톡옵션이나 주식 배당 등으로 경제적 이익을 차지하려는 시도도 정치적 기획이라는 거죠. 결국 감세를 통해 부자는 한층 더 부유해졌습니다.

이상이 2011년 기준으로 미국의 상위 소득 1퍼센트가 전체 소득에서 차지하는 비중이 17.7퍼센트로 세계 1위입니다. OECD 평균은 9.7퍼센트입니다. 한국의 1퍼센트는 전체 소득의 16.6퍼센트를 차지해요. 우리나라의 소득 양극화가 미국 다음으로 세계 2위죠.

한국에서도 기업 임원들의 연봉도 적게는 2~3억 원, 큰 기업은 스톡옵션이니 아파트 혜택 등 이것저것 합해 10억~20억 원대인 사람들도 많아요. 노동자들의 평균 연봉 약 3,000만 원에 비하면 엄청난 격차입니다.

내 아이가 살아갈 행복한 사회

김윤태 미국도 1950~60년대에는 기업 최고경영자들의 월급이 그렇게까지 높지 않았어요. 폴 크루그먼의 《미래를 말하다》를 보면, 1950년대 미국에는 기업 임원을 비판하거나 감시하는 노동조합의 힘이 강했고 언론의 비판과 견제도 많았기 때문에 기업 임원이 마음대로 연봉을 올리지 못했다고 해요.

하지만 이제 기업 이사회에서 자기들의 임금을 정할 때 눈치 볼 게 없어졌어요. 노동조합도 약해졌고, 언론도 기업의 눈치를 살피니까요. 경제학자나 경영학자들도 이런 분위기에 상당 부분 일조했다고 봅니다. 미국 경제학회 학술대회에는 불평등을 다루는 분과조차 없어요. 관심이 없는 거죠. 오히려 불평등이 있어야 개인의 성취동기가 커지고 시장의 효율성이 높아진다고 보는 거예요.

얼마 전 KBS 텔레비전 토론에 참석했는데, 패널로 나온 한 경제학 교수가 이런 이야기를 하더라고요. 기업체 임원의 고액 연봉은 노동자들에게 '나도 언젠가 전문 경영인이 되어서 고액 연봉을 받을 수 있다'는 동기를 부여하는 차원에서 긍정적인 측면이 있다는 거예요. 그 말을 듣고 깜짝 놀랐습니다. 그 교수는 나중에 새누리당 국회의원이 되었더군요.

고액 연봉을 받는 임원이 되는 사람이 몇 명이나 되겠습니까? 소수 임원의 연봉을 올리는 것이 다수의 회사원들에게 동기를 부여하는 것이라는 것은 말도 안 돼요. 전교에서 3등 안에 들면 1억 원을 준다고 해서 모든 학생들이 공부를 잘할 수는 없잖아요.

또 외국계 기업의 한국인 사장이 이런 말도 했어요. 미국의 워런 버핏이 물러난다는 소문이 나자 그 회사의 주가가 4조~5조 원이나 떨어졌다고요. 얼마 지나지 않아 사실이 아니라는 말이 도니 금세 주가가 4조~5조 원씩 올랐다는 겁니다. CEO 한 사람에 따라 주가가 4조~5조 원씩 움직이는데, 그 사람에게 100억 원쯤 더 주는 게 무슨 큰일이냐는 거예요.

그렇다면 거꾸로 이야기해볼까요? 노동자들이 파업을 하면 주가가 5조~10조 원 떨어지는데, 노동자들이 파업을 하지 않을 때는 그 5조~10조 원을 나눠줍니까? 그러지 않거든요.

[이상이] 우리나라에서는 대기업이 정규직을 줄이고 비정규직만 늘리고 있죠. 인건비를 줄여 기업 순익을 올리는 CEO는 더 많은 연봉을 받고요. 그래서 해가 갈수록 우리나라 대기업의 노동소득 분배율이 떨어지고 있습니다.

[김윤태] 모두가 인건비 절감 경쟁에 나선다면 비정규직 문제는 영원히 해결되지 않아요. 임금격차는 더 커질 거고요. 결국 이러한 불평등은 부메랑이 되어 기업에게도 타격을 줄 것입니다.

경제사학자들의 주장에 따르면, 2008년 금융위기 직전이 부시 정부 이래 감세와 빈부격차가 가장 심했던 때라고 해요. 2007년도 미국의 통계를 보면 상위 1퍼센트가 전체 재산의 24퍼센트를 보유하고 있어요. 1970년대에는 상위 1퍼센트가 전체 재산의 10퍼센트만 갖고 있었죠. 공교롭게도 1929년 대공황 직전에도 2008년 때와 비슷한 빈부격차가 있었어요.

빈부격차가 심하고 인플레이션이라든지 소득 불균형 때문에 실

내 아이가 살아갈 행복한 사회

질 수입이 늘어나지 않으니 저소득층이 소비를 할 리 없죠. 당연히 내수시장은 축소됩니다. 경제가 불황에 빠지면 기업도 타격을 받습니다. 복지는 단순히 가난한 사람에게 나눠주고 도와주는 차원이 아니라, 안정적인 경제성장을 추구하고 사회적 불평등을 줄이기 위해 반드시 필요합니다.

이상이 스웨덴은 교육과 직업훈련 등 사람에 대한 보편적 투자에 돈을 아끼지 않아요. 그게 불평등 해소와 경제성장이라는 두 마리 토끼를 동시에 잡는 방법이거든요. 적극적 노동시장 정책에 투입하는 스웨덴 정부의 재정 규모는 GDP의 1퍼센트 정도인데, 영국의 0.32퍼센트, 미국의 0.17퍼센트, 한국의 0.2퍼센트에 비하면 엄청난 규모입니다.

유럽 대륙의 복지국가인 독일과 프랑스는 GDP의 0.81퍼센트를 적극적 노동시장 정책에 쓰고 있어요. 신자유주의적 근로연계복지를 강조하는 영국과 미국은 이들 복지국가들과는 노동시장을 바라보는 관점에서 큰 차이가 있습니다.

김윤태 1992년 미국 국무성 관리였던 프랜시스 후쿠야마는 《역사의 종말The End of History and the Last Man》이라는 저서를 통해 세계적인 주목을 받았는데요, 그는 1991년 소련 공산권이 붕괴한 이후 미국식 자유시장과 자본주의가 승리할 것이라고 주장했죠. 그러나 2008년 미국 발 금융위기가 발생하면서부터는 아무도 그렇게 이야기하지 않습니다. 이제는 자유시장을 강조하는 세계경제포럼WEF

에서도 자본주의의 위기를 말하고 있어요. 한국은 미국식 자유시장 경제가 최고라는 생각을 버려야 해요.

이상이 자본주의에는 미국식의 자유시장 경제만 있는 게 아니죠. 유럽은 조정시장 경제로 노사관계, 직업훈련, 기업지배구조, 기업 간의 관계에서 다양한 조정과 규제를 수행합니다. 여기서는 경쟁보다는 협력을 강조하고, 단기이익보다 장기이익을 추구하죠. 특히 주주의 이익보다 이해관계자의 이익을 강조하기 때문에 경영자의 독단보다 노사 간의 합의적 의사결정을 강조합니다.

김윤태 한국의 진보세력이 복지국가를 새로운 시대정신이나 핵심담론으로 제기하는 건 매우 긍정적인 현상입니다. 무상복지를 주장하여 국민들의 지지를 얻을 수도 있겠지만 그것이 단순히 복지의 확대나 재분배로만 가서는 곤란해요. 공정한 경제나 혁신적 경제와 같은 역동적이고 미래지향적인 경제발전 모델을 제시해야죠.

전 세계 어느 정권도 발전적인 경제모델을 효과적으로 제시하지 않고 권력을 잡은 사례가 없어요. 이념의 변화도 마찬가지입니다. 1950년대 사회민주주의에는 케인스주의가 있었고, 신자유주의 경제에는 통화주의가 있었어요. 그럼 지금 새로운 진보주의의 경제모델이 무엇일까요? 우리는 바로 여기에 답해야 하는 거죠.

내 아이가 살아갈 행복한 사회

열두 번째 대담

어떤 복지국가를 만들 것인가

마지막 대담에서는 한국의 복지국가가 장차 어떤 방향으로 발전해야 하는지를 논의한다. 최근 한국의 복지국가 논쟁을 평가하고, 보편적 복지국가를 건설하기 위한 방법을 모색한다. 특히 복지국가 건설을 주도해야 할 정당, 노동조합, 시민사회조직의 역할에 관한 질문을 던진다. 앞으로 사회적 위험과 불안을 해결하는 한국형 복지국가를 건설하기 위해서는 더 현실적인 정치전략, 정책과 프로그램들 그리고 액션 플랜이 필요하다는 점을 강조한다.

시대정신 복지국가

이상이 복지국가 담론의 확산은 사회적 위험에 대응하기 위해 사회적 협력 또는 연대가 필요하다는 인식에서 출발했습니다. 개인적으로 아무리 돈을 벌려고 해도 한계가 있고, 어려울 때 서로 돕는 사회보호 장치가 필요하다는 위기의식이 퍼지고 있어요. 최근 여론조사를 보면 응답자의 70퍼센트 이상이 복지를 확대해야 한다고 답하고 있습니다.

김윤태 재원 마련이나 프로그램의 구성 등 정치권이 제시하는 플랜들은 아직 추상적이고 막연한 수준이에요. 학계와 시민사회는 대중의 절실한 욕구가 무엇인지, 삶의 질이 떨어지고 불안한 이유가 무엇인지를 연구하고, 필요한 정책을 정치에 반영할 수 있도록 협력해야 합니다.

이상이 사회 구성원들의 욕구는 아주 솔직하고 자연스럽습니다. 그게 우리 사회의 지배적인 담론이라든지 분위기와 관련되어 때로는 허황된 욕망으로 표출되기도 하고, 때로는 올바른 사회발전 모델을 요구하기도 하죠. 예를 들어 주거불안이 해소되었으면 좋겠다는 욕구가 집값을 올리려는 담합이라든지 뉴타운 건설 욕망으로 나타나는 식입니다.

복지에 대한 욕망도 마찬가지예요. 의료불안 없이 살고 싶다는 욕망이 국민건강보험제도를 탄탄히 하는 방향으로 해법을 얻을 수도 있겠지만, 신자유주의적 욕망이 휘몰아치면 자유시장의 논리와 민간의료보험으로 해결하겠다는 방향으로 갈 수도 있어요.

김윤태 시대에 따라 복지에 대한 욕구는 달라지지 않습니까? 서유럽의 경험을 보아도 사회구조와 계급구조가 바뀌면 복지에 대한 기대도 달라집니다.

이상이 어떤 방향으로 해결책을 찾아가는가는 시대마다 큰 흐름이 있다고 생각해요. 유럽에서 제2차 세계대전 이후 1970년대 초반까지는 국가가 복지제도를 만들어 복지 욕구를 해결하자는 게 시대정신이었죠.

그 후 1980년대부터 지금까지 30여 년 동안은 시장과 경쟁의 논리에 따라 대중의 욕구를 해결하는 방책이 주요한 제도가 되어 공공부문보다는 민간부문을, 협력과 연대보다는 경쟁과 각자도생을 선호해왔죠. 특히 한국에서는 1997년 외환위기 이후 신자유주의 이데올로기에 따라 경제구조가 바뀌었어요. 이제 기존의 시장만능국가에서는 사회경제적 위험이 해소되지 않는다는 걸 인식하게 되면서 대중의 불안이 커졌죠.

김윤태 사회보호 장치가 필요하다는 인식이 비로소 생겨난 거죠. 동등한 기회와 사회보장을 위한 메커니즘이 없다면 사회정의는 불가능합니다. 마이클 샌델 교수의 《정의란 무엇인가_Justice_》라는 책이 선풍적 인기를 끈 것도 이러한 시대의 변화를 대변하는 것 아닐까요?

선별적 복지가 또다른 차별을 낳는다

김윤태 2010년 6월 지방선거 때의 무상급식 논쟁은 정치적으로 우발성이 높은 것이었지만, 대중이 폭발적으로 반응함으로써 주요한 계기를 제공해주었죠. 누구도 예상하지 못한 결과였지만 그건 이미 우리 내부에 잠재해 있던 거였습니다. 이러한 국민적 열망을 끌어내고 조직하는 게 정치의 본령 아니겠습니까? 그래서 복지국가는 정치를 통해 구현되는 겁니다.

그런데 무상급식이 시행되었을 때 한부모 가정이라든지 국민기초생활보장 수급 대상자인 아이는 통합신청서를 써 내야 했어요. 아이들의 인권 유린이다 해서 말이 많았습니다. '신청서를 내는 게 창피하다. 차라리 거짓말을 해서라도 신청서 안 내고 밥 안 먹겠다'는 아이들이 많았다고 해요.

이상이 가슴 아픈 일입니다. 무엇보다 부모의 경제력에 따라 아이의 인생이 출발선부터 달라진다는 게 공정사회의 개념에 크게 어긋나죠. 부모의 능력 때문에 아이들이 차별과 고통을 받게 해서는 안 된다는 인식이 사회적 공감대를 형성했기 때문에 보편적 무상급식이 실시될 수 있었다고 봅니다.

김윤태 보편적 복지제도를 도입한 나라들을 보면 아동빈곤에 대해 사회적 합의가 비교적 쉽게 이뤄졌어요. 스웨덴은 1910년대에 이미 아동수당을 도입했고, 영국이나 프랑스, 독일도 1940년대에 아동수당을 도입했어요. 아동수당이 제도화되어 있으면 굳이 무상급식은 필요없겠죠. 아동수당이 원래 아이들 밥 먹는 데는 차별이 없어야 한다는 취지에서 만들어진 제도니까 그 돈으로 밥값을 내면 되잖아요. 그런데 우리는 아직 아동수당이 없거든요.

미국같이 선별적 복지를 실시하는 나라도 학생 중 50퍼센트에게는 무상급식을 줍니다. 공립학교는 거의 다 주고요. 단순히 급식만 주는 게 아니라 우유나 과일 등을 챙겨주면서 저소득층 아이들이 성장기에 고른 영양분을 섭취할 수 있도록 신경 써요.

그런데 보편적 무상급식이 도입되기 직전까지만 해도 한국은 전체 학생의 13퍼센트에게만 무상급식을 제공했어요. 게다가 1인당 급식비가 2,000원 수준이니 제대로 된 음식이 나올 리가 없죠.

이상이 보편적 복지에 대립되는 개념이 선별적 복지 아닙니까? 선별한다는 것은 대상자의 소득과 자산을 조사한다는 것이니, 그 자체가 차별일 수 있어요. 예컨대 저소득층 10퍼센트를 선별한다는 것은 소득 하위 10퍼센트 사람들에게 정부가 공식적으로 낙인을 찍는 거잖아요. 폭을 넓혀 소득 하위 70퍼센트를 선별한다고 해도 사실은 부자 30퍼센트를 선별하는 결과가 됩니다.

김윤태 물론 세상의 어떤 나라도 100퍼센트의 보편적 복지를 하고 있지는 않습니다. 다만 미국같이 선별적 복지가 우세한 나라도 고등학교까지 의무교육을 제공하는 보편적인 분야가 있죠. 보편주의로 유명한 스웨덴에서도 궁핍한 처지에 놓인 사람들이 지방정부에 공공부조를 신청하면 정밀한 자산조사를 거쳐 빈곤층에게 부조를 제공하고 있어요.

이상이 물론 살다 보면 선별해야 할 경우가 있어요. 하지만 보편 타당한 분야에서는 선별이 없는 게 좋겠다는 얘깁니다. 예를 들어 병원·학교·보육시설에 가는 것, 노인이 양로원이나 요양원에 가는 것 등이죠.

소득과 자산 조사라는 잣대로 엄밀하게 복지 대상자를 선별한다는 것은 명백하게 수치심을 주는 것이므로 피해야 합니다. 또 선별하는 데 행정 비용도 많이 들어요. 선별 과정에서 여러 가지 불공정이 발생할 우려도 크고요.

사실 절대적으로 공정한 선별은 불가능합니다. 30퍼센트를 고른다고 하면 29퍼센트에 들어가는 사람과 31퍼센트에 해당되는 사람 사이에 질적으로 무슨 차이가 있냐는 거죠. 10퍼센트에게 무상으로 밥을 주기로 하면 11퍼센트에 속하는 사람은 제외되는데, 그건 공정합니까? 끊임없이 공정성의 논란을 부르는 정책은 가급적 하지 말아야죠.

김윤태 이명박 정부가 선별적 복지를 확대하지 못한 건 대기업과 고소득자들을 대상으로 세금을 올리지 못해서입니다. 2010년 국민기초생활보장 대상자가 2.8퍼센트였는데 2011년엔 조건을 더 까다롭게 해서 대상자를 줄였어요. 양극화가 심해져서 복지 대상자가 더 늘어났는데 수급자를 오히려 줄인 겁니다. 우리나라는 양극화와 고령화로 인해 복지수요가 전반적으로 늘어나고 있기 때문에 선별적 복지를 확대하는 데만 해도 엄청난 예산이 필요해요. 그런데 이명박 정부는 감세를 하느라 이것조차 제대로 못했죠.

이상이 선별적 복지는 더 이상 시대정신에 부합하지 않는 옛날 방식입니다. 그럼에도 우리나라의 일부 보수세력은 시장만능의 이념과 근시안적 집단이기주의의 논리에 사로잡혀 그걸 고수하려고 합니다.

게다가 선별적 복지는 기본적으로 지속 가능하지 않습니다. 미국의 메디케이드를 보세요. 14퍼센트의 저소득층을 위한 무상의료제도인데, 신자유주의 시장경쟁에서 구조적으로 탈락하는 사람들이 늘어나고, 고령화로 인해 의료복지를 필요로 하는 계층이 늘어나면서 재정압박이 심각해지고 있어요. 그런데 중산층의 입장에서는 어차피 자기들 일이 아니니까 세금을 더 낼 생각이 없거든요. 결국 이 제도의 지속 가능성에 대해 심각한 의문이 제기되고 있어요.

김윤태 복지국가는 돈이 많고 성공한 부자라도 다른 사회구성원이 있기 때문에 부와 명예를 얻었다는 연대적인 감정이나 철학에서 출발합니다. 미국의 워런 버핏이나 빌 게이츠도 우수한 기술자나 광범위한 소비자가 있기 때문에 존재한다는 거죠. 그 시대, 그 사회에 살았기 때문에 덕을 본 겁니다. 그래서 워런 버핏이나 빌 게이츠가 상속세 포기 운동을 반대하잖아요.

우파는 개인주의를 강조하고, 좌파나 전통적인 진보세력은 무조건 이타주의만 강조하는데, 사람은 이타심과 이기심을 모두 갖고 있어요. 제도에 따라 각기 다른 성격이 두드러지는 거죠. 인간의 양면성을 고려해서 제도적 장치를 잘 만들어야 합니다. 가급적 개인의 고립이나 무조건적 희생이 아니라 상호 의존하고 도움을 주고받는 제도를 만들어야 개인에게도 이득이고, 보편주의를 통해 사회통합을 키울 수 있어요. 복지를 통해 사회의 계급갈등이나 빈부갈등이 줄면, 더 생산적이고 지속 가능한 사회가 되어 경제성장에도 유리합니다.

한편, '무상복지'라는 용어도 문제입니다. 민주통합당은 무상 시리즈 공약을 발표했어요. 그리고 과거의 민주노동당과 현재의 통합진보당은 오랫동안 무상급식·무상의료를 주장했어요. 그런데 어느 나라에도 '무상' 복지는 없습니다. 이는 국민의 인식을 잘못 이끌 수 있습니다. **복지는 국민이 납부하는 세금과 사회보장 기여금으로 제공되는 거예요.** 명심해야 할 것은 복지는 산타클로스가 갖다 주는 크리스마스 선물이 아니라는 점입니다.

이상이 지금까지 정부 여당·보수 세력·보수 언론·전경련 등 한국사회의 주류세력은 선별적 복지의 편에 섰죠. 그런데 한나라당 안에서도 박근혜 의원은 생애주기에 따른 맞춤형 복지를 내놓았어요. 이는 선별적 복지의 확충과 함께 보편적 복지도 일부 도입할 수 있다는 겁니다. 기존의 보수파 입장에서 보면 이는 매우 전향적인 거예요. 예를 들면, 보육·교육에서 보편적 복지 요소를 상당 부분 도입할 수 있는 여지를 열어놓았어요. 선별적 복지와 보편적 복지를 적절히 혼용하겠다는 거죠.

그러나 보수진영의 전반적인 분위기는 여전히 선별적 복지입니다. 그들은 보편적 복지를 '밑 빠진 독에 물 붓기'라며 위험하게 보고 있어요.

복지국가 정치동맹을 조직하자

이상이 한국에서 복지국가가 성공하기 위해서는 다양한 세력이 결집하는 정치동맹이 중요합니다.

김윤태 한국의 정치구조는 오랫동안 소선거구제와 대통령제를 유지했기 때문에 연합정부나 선거연합의 경험이 적어요. 미국식 선거법이나 권력 구조를 따르고 있죠. 합의민주주의로 운영되는 유럽 국가에서는 비례대표 의원들이 의석의 절반 정도가 됩니다. 어느 정당도 다당제 구조에서 과반수가 안 되기 때문에 항상 연합정부를 만들어야 합니다. 이념이 다른 정당끼리 대연정을 통해 합의를 도출하기도 하잖아요.

내 아이가 살아갈 행복한 사회

큰 틀에서 보면 연합정치의 필요성은 한국만의 문제는 아닙니다. 전 세계적으로 계급구조·산업구조·고용구조·경제구조가 바뀌면서 노동자 인구가 계속 줄어들고 있어요. 현재 유럽 평균 육체노동자의 비율이 18퍼센트, 미국은 15퍼센트 수준에 불과합니다. 한국도 1989년에 40퍼센트로 최고치를 기록했다가 계속 저하되는 추세예요. 노동자가 증가하는 분야는 서비스·판매·유통이죠.

또한 1997년 외환위기 후로 자영업자가 기형적으로 늘어나 30퍼센트 수준에 달했어요. 경제구조와 계급구조의 변화로 사회계층이 다양해지고 파편화되어 결국 사람들의 정치성향과 라이프스타일도 개인화되었죠. 연령이나 세대 간의 문화 차이, 정치의식의 차이도 커졌고요. 한국은 지역주의적인 정치구조도 작용하므로 양상이 더욱 복잡합니다.

한국의 진보는 노선과 정책을 유지하면서도 더 큰 연합정치를 펼 수 있어야 해요. 물론 이념이나 정책이 다른 만큼 독자성을 유지하는 문제와 연합문제가 단순히 양자택일로 해결될 수는 없겠죠. 보다 창의적인 정치적 지혜가 필요한 때입니다.

이상이 한국은 국회의원 같은 공직자를 소선거구제로 선출합니다. 비례대표제 혹은 합의제 정치를 위한 방식이 아닌 승자 독식의 방식이죠. 이런 조건에서 보수-중도-진보의 삼각 분할이 가능할까요? 저는 불가능하다고 생각합니다.

이제는 노동자 계급, 특히 계급의식이라는 것이 희석되고 있어요. 노동자라고 하더라도 이제 다 같은 노동자가 아니거든요. 또 노동자들이 한결같이 급진적 진보 정당을 지지해야 한다는 법도 없고요. 민주노총의 지도부는 진보 정당을 지지하지만, 절대 다수의 노동자들은 선거에서 민주당이나 새누리당을 지지합니다. 이게 한국의 현실이고, 이 현실이 바뀔 가능성은 현재로서는 별로 없다고 봐요. 오히려 진보 정당을 지지하는 노동자들은 전통적인 산업 노동자가 아니라 화이트칼라의 지식 노동자들이에요.

물론 그렇다고 해서 진보 정당의 존재를 부정해서는 안 됩니다. 진보 정당은 국민정당이나 대중정당론으로 설명할 수 없는 이념정당으로서의 고유한 역할이 있어요. 진보 정당이 복지국가 정당을 만들 수도 있겠지만, 현실적으로 정당의 이념이 걸려 있어 힘들고요. 대신 선거연대를 할 가능성이 크죠. 이건 엄청난 변화예요. 복지국가를 매개로 이걸 가능하게끔 하기 위해 시민정치운동이 필요합니다.

김윤태 2012년 4월 총선에서 야당이 패배한 것은 중요한 교훈을 주었습니다. 아무리 야권이 선거연대로 뭉쳐도 국민에게 무엇을 하겠다는 구체적인 메시지를 전달하지 않으면 선거에서 이길 수 없어요. 유권자들은 바보가 아닙니다. 이명박 정부가 싫다고 해서 무작정 야당을 지지하지는 않아요.

그런데 민주통합당은 파벌갈등, 공천실패, 리더십 부족으로 국민들이 차려준 밥상을 걷어찼어요. 민주통합당이 인정받으려면 파벌을 뛰어넘어 단합하고, 유능한 인물을 등용하고, 강력한 리더십을 발휘해야 합니다. 리더십의 핵심은 정부 여당을 비판하는 것이

내 아이가 살아갈 행복한 사회

아니라 집권 후의 구체적인 액션 플랜을 제시하는 것입니다.

2008년 미국 대선 때 미국의 오바마 대통령은 젊고 정치적 경험이 부족했지만, 금융개혁과 서민을 위한 의료개혁 그리고 일자리 창출이라는 구체적 목표를 제시했습니다. 단순히 부시 행정부를 비난만 했다면 집권할 수 없었겠죠.

이상이 4·11 총선에서 민주통합당의 실패는 많은 사람들에게 충격을 주었어요. 이명박 정부의 실정을 끝내고, 소위 '2013년 체제'로 불리는 평화복지국가를 건설하길 희망하던 국민적 기대와 열망이 무너지지 않았습니까?

야권의 총선 패배로 인해 대선 승리의 가능성은 그만큼 줄어들었고, 대선에서 이기더라도 과반의석을 확보하지 못하게 되었어요. 보수진영이 국회를 지배하는 입법부의 상황은 복지국가 건설을 위한 개혁에 상당한 장벽이 될 것입니다. 그런 점에서 저는 민주통합당의 총선 패배야말로 복지국가의 꿈을 망치고 국민의 기대와 열망을 좌절시킨 역사적 대죄라고 봅니다.

민주통합당이 실패한 이유는 한마디로 오만하고 무능했기 때문입니다. 앞으로 대선에서 진보세력이 승리하기 위해서는 하나의 정파나 특정 정치세력만으로는 어렵습니다. 그래서 '복지국가 운동 진영'이 만들어져야 합니다. 복지국가를 지지하는 모든 세력이 하나로 결집해야 해요. 복지국가 운동 진영에는 민주통합당 등의 야권 정치권뿐 아니라 시민사회의 복지국가 운동세력, 복지국가를 향한 기대와 열망을 지닌 모든 국민이 포함되어야 합니다.

김윤태 앞으로 한국의 복지국가를 주도적으로 만들어갈 주체가 누구인지가 중요해요. 유럽의 복지국가를 만든 사람들이 모두 사회주의자는 아니었습니다. 스웨덴 한손 총리는 사회민주당 출신이지만 마르크스주의와는 거리를 둔 사회민주주의자였어요. 독일의 비스마르크와 아데나워는 보수적 정치인이었고요.

미국의 프랭클린 루스벨트 대통령은 백만장자 가문 출신에 하버드대학을 나온 엘리트였지만, 남부에 뿌리를 둔 민주당에 입당했습니다. 이후 노동조합, 노사관계법, 사회복지연금을 만들어서 흑인 및 서민의 지지를 끌어냈고 대통령까지 되었죠.

그 후 공화당의 아이젠하워와 닉슨이 그 제도를 이어갑니다. 1930년대부터 70년대까지 이어진 뉴딜정책은 미국 사회보장체제의 틀을 만들었죠. 물론 미국은 독일이나 스웨덴에 비해 복지 예산도 낮고 복지의 보편적 성격이 약하기 때문에 제대로 된 복지국가를 만들 수 없었을지 모르지만, 상당한 수준으로 사회보장제도를 발전시킨 건 사실이에요.

이상이 한국에서도 노동조합운동과 진보세력의 힘은 약했지만, 민주정부 10년 동안 복지제도가 확대되었죠. 김대중 대통령이나 노무현 대통령은 정치적으로 중도 또는 자유주의 성향이 강했어요. 어느 정도 진보 성향이 있었지만, 사회주의자는 결코 아니었죠. 그런데도 복지제도를 많이 확충했습니다.

그리고 당시 대부분의 사회복지 관련 법률들은 여야 합의로 만들어졌어요. 김대중 정부 당시에는 보수적인 정당이었던 자민련과 공동정부를 만들었고, 야당인 한나라당과는 정치적 합의를 도출했죠. 이건 당시 상황이 외환위기로 인해 실업자가 급증하고 민생불안이 심각하여 복지의 확충이 시대적 요구였기에 가능했던 겁니다. 시대정신은 그 무엇이라도 가능하게끔 하는 큰 힘이라는 걸 알 수 있어요.

김윤태 그렇죠. 복지와 복지국가는 어느 특별한 정치세력이 단독으로 만들 수 있는 것은 아닙니다. 하지만 어느 세력이 주도하느냐에 따라 제도의 범위, 급여 형태, 재원 마련 방법, 세율 등 세부 내용이 달라지고, 힘의 관계에 따라 어느 쪽이 더 많이 부담하느냐의 차이가 나타나겠죠.

한국은 노동조합과 진보 진영의 힘이 약하기 때문에 복지제도의 성격이 유럽과 많이 다릅니다. 부유층이 아닌 일반 시민이나 노동자의 부담이 크고, 일부 극빈층만 복지혜택을 받는 등 한계가 많아요. 그렇다고 해서 산별노조가 만들어지고 80퍼센트가 노동조합에 가입하고, 사회민주당 정부가 집권할 때까지 복지국가 추진을 미루어야 하느냐? 그건 아니라는 거예요. 복지를 주장하는 정치인과 시민운동가가 연합해서 시민 정치운동이나 정치권 내에서 복지에 동의하는 다양한 세력을 하나로 모아 거대한 복지연합을 만든다면 얼마든지 성공할 수 있다고 봐요.

대기업의 일부 노조들이 기업 차원에서 양보를 얻어내는 것과 우리나라 노조 전체가 협상을 요구하는 건 전혀 다른 문제예요. 노조가 강해지기를 기다려서는 아무것도 이루어지지 않을 겁니다.

정치인과 시민사회의 지도자들이 창조적인 한국형 복지국가 모델을 만들고, 대중이 지지하는 복지국가를 실현할 새로운 정치실험을 해야 한다고 생각합니다. 비정규직과 정규직, 대기업과 중소기업, 정당과 시민사회가 연대하는 창의적인 모델이 필요합니다.

누가 복지국가를 만들 것인가

이상이 한국의 노동이 정규직 중심으로 재편되고, 노동조합 조직률이 높아진 뒤에야 복지국가가 될 수 있다는 건 순차적 접근법이죠. 이런 단계적 접근법으로는 노동조합운동은 절대 강해질 수 없어요. 노동조합과 노동운동이 강해지기 위해서라도 최대한 서둘러 복지국가를 건설해야 합니다. 진보적인 복지국가 정치동맹에 의해 복지국가가 건설되면, 노동이 강해질 수 있는 법적·제도적 여건들이 만들어지겠죠.

관건은 노동조합의 조직률, 노동운동의 힘, 노동의 정치적 힘이 취약한 조건에서 과연 복지국가가 가능하겠느냐는 문제인데요. 저는 가능하다고 봅니다. 복지국가는 노동계급의 힘만으로 만들어지는 것이 아니라 민주주의라는 정치적 기제를 통해 건설되는 거거든요. 복지국가는 사회연대 국가입니다. 지금 노동운동을 들여다보면 정치적 영향력과 발언권을 행사할 수 있는 조직된 노동은 전체의 10퍼센트에도 못 미쳐요. 나머지 90퍼센트는 민생의 절대불안과 상대불안에 일상적으로 노출되어 있어요. **그들도 일터가 아닌 삶**

의 터전인 지역사회에서는 당당한 유권자이고, 주체적인 시민이란 말이죠. 그들의 불안을 해소하려는 욕망과 인간답게 살고자 하는 기대를 끌어내 조직하는 게 복지국가 운동의 핵심적 과제입니다.

지역사회에서 광범위하게 올라오는 풀뿌리 시민정치운동의 힘과 노동운동의 조직적인 힘이 합쳐져야 합니다. 노동운동은 여전히 힘이 있어요. 결심만 하면 움직이거든요. 노동의 힘이 아직까지 복지에 대해 결실을 거두지 못한 건 사회연대 전략을 안 했기 때문이에요. 복지국가를 지지한다고는 말하면서도 오랫동안 수사적 수준에 머물렀죠.

우리나라 노동계는 '건강보험 하나로' 시민운동에 대해서조차 미온적인 태도를 취하고 있습니다.

김윤태 그래도 보건의료 노조의 입장은 좀 다르죠.

이상이 보건의료 노조는 의료문제에 심각하게 직면하고 있는 당사자들이기 때문에 '건강보험 하나로' 시민운동을 적극적으로 지지합니다. 하지만 기업복지로 완벽하게 의료불안을 해결하는 대기업 노조는 '건강보험 하나로' 운동의 필요성을 공감하지 못해요.

그런데 지역사회로 가면 90퍼센트에 달하는 노동자들 즉, 비정규직·저임금 노동자나 민간서비스업에 종사자들에게는 보편적 복지국가가 절박해요. 지금으로서는 그들의 힘을 조직하는 것이 더 쉽고, 정치적으로도 강력하며 숫자도 압도적으로 많습니다. 이게 들불처럼 일어나면 조직들이 합쳐질 거예요.

김윤태 노무현 정부 때도 종부세를 거둬 마련한 재원으로 지방자치단체의 복지 예산을 집행했는데, 주로 교부금으로 많이 썼어요. 하지만 지역사회에 시급한 청년실업 문제, 맞벌이 부부를 위한 보육·교육 문제에는 충분히 집행되지 않았어요. 그때 마련한 재원을 지방자치단체에 나눠주는 대신 중앙정부가 청년실업 프로그램을 가동하거나 아동 빈곤 해결책을 마련하는 등 운용했더라면 어땠을까요? 복지 효과에 대한 공감이 훨씬 더 커지고 보편적 복지에 대한 정치의식이 자리 잡지 않았을까 생각합니다.

복지국가 운동의 발전을 위해서는 전체의 공감을 얻어낼 수 있는 창의적인 아이디어가 정말 중요합니다. 이런 점에서 저는 간디가 정치적 천재라고 생각합니다. 만약 그가 무장투쟁을 했더라면 성공했을지 모르겠지만, 훨씬 더 적은 사람들이 참여했을 거예요. 비폭력 투쟁의 결과 더 많은 사람이 참여하고 더 지속 가능한 운동이 된 거죠. 그런 면에서 보편적 복지국가를 위한 시민운동에도 창의적인 리더들이 많이 나와야 합니다.

이상이 울산에 있는 현대중공업 노조에 가서 강연을 한 적이 있는데요. 현대중공업의 정규직 직원 2만 5,000명 가운데 노조원이 약 1만 7,000명이고, 나머지 8,000명은 관리직이거나 노무에 종사하기 때문에 노조원이 될 수 없다고 하더군요. 정규직은 대부분 노조에 가입했다고 봐야죠. 그런데 현대중공업에서 일하는 실제 노동자는 6~7만 명이에요. 과반 이상이 하청, 소사장(파견) 등 다양한 형태의 비정규직인 겁니다. 반면 정규직 노동자들은 더 이상 재생산되지 않아요. 그래서 정규직 노동자들은 좋은 조건에서 일하면서도 굉장히 힘들어합니다. 같이 일하는 비정규직 노동자들에게 늘 미안하다고 해요. 비정규직 노동자들이 대부분 자식·조카·동생뻘인 후배 세대잖아요.

사실은 양가감정이 있어요. 정규직 노동자들은 투쟁을 통해 정당한 임금과 근로 조건을 쟁취했다고 생각하지만, 비정규직 노동자들의 열악한 근로 조건에 대해서는 회사를 탓하지 자신들의 책임이라고 생각하지 않거든요. 사실은 노조가 비정규직 노동자들에 대한 회사의 처우 및 방침에 암묵적으로 방조한 책임은 최소한 저야 합니다.

김윤태 자본주의는 인류 발전에 놀라울 정도로 생산성을 가져다줬지만, 다른 한편으로 노동자에 대한 비인간적인 대우가 심각해졌죠. 그래서 노동운동이 노동자를 결집하여 저항하면서 임금을 올리고 노동 시간을 줄이려고 노력해왔습니다.

근로자들이 가진 실질적인 무기는 파업밖에 없어요. 혹자는 한국의 파업이 손실이 많고 노조가 지나치게 전투적이라며 우려하는데요. 20세기 초 유럽에서 임금을 체불한 사장 집에 불을 지르거나 기계를 때려 부수던 것에 비하면, 평화적 파업은 매우 문명화된 노동운동 방식입니다. 또 민주국가에서 근로자의 파업은 합법이에요. 물론 파업이 합법화되기까지 근로자들의 죽음과 희생의 역사가 있었죠. 이러한 역사적 과정에서 근로자들이 고수했던 원칙은 단결입니다. 유니온union 즉, 뭉치는 거죠. 이제 노동조합 운동은 임금 인상 요구를 넘어 비정규직 차별을 없애고 보편적 복지국가를 만들기 위해 뭉쳐야 합니다.

올바른 복지국가를 위한 과제들

이상이 누구든 사회적 위험이나 불안에 처할 수 있어요. 그러므로 사회 전체가 공동체적 연대의식을 갖고 시련과 위기에 직면한 사람들을 돕는 게 중요합니다. 결국 사회복지와 복지국가는 사회적 빈곤을 어떻게 없애느냐는 생각에서 출발합니다. 인류 역사상 지금처럼 물질적으로 풍족했던 적이 없어요. 그럼에도 여전히 밥을 먹지 못하고, 비를 피할 집이 없는 극심한 빈곤층이 존재합니다.

전 세계적으로 10억 이상의 빈곤층이 존재한다는 것도 인류 문명의 수치이지만, 문제는 전 세계가 먹고도 남을 만큼 식량 생산량이 풍족하다는 사실이에요. 즉, 생산의 문제가 아니라 분배 시스템에 문제가 있는 거죠.

김윤태 1960년대만 해도 한국의 절대빈곤율은 40퍼센트가 넘었어요. 이후 산업화되면서 1980년대에 10퍼센트 수준으로 감소했어요. 외환위기 이후 일시적으로 증가했다가 감소했는데, 2008년 금융위기 이후 다시 증가했습니다. 현재 한국의 최저생계비 기준 절대빈곤율은 약 10퍼센트로 계측되고 있어요.

그런데 지금은 상대빈곤율이 문제예요. 옛날에는 모두 똑같이 가난했으니까 상대빈곤율이 낮았어요. 그러나 절대빈곤율이 낮아지는 1980년대부터 상대빈곤율이 점점 커져서 현재 17퍼센트 수준입니다. OECD 평균은 10퍼센트고, 스웨덴은 5~6퍼센트밖에 안 됩니다.

이상이 앞으로 상대빈곤율을 낮추는 정책이 절실합니다.

김윤태 정치권에서 대선 주자들이 한때 경제성장률 몇 퍼센트, 1인당 국민소득 몇 달러를 공약으로 내세웠는데, 선진국에서는 그런 걸 공약으로 내세우는 나라가 없어요. 오히려 빈곤율을 몇 퍼센트로 낮추겠다, 고용률을 몇 퍼센트 올리겠다는 공약을 내세우죠. 유럽연합 국가들도 빈곤율과 고용률을 중요한 정책 지표로 봅니다. 브라질의 룰라 대통령도 빈곤율을 낮추는 정책을 내세워 성공했죠.

이상이 최근 10여 년 동안 '사회적 배제social exclusion'에 대한 관심이 높아졌어요.

김윤태 사회적 배제는 1950~60년대 프랑스에서 나온 개념인데, 개인이 어느 공동체에 소속해 있는가를 말합니다. 장애인이라든지 이민 노동자라라고 해서 사회적으로 차별을 받는 경우가 많지 않습니까? 특히 불법이민자들이 급증하고 있는데, 정부는 이들을 추방할 대상으로만 보기 때문에 이들의 인권이 유린되고 최저임금 이하로 받거나 산재를 당해도 모른 척하고 있어요.

우리나라에서는 새터민이나 동성연애자 등 소수자에 대한 사회적 차별과 배제가 존재합니다. 물질적인 결핍 외에도 인간적인 소속감의 결핍, 차별, 배제가 발생하고 있어요. 성차별에 반대하는 페미니즘 운동처럼 사회적 소수자의 권리를 보호하는 운동이 필요합니다.

이상이 복지를 확대하기 위해서는 국가의 역할이 중요합니다. 지금의 한국은 결코 좋은 국가가 아니죠. 시장만능국가입니다. 이를 그대로 유지할 것인가 아니면 역동적·보편적 복지국가로 갈 것인가를 심각하게 고민해야 합니다. 저는 시장이 잘 작동하는 게 굉장히 중요하다고 봅니다. 그러기 위해서는 민주정부의 책임 있는 역할이 중요한데, 개입주의 정부·사회적 시장경제·조정시장 경제를 만들기 위한 정치사회적 타협이 필요해요. 이게 바로 공정한 경제입니다.

국가의 역할도 마찬가지예요. 국가가 운영하는 제반 사업의 비효율을 최소화하면서 형평성은 극대화해야 합니다. 이제는 좋은 시장, 잘 작동하는 시장, 좋은 정부, 유능하고 능력 있는 민주정부의 역할이 중요해요. 근본적으로 패러다임을 바꿀 때입니다.

김윤태 한국사회의 담론이나 패러다임이 바뀔 가능성이 많다는 말씀에 동의합니다. 얼마 전까지만 해도 모두가 '선 성장 후 분배'를 외쳤는데, 지금은 복지국가의 필요성에 대부분 공감하잖아요. 그만큼 복지국가를 위한 정치사회적 여건이 무르익고 있다는 생각이 듭니다.

이상이 무엇보다도 복지국가는 공짜로 되는 게 아니라는 점이 중요해요. 많은 사회 구성원들이 각자가 가진 걸 내놔야 합니다. 능력이 많은 사람은 능력을 내놓고, 돈이 많은 사람들은 돈을 더 내놔야 해요. 각자의 경제·사회적 능력을 서로 나누는 사회적 연대 방식으로 문제를 해결하면 자연스럽게 복지국가로 갈 수 있습니다. 특히 재원 조달과 관련해서는 누진적·연대적·보편적 방식으로 접근해야 합니다. 증세 없이는 복지국가를 실현할 수 없어요. 시장만능국가의 패러다임을 역동적 복지국가로 바꿀 수 있는 가장 유력한 수단이 바로 조세와 재정 정책이에요.

제 눈에는 국민의 지지가 좀 보입니다. 국민의 지지라는 것은 정태적 현상이 아니라 역동적 현상이거든요. 제2차 세계대전 이후 사반세기 동안의 복지국가 시대를 열 때 엄청난 증세를 단행하지 않았습니까? 당시 이러한 증세를 쿠데타나 폭력을 통해 관철시켰나요? 아니죠. 민주주의를 통해서였어요. 증세를 통해서 복지국가를 만들겠다는 진보 정당에 국민들이 표를 찍어주었기 때문에 가능했단 말이에요.

그러다 최근 30년 동안에는 감세를 단행하겠다는 정당이 주로 지지를 받았기 때문에 감세가 정치인들의 단골 슬로건이 되었지요. 하지만 최근 몇 년 사이에 증세를 요구해서 성공한 경우가 없었던 건 아니에요. 결정적으로 말씀드리고 싶은 건, 감세의 물결, 신자유주의의 물결이 수명을 다했다는 겁니다. 특히 2008년의 세계적 경제위기 이후로 감세론에 근거한 성장주의 패러다임은 완전히 무너졌어요.

김윤태 앞으로 복지국가의 지속적 발전을 위해서는 물질적 분배에 대한 관심에서 한 발 나아가 심리적·정신적인 문제도 함께 고려해야 해요. 복지 선진국인 스웨덴도 내부를 들여다보면 자살·우울증·이혼율 상승 등 사회적·심리적으로 해결해야 할 문제가 산적해 있어요. 그래서 가족과 친구 등의 인간관계가 중요하다는 인식이 커지고 있습니다. 스웨덴이라고 해서 모든 영역에서 성공한 것은 아니에요. 결국 '더 나은 복지국가'는 지속적인 개혁과 조정의 과정이라고 생각합니다.

20세기 후반 많은 나라에서 경제발전과 민주화를 거치면서 자유와 평등의 가치는 어느 정도 실현했어요. 이제는 넓은 의미의 박애가 필요합니다. 박애야말로 복지국가를 발전시키는 데 가장 중요한 감정이고 사회를 구성하는 원리라고 생각합니다. '우정'이라고 해도 좋고, '우애'라고 해도 좋고요. **한 사회의 동등한 구성원으로서 서로 의존하고 연대하고 도와야 잘살 수 있다는 정신적인 가치가 바로 서야 합니다.**

그리고 우리나라 내부의 문제를 넘어 이민자의 문제와 아프리카의 빈곤 등 세상을 더 넓게 보아야 우리의 복지국가가 더욱 발전할 수 있다고 봅니다. 궁극적으로 국민국가 차원을 넘어 세계 시민을 위한 인간 복지를 추구하자는 거죠. 이는 세계인권선언의 목표이기도 합니다. 그러기 위해서는 우선 한국의 복지국가가 제대로 발전해야 합니다.

세상을 바꾸려는 사람들을 위한 길잡이가 되길

2011년 1월 복지국가 논쟁이 한창일 때 일이다. 복지국가소사이어티와 프레시안의 공동기획으로 '복지국가 정치동맹'에 관한 민주진보진영의 지도자들과 대담을 추진하고 내(김윤태)가 인터뷰어로 참여했다. 그 후 주요 정당과 시민단체의 지도자들의 육성을 담아《복지국가 정치동맹》이라는 제목의 책을 출간했다. 이 책에서 많은 사람들은 복지국가야말로 2012년 총선과 대선에서의 핵심공약이 될 것이며, 대한민국의 미래를 이끌 시대정신이 될 것이라 예상했다. 실제로 민주당과 진보정당은 '보편적 복지'를 수용했고 새누리당도 상당 정도 받아들이는 태도를 보였다. 바야흐로 복지국가의 담론이 정치권과 한국사회를 완벽하게 지배했다.

그러나 시간이 지나면서 모든 것이 바뀌었다. 2011년 후반부터

민주당을 비롯한 정치권의 의제가 '경제민주화'와 '재벌개혁'으로 이동했다. 결국 2012년 4월 총선에서 복지공약보다는 재벌을 둘러싼 공방이 선거에서 더 중요한 위치를 점했다. 심지어 2012년 12월 대선에서도 재벌개혁이 최대 이슈로 부각될 조짐을 보이고 있다. 우리는 경제민주화와 재벌개혁의 대의명분을 지지하지만, 복지국가의 담론과 정책의제가 점점 뒤로 밀려나는 현실을 우려하지 않을 수 없었다. 경제민주화와 재벌개혁을 주장하는 진보 진영의 지식인들도 보편적 복지국가를 찬성하고 있지만, 이 두 가지 문제가 어떻게 연결되는지 분명하지 않았다. 각 정당마다 혼란스러운 경제민주화 정책을 내걸면서 과연 경제민주화와 재벌개혁이 새로운 경제발전을 추진하고 모든 국민의 삶의 질을 높이는 구체적 전략을 담고 있는지 정확하게 알 수 없었다.

결국 2012년 4월 총선에서 민주당과 진보당은 참담하게 패배했다. 민주당은 재벌개혁을 주장하는 인사들을 영입하고, 진보당은 재벌해체를 주장했지만 유권자들의 반응은 냉담했다. 민주당의 참담한 패배는 민주당의 파벌 정치와 공천 실패에 더해, 비전과 대안의 부재에 기인하는 것이다. 이명박 정부의 인기가 땅에 떨어지고 한나라당이 당명을 바꿔야 할 정도로 외면을 받았지만, 이러한 현실이 곧 민주당과 진보당의 야권연대에 대한 지지를 약속하는 것은 아니었다. 민주당과 진보당이 구체적으로 새로운 대안을 내걸고 국민의 삶과 직접 연결되는 이슈와 정책을 제시하지 않는다면 정치적 지지를 얻기는 그야말로 어려운 과제이다. 얼마 남지 않은 2012년 대통령 선거에서도 마찬가지 상황이 반복될 수 있다. 민주당의 당내 경선은 여전히 뚜렷한 비전과 대안 없이 네거티브 공방에 머물고 있고, 진보당은 부정경선의 후폭풍에서 난파 직전이다.

우리는 경제민주화라는 막연한 구호가 아니라 노동과 보편적 복지 등의 민생과 긴밀하게 연결된 구체적인 대안 전략이 중요하다고 강조한다. 이 책은 경제민주화와 재벌개혁의 의제를 부정하는 것은 아니다. 경제민주화와 재벌개혁의 정책이 어리석게도 주주자본주의를 강화하고 미국식 경제체제가 만병통치약인 것처럼 믿는 결과를 크게 우려한다. 시장경제를 작동하는 경쟁, 효율성, 투명성의 원리가 곧장 사회를 지배해서는 안 된다. 시장경제의 원리를 지지한다고 해서 사회통합의 가치를 외면해서는 안 된다.

이런 점에서 우리는 시장경제가 미국식 자유시장 경제 대신 유럽식 조정시장 경제를 주목해야 한다고 지적하며, 보편적 복지 체제가 조정시장 경제에서 더욱 발전할 수 있다고 생각한다. 정부의 적극적 역할, 투명하고 효율적인 행정, 기업의 사회적 책임성, 노동조합의 책임성, 노사협력 체제는 지속가능한 경제발전의 필수적인 요소라고 본다. 경제민주화와 보편적 복지를 하나로 연결하는 방법이 바로 '역동적 복지국가'를 만드는 것이다. 2008년 이후 금융위기가 전 세계를 강타하는 시기에도 스웨덴, 노르웨이, 핀란드, 덴마크 등 북유럽 국가들이 높은 경제 생산성과 평등주의적 복지 체제를 동시에 유지할 수 있는 것은 바로 경제체제와 사회체제를 결합하는 효과적인 국가 형태가 제대로 작동했기 때문이라고 볼 수 있다.

이 책은 한국의 복지국가 논쟁이 한 단계 높아져야 한다고 주장한다. '왜 복지국가가 필요한가'라는 논쟁을 뛰어넘어 '어떤 복지국가를 선택할 것인가'라는 문제를 위한 해답을 찾고자 한다. 또한 한국사회가 '어떻게 복지국가를 만들 것인가'라는 구체적 방법을 찾기 위한 본격적인 논쟁을 제기하고자 한다. 한국의 복지국가를 둘러싼 치열한 정치적 논쟁을 거쳐 새로운 사회적 합의를 만드는 과정이 되기를 기대한다. 실제로 스웨덴의 복지국가도 40년 동안 치열하게 진보세력 내부뿐만 아니라 노사정 타협을 거쳐 나아가 진보 진영과 보수 진영의 논쟁을 통해 지속적으로 발전했다는 사실을 기억해야 한다.

1987년 한국사회는 군사정부의 독재를 무너뜨리고 사회적 자유권의 신장과 정치적 민주화를 이룩했다. 그러나 민주화 이후 새로운 국가발전 전략을 정하지 못한 한국사회는 커다란 난관에 봉착했다. 급기야 1997년 외환위기를 겪으면서 한국사회를 지배한 자유시장의 독재가 우리 모두의 삶을 불안에 빠뜨렸다. 점점 커져만 가는 일자리, 의료, 주거, 노후, 교육의 불안은 모든 국민의 행복감을 위협하고 있다. 사회경제적 불평등은 상대적 박탈감을 키우고 남보다 앞서기 위한 과잉경쟁을 부추긴다. 슬프게도 세계 최고의 자살율과 세계 최저의 출산율이 바로 한국사회의 현실을 극적으로 보여준다. 세상을 바꾸려고 노력하는 사람들이 있어야 세상이 바뀐다. 이 책이 자유시장의 논리를 넘어 새로운 국가 비전과 발전전략을 찾으려는 사람들에게 도움이 되길 바란다.

복지국가를 생각한다